NOTIONS
DE
ZOOLOGIE

8° S
6711

NOTIONS
DE
ZOOLOGIE

A L'USAGE

DE L'ENSEIGNEMENT SECONDAIRE CLASSIQUE
(CLASSE DE SIXIÈME)

ET

DE L'ENSEIGNEMENT SECONDAIRE SPÉCIAL
(PREMIÈRE ANNÉE)

PAR

M. Aug. DAGUILLON

ANCIEN ÉLÈVE DE L'ÉCOLE NORMALE SUPÉRIEURE
AGRÉGÉ DES SCIENCES NATURELLES, PROFESSEUR AU LYCÉE MICHELET

OUVRAGE ORNÉ DE 230 FIGURES INTERCALÉES DANS LE TEXTE

TROISIÈME ÉDITION
REVUE ET CORRIGÉE

PARIS
LIBRAIRIE CLASSIQUE EUGÈNE BELIN
Vᵛᵉ EUGÈNE BELIN ET FILS
RUE DE VAUGIRARD, N° 52

1889

Tout exemplaire de cet ouvrage non revêtu de ma griffe sera réputé contrefait.

PRÉFACE

DE LA PREMIÈRE ÉDITION

Ces leçons élémentaires de Zoologie ont été rédigées, conformément au programme arrêté le 22 janvier 1885, pour la classe de sixième des lycées et collèges.

J'ai suivi, sans modifications, l'ordre des matières comprises dans ce programme, m'efforçant de réunir dans chaque leçon un ensemble de notions facile à présenter aux élèves, et que j'ai ensuite cherché à condenser sous la forme d'un résumé très court. Ainsi, le texte même de l'ouvrage est en quelque sorte la reproduction des leçons faites par le professeur; les résumés correspondent plutôt à ce « sommaire » dicté qui, recueilli par l'élève, doit être pour lui le cadre dans lequel viendront se disposer et se classer ses souvenirs.

Le programme de Zoologie arrêté en 1886, pour la première année de l'enseignement spécial, diffère peu, dans le fond, du programme de sixième; ce livre répond donc à la fois aux besoins de l'enseignement spécial et de l'enseignement classique; mais, pour le premier, le professeur dispose d'un temps plus considérable, qui lui permettra sans doute d'exposer avec plus de détails des parties que le professeur de l'enseignement classique se verra peut-être contraint de sacrifier.

Ai-je besoin d'ajouter que, si ce modeste ouvrage peut rendre quelques services, il le devra aux commentaires, aux explications dont l'usage d'un tel livre est nécessairement accompagné, et que chaque maître varie suivant son inspiration personnelle ou l'état des esprits de ses auditeurs. Un texte écrit, quoi qu'on fasse, renferme, pour l'intelligence de l'élève, bien des difficultés que peut résoudre efficacement l'enseignement oral, dont rien ne saurait suppléer l'action.

Février 1887.

PROGRAMME OFFICIEL

du 22 janvier 1885

Pour la classe de sixième

Etude très sommaire de l'organisation de l'homme, prise comme terme de comparaison.................................... 1-104
Grandes divisions du règne animal................. 105-111
Vertébrés. — Mammifères : caractères essentiels. — Exemples choisis dans les principaux ordres................ 112-145
Oiseaux : caractères essentiels. — Exemples choisis dans les principaux ordres..................................... 146-172
Reptiles : caractères essentiels. — Crocodiles, Tortues, Lézards, Serpents....................................... 173-183
Batraciens : caractères essentiels. — Métamorphoses.. 184-191
Poissons : caractères essentiels. — Exemples de Poissons osseux et de Poissons cartilagineux..................... 192-203
Articulés. — Insectes : caractères essentiels. — Métamorphoses. — Exemples choisis dans les principaux ordres.... 204-237
Arachnides, Myriapodes, Crustacés : quelques exemples 238-254
Vers : caractères essentiels. — Sangsue, Ver de terre, Helminthes : Ténia. — Migrations. — Parasitisme. 255-264
Mollusques : Seiche, Escargot, Moule............... 265-283
Quelques mots sur les *Rayonnés* et les *Protozoaires*... 284-314
Aperçu très sommaire sur la faune des grandes régions du globe... 315-321

PROGRAMME OFFICIEL

du 24 juillet 1886

Pour la première année de l'enseignement spécial.

Etude sommaire de l'organisation de l'Homme. — Phénomènes essentiels de la respiration, de la circulation, de la digestion et des fonctions de relation...................... 1-104
Examen sommaire de l'organisation du Chien, du Coq, du Lézard, de la Grenouille et de la Carpe; faire sortir de cette comparaison les caractères de l'*embranchement des Vertébrés*. 107
Indiquer les traits essentiels de l'organisation des *Articulés*: Ecrevisse, Hanneton, Araignée...... 109, 204-213, 237-254
Caractères généraux des *Annelés*; les Vers, les Parasites. 108, 255-264.
Idée générale des *Mollusques*.................. 109, 265-283
Animaux *rayonnés* 110, 284-309
Protozoaires : Infusoires. — Microbes............. 309-314
Vertébrés : caractères généraux des Mammifères, des Oiseaux, des Reptiles, des Batraciens, des Poissons. 112, 146-159, 173-183, 183-191, 191-202.
Principaux ordres de Mammifères et d'Oiseaux.. 112-145, 159-172.
Notions sur la classe des *Insectes* et ses principaux représentants.................................... 204-237
Notions sur les Invertébrés utiles et nuisibles (*).

(*) Ces notions sont disséminées dans le cours des leçons relatives aux animaux invertébrés.

NOTIONS DE ZOOLOGIE

PREMIÈRE LEÇON

Les Animaux et les Plantes. — Les organes et les fonctions.

Les trois règnes de la nature. — La *Zoologie* a pour objet l'étude des animaux.

Qu'est-ce qu'un *animal?*

Cette question semble à peine appeler une réponse, et personne n'hésitera, en présence d'un chien, d'un chêne, d'un fragment de cristal de roche, à voir dans le premier un *animal*, dans le second une *plante*, dans le troisième un *minéral*. La science ne saurait se contenter de cette distinction en quelque sorte instinctive, et doit préciser les différences qui existent entre ces trois groupes de corps.

Les animaux. — Un chien, et en général un animal, n'apparaît pas spontanément : il *naît* de parents semblables à lui. A partir de l'instant où il a pris naissance, le chien emprunte d'abord au lait de sa mère, puis à des matériaux qu'il cherche lui-même, les aliments nécessaires à son accroissement : il *se nourrit*. Mais, en même temps qu'il s'accroît ainsi, des pertes continuelles viennent contrebalancer cet accroissement, et l'obligent à renouveler incessamment son travail d'alimentation. Pendant un certain temps, le gain l'emporte sur la perte : l'animal grandit ; puis il reste un certain temps stationnaire, et, la perte commençant à dépasser le gain, il décroît ; il arrive enfin un moment où inévitablement, en dépit de toutes les précautions, le gain n'arrive plus à compenser la perte, l'équilibre est définitivement détruit, l'animal *meurt*. — Mais avec lui l'espèce à laquelle il appartient, l'espèce *chien*, pour garder notre exemple, va-t-elle disparaître ? En aucune façon : car généralement l'animal, avant de mourir, a donné naissance à de nouveaux animaux semblables à lui : il *se reproduit*.

Est-ce là tout ce qui caractérise l'animal ? Non ; car si l'animal naît, se nourrit, s'accroît, meurt, se reproduit, toutes choses qui ne contribuent qu'à sa conservation personnelle ou à celle de son espèce, il ne reste pas indifférent à ce qui l'entoure : impressionné par les objets extérieurs à lui, il manifeste ses impressions par des cris ou des mouvements ; c'est ce qu'on exprime en disant qu'il possède à la fois la *sensibilité* et la *motilité*.

Les plantes. — Examinons maintenant une plante, un chêne, par exemple ; à l'origine, il est sorti d'un gland, issu lui-même d'un chêne déjà bien formé ; puis il s'est accru en empruntant au sol les aliments nécessaires à son accroissement, et nous savons parfaitement que, quoi qu'on fasse, l'instant de la mort arrivera tôt ou tard pour lui ; mais, de ses branches on aura vu d'abord se détacher des glands, dont chacun aura pu donner naissance à un nouveau chêne semblable au premier. Naître, se nourrir et par suite s'accroître, mourir, se reproduire, sont donc des actes que nous retrouvons chez la plante comme chez l'animal ; l'ensemble de ces actes constitue la *vie*, et l'on dit que les animaux et les plantes forment, par leur réunion, les *êtres vivants*.

Mais ce que nous ne trouvons pas dans un chêne, c'est cette faculté d'entrer en rapport avec les objets qui l'entourent ; si les feuilles d'un chêne s'agitent, ce n'est jamais spontanément, et, comme jamais un chêne n'exprimera de douleur ni de plaisir, nous sommes amenés à le supposer dépourvu de *sensibilité* aussi bien que de *motilité*. — C'est donc la présence de ces deux facultés qui distingue la vie animale de la vie végétale.

Les minéraux. — Prenons enfin un minéral, par exemple ce fragment de cristal de roche (*fig.* 1) ou cette trémie de sel marin (*fig.* 2); jamais nous ne les verrons se nourrir. Il est vrai que, placés dans une eau fortement chargée de la même substance, les cristaux de sel marin s'accroîtront rapidement; mais, si nous examinons de près de quelle façon se produit cet accroissement, nous verrons que les particules nouvelles de sel marin se déposent simplement à la surface des cristaux déjà formés, de manière à en augmenter les dimensions; ils ne pénètrent pas dans l'intimité même de ces cristaux, comme font dans le corps d'un animal ou d'une plante les aliments dont ceux-ci se nourrissent. Le minéral s'accroît par *juxtaposition;* l'être vivant par *intussusception*, et c'est là proprement ce qu'on appelle *se nourrir*.

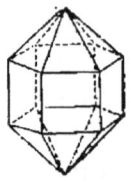

Fig. 1. Cristal de roche.

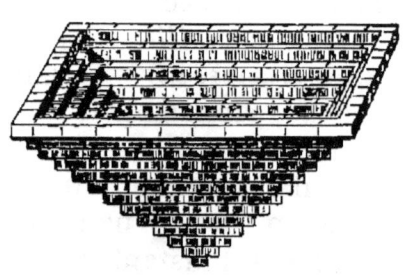

Fig. 2. — Trémie de sel marin.

Si le minéral ne peut se nourrir, il échappe, par compensation, à la loi fatale de la mort; maintenu indéfiniment dans des conditions identiques, à l'abri des chocs, des perturbations, il se conserve indéfiniment, sans que l'on voie se modifier ni sa forme ni son aspect.

En un mot, le minéral ne vit pas; c'est ce qu'on appelle un *corps brut*, et cette absence de tout phénomène vital creusera, pour nous, un abîme bien plus profond entre le minéral et la plante qu'entre cette dernière et l'animal.

Nous distinguerons, par suite, dans la nature les *corps bruts* et les *êtres vivants;* et parmi ces derniers, au-dessus des plantes, insensibles et incapables de mouvement, nous placerons les animaux, doués de sensibilité et de motilité. — C'est ce que Linné exprimait déjà en disant : « *Mineralia crescunt;* les minéraux s'accroissent ; — *Vegetalia crescunt et vivunt;* les végétaux s'accroissent et vivent;

— *Animalia crescunt, vivunt et sentiunt;* les animaux s'accroissent, vivent et sentent. »

Liens entre les deux groupes d'êtres vivants. — Mais il faut, dès maintenant, nous faire à cette idée qu'il n'y a pas dans la nature de règle sans exception; si la plupart des plantes sont dépourvues de sensibilité et de mouvement, il en est un certain nombre dont quelques organes manifestent au contraire très nettement ces deux propriétés.

On peut voir facilement, par exemple, dans les serres tempérées, une plante originaire de l'Amérique méridionale, la *Sensitive*, dont la feuille porte, sur un pétiole commun, quelques pétioles secondaires munis chacun d'une double rangée de folioles (*fig.* 3). Que l'on vienne à toucher avec le doigt, aussi légèrement que l'on voudra, une de ces folioles, on la verra s'élever et s'accoler avec celle qui lui est opposée; puis ce mouvement gagnera toutes les folioles d'un même pétiole secondaire, qui s'appliqueront les unes sur les autres, à la façon des tuiles d'un toit; il gagnera même

Fig. 3. — Feuille de sensitive en partie fermée.

tous les pétioles secondaires de la feuille, et bientôt toutes les feuilles portées par le même pied. Voilà donc un organe de plante qui paraît sensible aux impressions du dehors et qui manifeste par des mouvements les sensations qu'il éprouve. Lorsque la plante vit en pleine terre dans son pays d'origine, cette sensation est assez vive pour que le galop d'un cheval, le passage d'un nuage devant le soleil, etc., produisent la fermeture de toutes les feuilles.

Bien d'autres plantes de nos pays, appartenant à la même famille que la sensitive, présentent des phénomènes analogues : leurs feuilles se ferment pendant la nuit, comme pour une sorte de *sommeil;* la Fève, le Pois de senteur, le Trèfle incarnat, nous en offrent des exemples.

Il y a plus : on trouve des plantes qui, sous l'influence d'excitations extérieures, peuvent s'emparer des insectes, les emprisonner dans une sorte de cavité où ils subissent une véritable digestion, et s'en nourrir; elles sont dites pour cette raison *plantes carnivores*. Par exemple, la feuille de la *Dionée attrape-mouche* a un limbe allongé en forme de cœur, dont le pétiole prolongé porte de part et d'autre un lobe arrondi, bordé de cils rigides et muni vers son centre de trois fortes épines (*fig.* 4). Qu'un insecte vienne de poser sur un de ces lobes et à toucher une des épines,

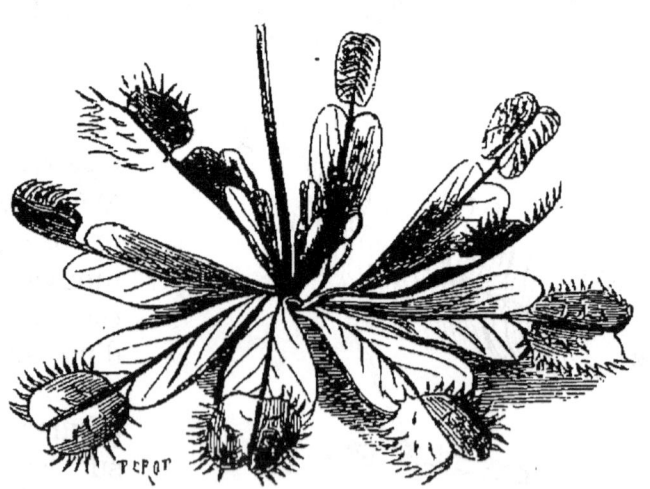

Fig. 4. — Feuilles de la Dionée.

on verra immédiatement les deux lobes tourner autour de la charnière qui les sépare, s'appliquer l'un contre l'autre, et les cils s'enchevêtrer de l'un à l'autre de manière à enfermer l'animal. Aussitôt, un liquide gluant perle à la surface des lobes, imprègne l'insecte et dissout rapidement ses organes ; que l'on attende quelques jours, et l'on verra les deux lobes se rouvrir au moment où le corps presque entier de l'animal aura été absorbé par les lobes de la feuille.

Ces exceptions se multiplieront bien davantage si, passant des objets que notre œil peut apercevoir sans aucun secours à l'étude des êtres infiniment petits qui fourmillent dans l'eau de nos mares et de nos ruisseaux, nous examinons, à l'aide d'un microscope, une goutte de ce liquide.

Voici, par exemple, sur un filament d'une de ces algues vertes qui remplissent nos fossés et auxquelles on donne le nom de *conferves*, un petit corps allongé ; il rampe à la surface de ce filament à l'aide d'un grand nombre de cils dont le mouvement, très rapide, ne s'interrompt jamais. C'est un animal ; on l'appelle *Euplotes charon* (*fig.* 5) et on le range dans ce groupe d'animaux microscopiques que nous apprendrons à connaître sous le nom d'*Infusoires*. Mais à côté voici venir, avec une vitesse au moins aussi grande, de petites masses ovalaires (*fig.* 6), munies d'une extrémité très aiguë à laquelle s'attachent deux cils dont le mouvement vibratoire rappelle absolument ceux de l'Euplotes ; la plus grande partie du corpuscule est verte, l'extrémité seule est incolore et munie d'un point rouge très vif. Au premier aspect, nous pourrions être tentés de placer ces petits corps sur le même rang que l'infusoire qu'ils côtoient, puisqu'ils se meuvent comme lui ; ce serait une erreur : car, si nous parvenons à suivre un d'eux depuis sa naissance jusqu'à sa destination définitive, nous le verrons d'abord se détacher du filament de conferve, à l'intérieur duquel il s'est formé,

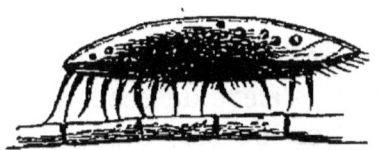

Fig. 5. — Euplotes charon.

Fig. 6.

et, après des pérégrinations plus ou moins longues, perdre les cils qui lui permettaient de se mouvoir, se fixer sur un obstacle et s'y transformer en un nouveau filament de conferve. Chacun de ces corpuscules, loin d'être un animal, représente donc simplement un organe d'une plante, malgré les mouvements dont il est animé.

Eh bien! il serait fort long d'énumérer toutes les plantes qui, comme les conferves, se reproduisent à l'aide de corpuscules mobiles; et cet exemple, entre mille, nous montre que la motilité, si on voulait y regarder de près, ne saurait être considérée comme l'apanage exclusif de l'organisation animale.

Cette réserve faite, nous pouvons admettre la définition suivante : *Les animaux sont des êtres vivants doués de sensibilité et de mouvement.* — Tels sont les êtres dont nous avons à faire l'étude.

Nous commencerons cette étude par celle de l'Homme : car si, par son intelligence, ce dernier s'élève de beaucoup au-dessus des animaux, l'organisation de son corps, la disposition et le mode de fonctionnement de ses organes l'en rapprochent absolument.

La connaissance de l'Homme, qui, à ce titre, est le premier des animaux, nous servira de clef pour l'étude de tous les autres.

Organe; fonction; appareil. — Les différentes parties du corps d'un animal portent le nom d'*organes* : chaque organe accomplit des *actes* qui concourent à la vie de l'animal tout entier. Un ensemble d'actes accomplis par des organes différents, mais dirigés vers un but commun, facile à définir, est une *fonction;* la réunion des organes utilisés pour une fonction est un *appareil*.

Anatomie et physiologie. — L'étude d'un animal comprend deux parties. On peut en effet séparer les différents organes, les décrire, les classer, sans se préoccuper de leur rôle : on fait alors de l'*Anatomie*. Si, au contraire, on cherche à connaître quels sont les actes accomplis par chaque organe, quelles sont les fonctions qui appartiennent à chaque appareil, on fait de la *Physiologie*. On voit qu'il est assez difficile de séparer ces deux sciences, ou du moins que l'étude de la seconde suppose la connaissance de la première.

Division du travail physiologique. — Plus l'animal que nous voudrons étudier sera élevé dans la série des êtres, plus grands seront le nombre et la variété de ses organes ; en même temps se multipliera le nombre des fonctions vitales, et nous verrons les organes obéir à cette loi générale de la *division du travail* qui caractérise les associations bien réglées : chacun d'eux remplira un rôle distinct dans cette multitude d'actes dont l'ensemble constitue la vie.

Il deviendra dès lors nécessaire d'établir parmi les fonctions un certain nombre de catégories : nous appellerons, par exemple, *fonctions de nutrition* toutes celles qui n'ont d'autre but que d'assurer la conservation de l'individu, réservant le nom de *fonctions de relation* à celles qui lui permettent d'entrer en rapport avec les objets qui l'entourent, c'est-à-dire d'éprouver des sensations et de les manifester par des mouvements. Les premières se retrouveraient aussi bien chez les végétaux que chez les animaux ; aussi, chez ces derniers, forment-elles par leur réunion la *vie végétative*. Les fonctions de relation, au contraire, sont spéciales aux animaux ; elles constituent la *vie* vraiment *animale*.

Fonctions de nutrition. — Les fonctions de nutrition sont :

La *Digestion*, par laquelle l'animal introduit dans son organisme des aliments solides et liquides destinés à réparer les pertes qu'il ne cesse d'éprouver ;

La *Respiration*, par laquelle il introduit des aliments gazeux pris à l'atmosphère, et lui rend les déchets gazeux provenant du travail des organes ;

La *Circulation*, par laquelle un liquide spécial, appelé

sang, parcourt les différents organes, leur portant les aliments solides, liquides et gazeux introduits par les deux fonctions précédentes, et leur enlevant les substances de rebut dont ils doivent se débarrasser ;

La *Sécrétion*, par laquelle des organes, appelés *glandes*, extraient du sang des matériaux, généralement liquides, destinés à être rejetés au dehors ou utilisés pour l'exercice d'une autre fonction ;

L'*Assimilation*, qu'il est plus facile de concevoir que d'étudier avec exactitude, et par laquelle les parties infiniment petites de chaque organe échangent avec le sang les substances qui leur sont utiles ou nuisibles.

Fonctions de relation. — Les fonctions de relation, que leurs noms mêmes définissent suffisamment, sont la *sensibilité* et le *mouvement*.

RÉSUMÉ

La nature comprend les *corps bruts* et les *êtres vivants* : ces derniers naissent, se nourrissent, croissent, se reproduisent et meurent.

Les êtres vivants comprennent les *végétaux* et les *animaux* ; ces derniers se distinguent des végétaux par la double propriété de sensibilité et de motilité. — On trouve cependant des plantes sensibles et douées de motilité (*Sensitive, Dionée*, etc.).

Le corps des animaux est formé d'*organes* qui accomplissent des *actes* : ils se réunissent en *appareils*, auxquels sont attribuées des *fonctions*.

Chez les animaux élevés en organisation, l'Homme par exemple, on trouve deux sortes de fonctions : les fonctions de *nutrition* (*digestion, respiration, circulation, sécrétion, assimilation*), et les fonctions de *relation* (*sensibilité, mouvement*).

DEUXIÈME LEÇON

Étude de l'Homme. — Le squelette. — Disposition générale des viscères

Le squelette. — Le corps de l'Homme examiné extérieurement comprend trois parties : une région centrale, supportant tout le reste, à laquelle on donne le nom de *tronc*, — une région supérieure de forme à peu près sphérique, la *tête*, rattachée au tronc par le cou ; — enfin des appendices latéraux dont l'ensemble constitue les *membres*.

Tout le monde sait que, lorsque après la mort le corps presque entier se décompose et disparaît, il en reste comme une charpente solide, qui reproduit dans son ensemble à peu près la forme extérieure du corps. C'est le *squelette*, formé de pièces articulées les unes avec les autres et auxquelles on donne le nom d'*os* (*fig.* 7).

Avant d'indiquer les places occupées par les organes à l'intérieur du corps, il nous faut prendre des points de repère ; nous les trouverons dans les pièces du squelette, dont nous allons indiquer sommairement la disposition et les formes.

La tête. — Si l'on examine le squelette de la tête, on y aperçoit immédiatement deux régions distinctes. A la partie supérieure est une boîte osseuse ayant la forme d'un œuf couché horizontalement sur son grand axe, la grosse extrémité en arrière ; c'est le *crâne*, dont la face inférieure est aplatie (*base*), tandis que la face supérieure est bombée

LA TÊTE

(*voûte*). Au-dessous est une masse formée d'os pour la plupart immobiles, c'est la *face* (*fig.* 8).

La voûte du crâne est formée par quatre os : en avant, le *frontal* (*a*); au milieu, les deux *pariétaux* (*b*), unis sur la ligne moyenne; en arrière, l'*occipital* (*f*). La base du crâne est formée par l'*ethmoïde* (*d*), en avant; le *sphénoïde* (*e*), en arrière. Enfin, les parties latérales sont occupées par les *temporaux* (*c*). La partie de l'occipital qui se recourbe vers la base du crâne est percée d'un orifice (*trou occipital*), de chaque côté duquel se trouve une saillie arrondie (*condyle occipital*). C'est dans la partie pos-

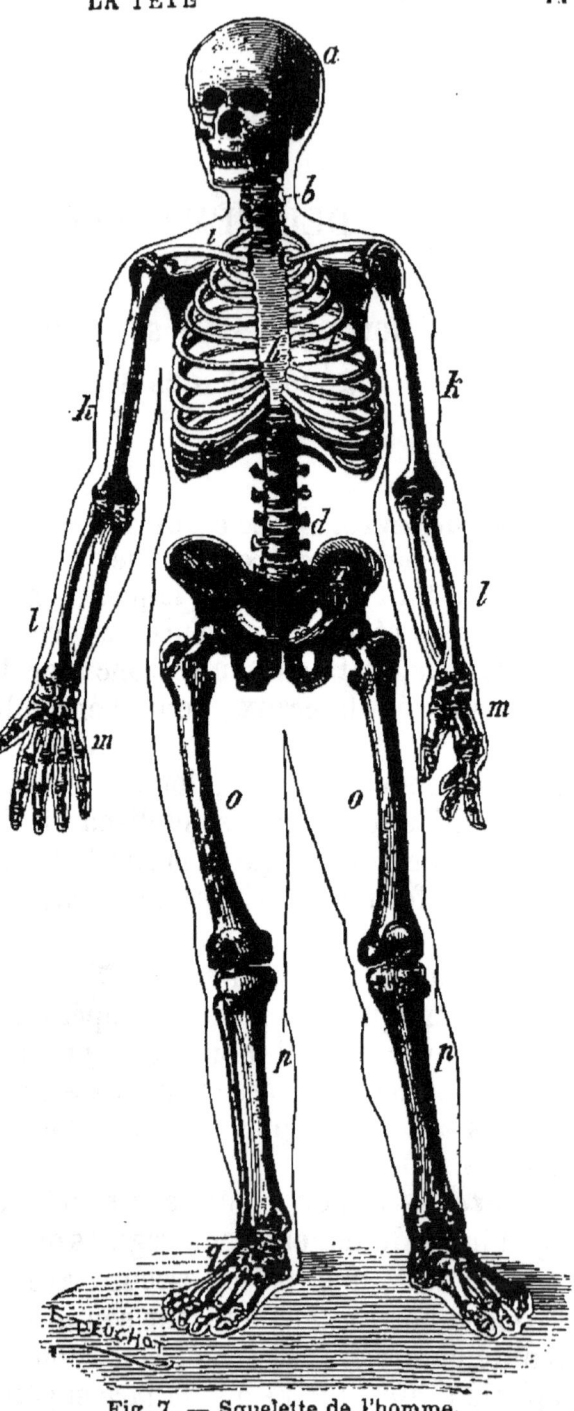

Fig. 7. — Squelette de l'homme.

térieure du temporal que sont creusées les cavités de l'oreille.

La *face* comprend quatorze os; c'est une masse suspendue à la partie inférieure du crâne. Son profil a un peu la forme d'un trapèze dont les deux bases seraient verticales. Vue de face, elle présente quatre orifices principaux : les deux *orbites*, renfermant les yeux ; — l'ouverture des *fosses nasales* et l'ouverture de la *bouche*.

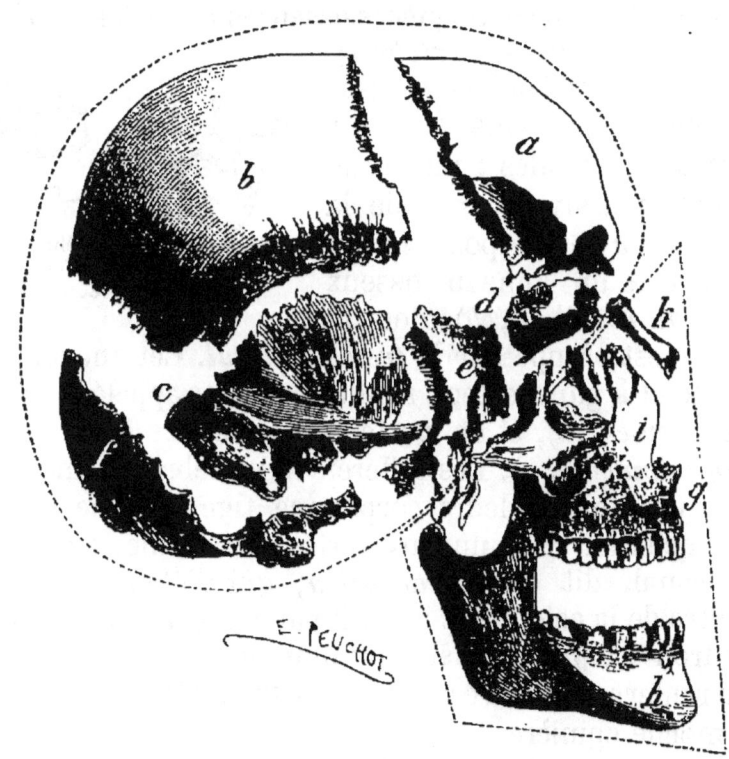

Fig. 8. — Os de la tête, disjoints.

Un seul os de la face est mobile ; c'est celui qui forme la mâchoire inférieure, ou *maxillaire inférieur* (*h*). Indépendant en quelque sorte du reste de la face, il a la forme d'un fer à cheval horizontal, portant sur son bord supérieur des dents implantées dans des cavités spéciales, et suspendu à la base du crâne par deux *branches montantes*; chaque branche montante se termine par un *condyle* qui peut se mouvoir dans une cavité de la base du crâne.

Au travers de la face s'étend une cloison osseuse horizontale, terminée à sa partie postérieure par un bord libre, et qui partage la face en deux étages : les *fosses nasales*, au-dessus, — la *cavité buccale*, au-dessous. C'est le plancher du *palais* (voy. *fig.* 14).

Le tronc. — Le *tronc* est soutenu à sa partie postérieure par une tige articulée (*colonne vertébrale*, *fig.* 7, *b*, *d*), formée d'une série de pièces osseuses empilées les unes au-dessus des autres (*vertèbres*).

Chaque vertèbre (*fig.* 9) se compose elle-même de deux parties principales : une antérieure, massive (*corps* de la vertèbre, *a*), et une postérieure, formée d'un anneau osseux (*anneau vertébral*, *b*), dont le centre est occupé par le *trou vertébral*.

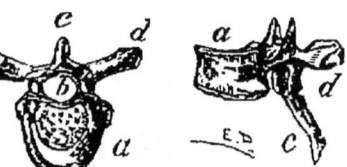

Fig. 9. — Une vertèbre dorsale, à gauche vue d'en haut, à droite vue de côté.

Cet anneau porte à droite et à gauche deux saillies osseuses appelées *apophyses transverses* (*d*), et en porte une troisième en arrière (*apophyse épineuse*, *c*). Les différentes vertèbres forment par la juxtaposition de leurs corps une tige osseuse pleine ; la juxtaposition des anneaux vertébraux forme, au contraire, un canal, dit *canal rachidien*, qui s'étend d'un bout à l'autre de la colonne et aboutit par son extrémité supérieure au trou occipital. Ainsi communiquent la cavité du crâne, qui renferme le cerveau, et la cavité vertébrale, qui contient la moelle épinière.

Sur ses côtés le tronc est limité par les *côtes* (*fig.* 7, *f*, *g*) ; ce sont des os plats, recourbés et s'articulant en arrière avec la colonne vertébrale.

Il y a douze paires de côtes. Celles des sept premières paires s'attachent directement, par des cartilages séparés, à un os plat, limitant le tronc à sa partie antérieure (*sternum*, *h*) ; ce sont les *vraies côtes* (*f*). Celles des trois suivantes (*fausses côtes*, *g*) s'attachent indirectement au sternum, par l'intermédiaire de deux cartilages communs, un pour chaque côté ; enfin, les deux dernières paires (*côtes flottantes*) sont absolument indépendantes du sternum.

On distingue dans la colonne vertébrale cinq régions : la *région cervicale* ou du cou, composée de sept vertèbres (*b*) ; — la *région dorsale*, qui en comprend douze, dont chacune porte une paire de côtes (*c*) ; — la *région lombaire* ou des reins, formée de cinq pièces (*d*) ; — la *région sacrée* ou du *sacrum*, composée de cinq vertèbres soudées (*e*) ; — enfin la *région coccygienne* ou du *coccyx*, formée de quatre ou cinq vertèbres tout à fait rudimentaires.

Les membres. — Il nous reste, pour terminer l'énumération des pièces principales du squelette, à étudier les os des *membres*.

Il y a deux paires de membres : deux *membres supérieurs*, s'attachant au tronc dans la région de l'*épaule* ; — deux *membres inférieurs*, s'y attachant dans la région du *bassin*.

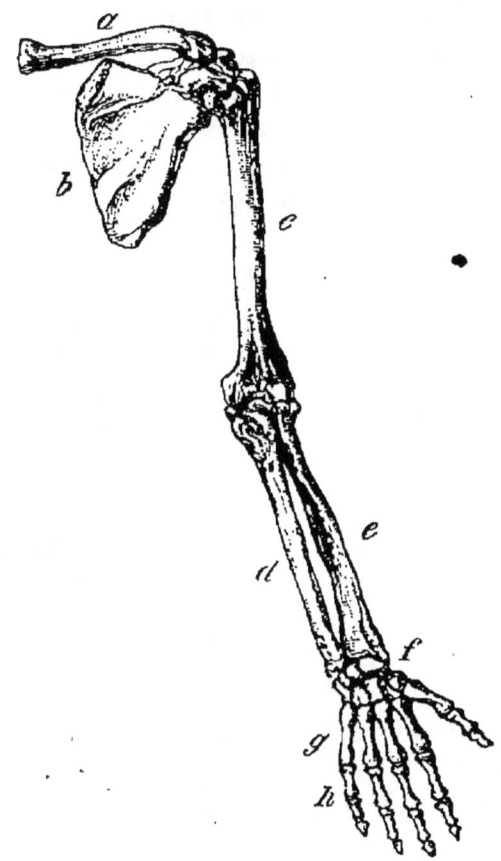

Fig. 10. — Membre supérieur de l'homme.

Membre supérieur. — Le membre supérieur (*fig.* 10) comprend quatre régions à partir de son point d'attache au tronc : l'*épaule*, le *bras*, l'*avantbras*, la *main*.

L'épaule est formée de deux os : en arrière, un os plat, triangulaire (*omoplate*, b); en avant, un os allongé en forme d'S, étendu transversalement de la pointe de l'épaule au sternum (*clavicule*, a).

L'*humérus* (c) forme à lui seul le squelette du bras. Au-dessous de son articulation avec l'humérus, l'omoplate présente une saillie osseuse dite *apophyse coracoïde*.

A la partie inférieure de l'humérus s'articulent deux os : le *cubitus* (d) et le *radius* (e); quand le bras tombe verticalement, la paume de la main étant tournée en avant, c'est le cubitus qui est situé vers l'intérieur, le radius vers l'extérieur; le cubitus, après s'être articulé à l'humérus, se termine par une saillie qui s'enfonce dans une cavité correspondante de ce dernier, et empêche l'avant-bras de dépasser la position où il se trouve dans le prolongement du bras.

La main, encore recouverte de ses muscles et de ses téguments, comprend trois régions : le *poignet*, la *paume*, les *doigts*; les parties correspondantes du squelette sont : le *carpe* (f), le *métacarpe* (g) et les *phalanges* (h).

Le *carpe* est formé par la réunion de huit os courts, étroitement articulés entre eux et disposés sur deux rangées. Il ne s'articule, à sa partie supérieure, qu'avec le radius, de sorte que, pour ramener la main de sa position naturelle, celle où nous l'avons jusqu'ici supposée placée, à la position inverse, en retournant la paume, il faut que le radius, entraîné par le carpe, tourne autour du cubitus resté fixe.

La paume de la main est traversée par cinq os allongés, qui divergent à partir du poignet, et dont chacun correspond à un doigt; ce sont les cinq *métacarpiens*.

Chaque doigt est soutenu par trois phalanges placées à la suite l'une de l'autre : la *phalange* proprement dite; la *phalangine* et la *phalangette*. Le premier doigt du côté externe fait exception, c'est le *pouce*, qui n'est soutenu que par deux phalanges et qui possède de plus la propriété de pouvoir être opposé aux quatre autres doigts.

Membre inférieur. — Ce qui nous frappera tout d'abord dans l'étude du membre inférieur (*fig.* 11), c'est la grande ressemblance qu'il présente avec le membre supérieur. Comme lui, il est formé de quatre parties : le *bassin*, la *cuisse*, la *jambe*, le *pied;* et la composition de chacune de ces parties rappelle celle de l'épaule, du bras, de l'avant-bras, de la main.

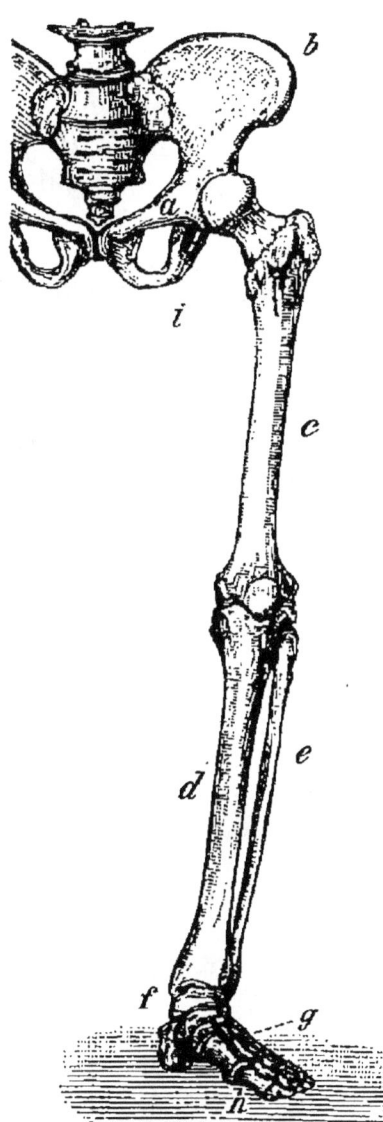

Fig. 11.
Membre inférieur de l'homme.

Le *bassin* forme une véritable ceinture osseuse; en arrière, il est limité par deux os plats évasés (*os iliaques*, *b*) qui sont soudés de part et d'autre au sacrum; en avant, par deux arcs osseux (os du *pubis*, *a*) qui font corps avec les os iliaques et se réunissent sur la ligne moyenne; enfin, de chaque côté, l'os iliaque est réuni au pubis par une sorte de pont dont la pointe inférieure forme l'*ischion* (*i*), sur lequel repose le corps assis.

La *cuisse* est soutenue par un os unique, le *fémur* (*c*), qui s'articule sur la face externe du bassin, dans une cavité creuse, au point de rencontre de l'os iliaque, du pubis et de l'ischion.

La *jambe* renferme deux os : le *tibia* (*d*) et le *péroné* (*e*);

mais entre la cuisse et la jambe, se développe, à partir de la troisième année, un os supplémentaire, arrondi, la *rotule*, qui empêche la jambe de se replier en avant sur la cuisse.

Le pied comprend trois parties : le cou-de-pied (*tarse*, *f*), la plante (*métatarse*, *g*) et les orteils (*phalanges*, *h*).

Le tarse est formé de sept os, dont un seul, l'*astragale*, s'articule avec la jambe par le tibia et le péroné ; un des os du tarse est le *calcanéum* ou os du talon.

Le métatarse est formé de cinq *métatarsiens*.

Chaque orteil renferme trois os : *phalange*, *phalangine* et *phalangette*. Le gros orteil seul n'en renferme que deux; mais ce n'est pas un pouce, car il ne peut être opposé aux autres orteils.

Le tableau suivant nous montre comment se correspondent les différentes parties du squelette des deux paires de membres.

MEMBRE SUPÉRIEUR		MEMBRE INFÉRIEUR	
Épaule	Omoplate............. Clavicule............. Apophyse coracoïde....	Os iliaque.... Pubis........ Ischion.......	*Bassin*.
Bras.......	Humérus.............	Fémur.......	*Cuisse*.
		Rotule.	
Avant-bras.	Cubitus............. Radius..............	Tibia......... Péroné.......	*Jambe*.
Main......	Carpe............... Métacarpe........... Phalanges...........	Tarse........ Métatarse.... Phalanges....	*Pied*.

Symétrie bilatérale du corps. — Un caractère général du squelette tout entier est d'offrir une *symétrie bilatérale*, c'est-à-dire qu'un plan mené par la colonne vertébrale et le sternum partage le squelette en deux parties, qui se ressemblent autant qu'un objet et son image dans une glace : toutes les pièces que l'on trouve à droite de ce plan se répètent exactement de l'autre côté. Cette symétrie se retrouve dans tous les organes qui recouvrent extérieurement le squelette.

Cavité générale. — Les muscles, qui tapissent le squelette dans toute son étendue, protègent en particulier cette sorte de boîte osseuse formée par la colonne vertébrale, les côtes et le sternum, et qu'on a appelée la *cage thoracique*. Ils s'étendent même plus loin, et, de la cage thora-

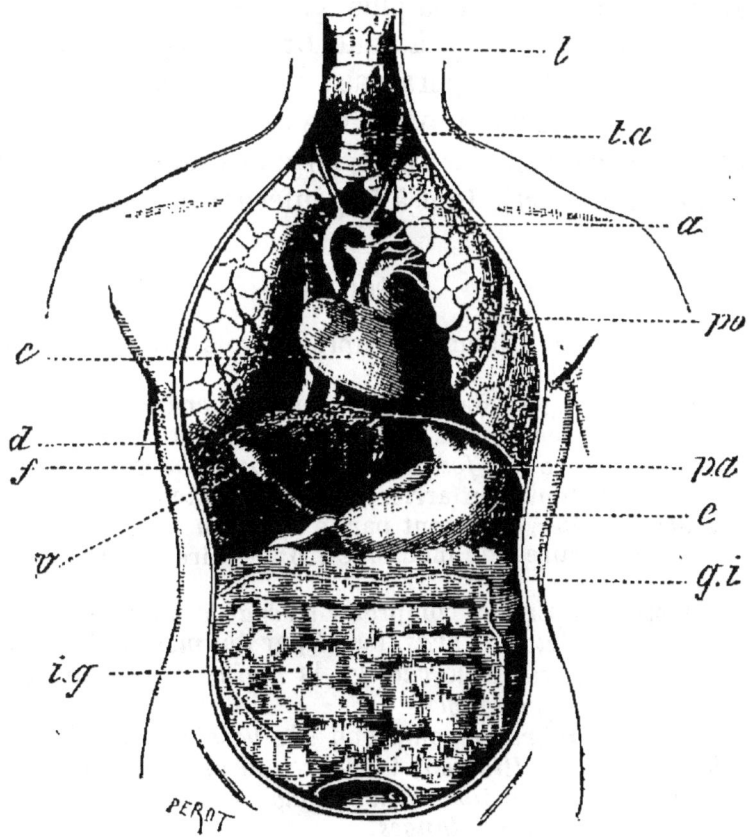

Fig. 12. — Disposition générale des viscères à l'intérieur du corps.

cique, vont s'attacher aux parois du bassin, formant ainsi une vaste cavité, dite *cavité générale*, qui renferme les principaux organes servant aux fonctions de nutrition (*viscères*).

Disposition des principaux viscères. — Cette cavité est divisée en deux parties par une cloison musculaire en forme de voûte, à convexité tournée vers le haut, qui s'étend transversalement au niveau des dernières paires de côtes, et qu'on appelle le *diaphragme* (*d*). L'étage supérieur à cette voûte est le *thorax;* l'étage inférieur est l'*abdomen* (*fig.* 12).

Le thorax renferme, à droite et à gauche, les *poumons* (*po*), organes de la respiration, et entre eux le *cœur* (*c*), organe central de la circulation.

L'abdomen contient la plus grande partie des organes digestifs : l'*estomac* (*e*), à gauche ; le *foie* (*f*), à droite, au-dessous même du diaphragme ; le *pancréas* (*pa*), derrière l'estomac ; plus bas, la masse des *intestins* (*ig, gi*), derrière laquelle se trouvent les *reins*, organes de la sécrétion urinaire, et, à la partie tout à fait inférieure, la *vessie*.

RÉSUMÉ

Le *squelette* de l'Homme comprend trois parties : la *tête*, le *tronc* et les *membres*.

La tête se compose de deux régions : le *crâne*, boîte osseuse, à laquelle est suspendue la *face*, creusée de quatre grandes cavités (*orbites*, ouverture des *fosses nasales*, *cavité buccale*).

Le *tronc* est limité en arrière par la *colonne vertébrale*, sur les flancs par les *côtes*, en avant par le *sternum*.

Il y a deux paires de membres : une paire supérieure et une paire inférieure.

Le *membre supérieur* comprend : l'*épaule*, formée de deux os (*clavicule, omoplate*) ; le *bras*, formé par l'*humérus* ; l'*avant-bras*, formé par le *cubitus* et le *radius* ; la *main*, formée du *carpe*, du *métacarpe* et des *phalanges*.

Le *membre inférieur* comprend : le *bassin*, formé de trois os (*pubis, ischion, os iliaque*) ; la *cuisse*, formée par le *fémur* ; la *jambe*, formée par le *tibia* et le *péroné* ; le *pied*, formé du *tarse*, du *métatarse* et des *phalanges*.

La *cavité générale* du corps est divisée par le *diaphragme* en deux étages (*thorax* et *abdomen*).

TROISIÈME LEÇON

L'appareil digestif et la digestion.

La digestion. — La *Digestion* est la fonction par laquelle l'homme introduit dans son organisme des aliments solides et liquides auxquels il fait subir une série de modifications destinées à en rendre une partie soluble et assimilable, tandis que le reste est rejeté au dehors.

L'appareil digestif. — L'*appareil digestif* comprend deux parties :

1° Un tube ouvert à ses deux extrémités et traversant la tête et le tronc (*tube digestif*);

2° Divers appareils (dents, foie, etc.) distribués sur le parcours de ce tube, et qui en forment les *annexes*.

Le tube digestif (*fig.* 13) commence à la *bouche* (*a*); il se continue par l'*arrière-bouche* (*b*), l'*œsophage* (*c*), l'*estomac* (*d*) et l'*intestin*. Dans son trajet, il traverse le diaphragme (*s*), qui permet par conséquent de le diviser en deux régions : une *région sus-diaphragmatique* (*bouche, arrière-bouche et œsophage*), et une *région sous-diaphragmatique* (*estomac, intestin*).

Étudions successivement chacune des parties constitutives du tube digestif, en ajoutant à l'étude de chacune de ces parties celle des annexes qui s'y rattachent ; nous verrons, au fur et à mesure, quels sont les rôles de tous ces organes.

La bouche. — La *bouche* (*fig.* 14) est une cavité qui s'ouvre à sa partie antérieure entre les *lèvres* (*a*); elle est limitée sur les côtés par les *joues*, à sa partie supérieure par le *palais* (*b*), cloison osseuse qui la sépare des fosses nasales (*c*) et en bas par le plancher charnu que forme la *langue* (*d*); en arrière, elle s'ouvre par un orifice rétréci appelé *isthme du gosier* (*e*). Au niveau des lèvres on voit la peau, qui recouvre tout le corps, se modifier et se transformer en une membrane plus fine, de couleur rose, qui tapisse toute la cavité de la bouche : c'est la *muqueuse buccale*, qui se continue tout le long du tube digestif. Une muqueuse semblable couvre intérieurement la cavité des fosses nasales, et tapisse par conséquent la face supérieure du palais ; or celui-ci se termine brusquement à sa partie postérieure : en ce point les deux muqueuses se rejoignent, s'accolent et forment une membrane tendue obliquement au travers de l'isthme du gosier (*voile du palais*, *f*); le bord libre de cette membrane, arrondi en forme de demi-circon-

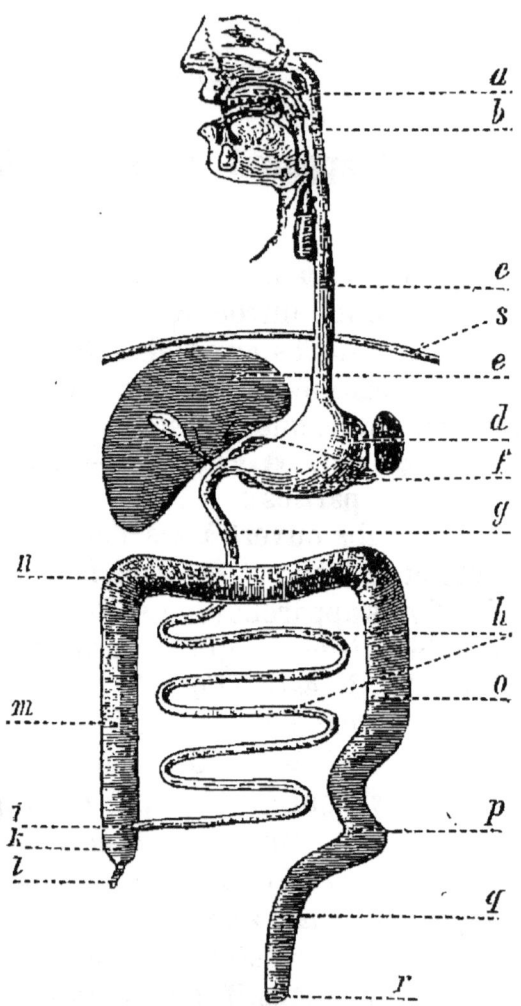

Fig. 13. — Le tube digestif et ses principales annexes (figure théorique).

férence, présente en son milieu une sorte de renflement charnu qui pend, comme une clef de voûte, au-dessus du gosier (*luette*, *g*).

Les deux maxillaires, recouverts de parties charnues

appelées *gencives* (*h*), et portant les dents (*i*), divisent en quelque sorte la cavité buccale en deux régions : une posté-

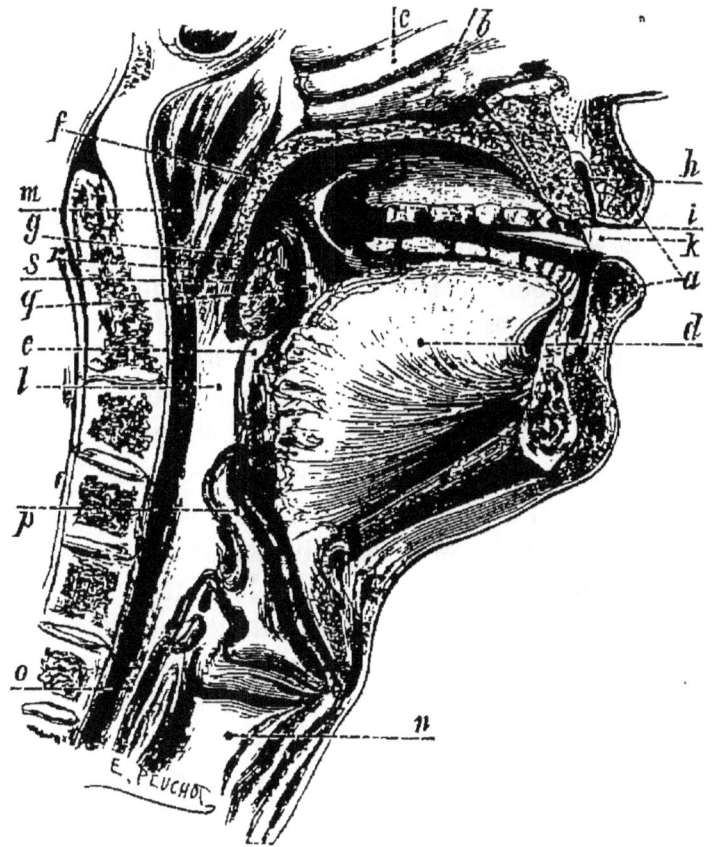

Fig. 14. — Coupe longitudinale de la bouche et de l'arrière-bouche.

rieure ou bouche proprement dite, et une antérieure, qui lui forme comme un *vestibule* (*k*).

La bouche renferme deux sortes d'annexes : les *dents* et les *glandes salivaires*.

Les dents. — Les *dents* (*fig.* 15) sont de petits organes de consistance osseuse portés par les deux maxillaires, où ils sont renfermés dans des cavités spéciales appelées *alvéoles* (*g*).

Chaque dent se compose de deux parties : une région visible extérieurement (*couronne*), et une région renfermée dans l'alvéole (*racine*); la ligne de séparation de ces deux régions est le *collet* (*e*).

Si l'on vient à scier une dent suivant sa longueur pour en examiner la structure interne, on verra aisément qu'elle est formée de quatre substances différentes. La majeure partie de la racine aussi bien que de la couronne est constituée par une matière d'un blanc jaunâtre, creusée d'une foule de canalicules perpendiculaires à la surface de la dent; on l'appelle l'*ivoire* (*a*). Au sein de l'ivoire est creusée une cavité fermée du côté de la couronne, ouverte au contraire à l'extrémité opposée, c'est-à-dire à la pointe de la racine; cette cavité est remplie par une substance molle, rougeâtre, riche en vaisseaux sanguins et en filets nerveux, sensible par conséquent, et à laquelle on donne le nom de *pulpe dentaire* (*b*). Dans la couronne, l'ivoire est tapissé extérieurement par une mince couche d'une substance dure, cassante, d'un blanc éclatant, l'*émail* (*c*); sur la racine, l'émail est remplacé par du *cément* (*d*), qui possède exactement la structure des os.

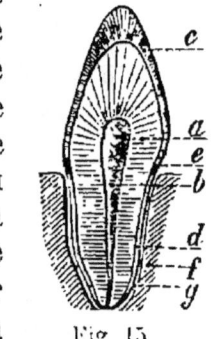

Fig. 15. Coupe longitudinale d'une dent (figure théorique).

La pulpe dentaire étant la seule partie sensible de la dent, on comprend que cette dernière ne saurait éprouver de douleurs que si l'émail a été enlevé sur un point; car alors les canalicules dont l'ivoire est creusé permettent aux substances nuisibles, aux acides par exemple, d'arriver jusqu'à la pulpe. La douleur est bien plus vive encore et plus certaine lorsque l'ivoire lui-même a été détruit.

On voit combien est complexe la structure d'une dent: mais nous devons surtout fixer notre attention sur un point : il n'y a qu'une faible partie de la dent, le cément, qui ait la structure osseuse; c'est qu'en effet la dent n'est pas un os, c'est une production de la peau, au même titre que les poils, les cheveux, les ongles de l'homme, les sabots et les cornes de certains animaux. On le verrait plus clairement en étudiant la façon dont se forment les dents chez le jeune enfant.

Les différentes sortes de dents. — Il y a, chez l'homme, trois sortes de dents : les *incisives*, les *canines*, les *molaires*. Chaque partie, droite et gauche, d'une même mâchoire, porte le même nombre et les mêmes sortes de dents ; bien plus, cette identité se retrouve entre les deux mâchoires, supérieure et inférieure, de sorte que, pour étudier la dentition de l'homme, il nous suffit d'observer les dents d'une seule demi-mâchoire. On y trouve, chez un homme adulte, à partir du milieu, deux incisives (1, 2), une canine (3), deux petites molaires ou prémolaires (4, 5) et trois grosses molaires (6, 7, 8) ; ce qui porte le total des dents à trente-deux (*fig.* 16).

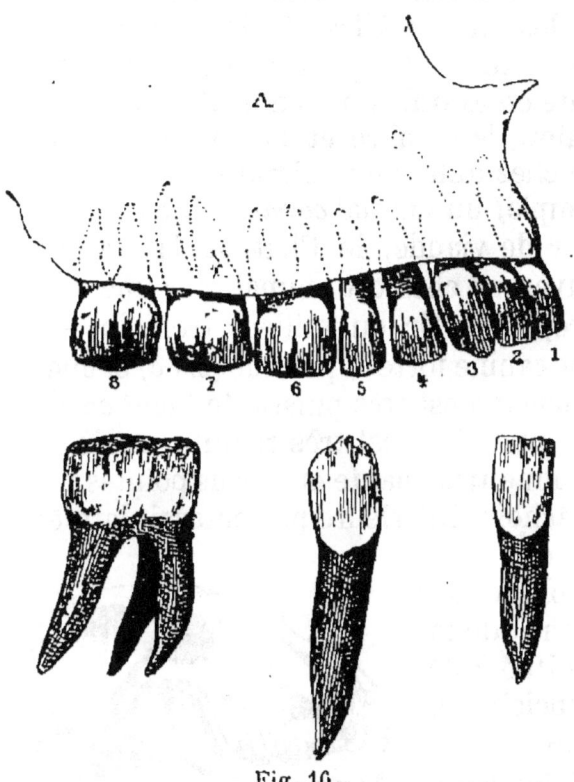

Fig. 16.
Dents de la mâchoire supérieure de l'homme.

Les différentes sortes de dents se distinguent surtout par la forme de leur couronne : elle est aplatie et tranchante dans les incisives, conique dans les canines, cubique et légèrement mamelonnée à la surface dans les grosses molaires ; celle des petites molaires forme, pour ainsi dire, le passage entre les canines et les grosses molaires, qui se distinguent encore des petites molaires par la division de leur racine en plusieurs branches.

Les dents servent à mâcher les aliments. L'inspection seule des formes qu'affectent les différentes sortes de dents permet de leur reconnaître des rôles différents dans cette opération complexe : les incisives servent à couper les matières alimentaires, les canines à les déchirer, les molaires à les broyer et à les triturer. On peut s'en rendre compte d'une façon différente en examinant comment varient, avec le mode d'alimentation, le nombre et la forme des dents, quand on les étudie chez différents animaux.

Prenons, par exemple, un animal *carnivore*, c'est-à-dire fait pour se nourrir de viande, le Chat ou la Panthère (*fig.* 17); nous trouverons chez cet animal, sur une demi-mâchoire supérieure, à partir du milieu, trois incisives peu développées, une canine forte et pointue (*croc*) et quatre molaires dont la troisième est très puissante (*dent carnassière*), tandis que la quatrième est très réduite ; mais elles ont toutes une couronne tranchante et à trois pointes principales. La demi-mâchoire inférieure présenterait la même dentition, avec cette différence que la dernière molaire fait défaut. Nous voyons donc, chez un animal habitué à déchirer sa proie, les incisives se réduire au profit des canines, qui deviennent très aiguës et très tranchantes, en même temps que les molaires.

Fig. 17. — Tête de panthère.

Pour compléter cette étude, examinons de quelle façon se termine la branche montante du maxillaire inférieur : le condyle a ici la forme d'une barre allongée transversalement et s'articulant dans une cavité de la base du crâne, qui la moule exactement, de manière à ne permettre au maxillaire inférieur tout entier que des mouvements très réduits, de haut en bas et de bas en haut. Le mode d'articulation du maxillaire inférieur avec le crâne est donc aussi dans un rapport étroit avec le mode d'alimentation de l'animal.

Prenons, au contraire, un animal habitué à se nourrir de substances végétales un peu fermes comme des fruits ou des graines, un *Rongeur*, le Lapin par exemple (*fig.* 18). Le maxillaire supérieur nous présentera, à partir du mi-

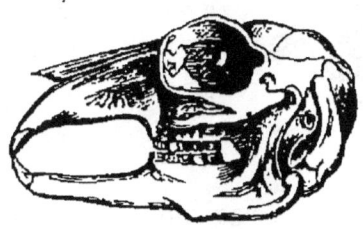

Fig. 18. — Tête de lapin.

lieu : une incisive longue, usée en biais à son extrémité, et derrière laquelle s'en cache une seconde, accessoire; pas de canine; six molaires très rapprochées les unes des autres, usées sur leurs faces inférieures et y offrant l'aspect d'une lime. Au maxillaire inférieur, nous trouverions une molaire de moins. Enfin la branche montante du maxillaire inférieur se termine par un condyle allongé d'avant en arrière, en forme de barre, et ne permettant à la mâchoire que des mouvements dans ce sens, tout à fait analogues à ceux d'une lime.

Considérons ensuite un *herbivore*, comme le Cheval (*fig.* 19); nous trouverons au demi-maxillaire supérieur de

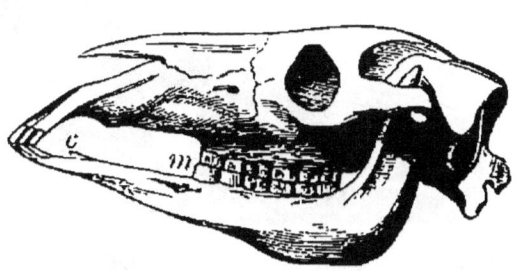

Fig. 19. — Tête de cheval.

cet animal, à partir du milieu, trois incisives assez longues, une canine très petite, suivie d'un long espace dépourvu de dents (*barre*), et six molaires dont la couronne, aplatie d'une façon générale, présente cependant des saillies contournées (*collines*). Le maxillaire inférieur serait identique.

Chez un herbivore appartenant au groupe particulier des *Ruminants*, le Mouton par exemple (*fig.* 20), le maxillaire supérieur est dépourvu d'incisives aussi bien que de canines; on n'y trouve que six molaires, présentant le caractère général des molaires d'herbivore. Le maxillaire inférieur n'en diffère que par la présence d'incisives, au nombre de quatre de chaque côté. En même temps, le condyle du maxillaire inférieur, au lieu d'avoir, comme dans les cas précédents, la forme d'une tête renflée, est plutôt concave et porté par une partie légèrement saillante de la base du crâne, de manière à permettre à la mâchoire des mouvements très variés.

Fig. 20. — Tête de mouton.

Nous voyons ainsi, à mesure que le régime de l'animal devient plus herbivore, s'aplatir la couronne des molaires et disparaître les canines, quelquefois même une partie des incisives. Ceci nous montre évidemment que chaque sorte de dents a son rôle spécial : l'incisive est frugivore, la canine carnivore, la molaire herbivore.

La démonstration sera complète si nous prenons, pour terminer, un animal *omnivore*, c'est-à-dire s'accommodant à tous les régimes d'alimentation ; nous devrons lui trouver les trois sortes de dents avec un développement à peu près égal. Le Cochon, en effet (*fig. 21*), a sur chaque demi-mâchoire trois incisives, une canine et sept

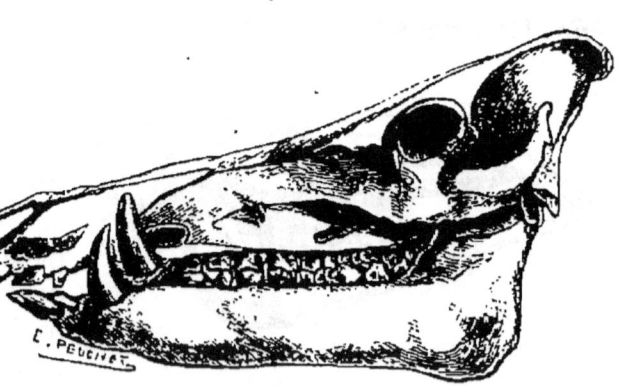

Fig. 21. — Tête de porc.

molaires, à peu près toutes de dimension moyenne et également espacées.

Les deux dentitions de l'homme. — Les dents de l'homme n'apparaissent pas toutes dès le premier âge :

elles commencent à se montrer sur les gencives vers quatre mois, dans l'ordre où elles doivent se ranger, à partir du milieu, et le maxillaire inférieur étant toujours en avance d'une dent sur le supérieur ; il n'y a d'exception que pour les canines, qui paraissent après les premières petites molaires. Mais ce qui est surtout à remarquer, c'est qu'il se produit, après l'apparition des secondes prémolaires, un arrêt dans ce développement : l'enfant ne possède alors que vingt dents, qui composent sa *première dentition* ou dentition de lait. Vers l'âge de sept ans, ces dents de lait commencent à s'ébranler et tombent dans l'ordre où elles ont apparu ; mais elles sont remplacées, après leur chute, par des dents qui se sont formées au-dessous d'elles (dents de la *seconde dentition*), et auxquelles s'ajoutent bientôt deux paires de grosses molaires ; une troisième paire apparaît beaucoup plus tard (*dents de sagesse*), et ainsi se forment les trente-deux dents qui vont constituer la dentition de l'adulte.

Glandes salivaires. — D'autres annexes de la bouche sont les *glandes salivaires*, organes qui produisent la *salive*. Il y en a trois paires principales (*fig.* 22) : les *glandes parotides* (a), situées en avant et un peu au-dessous des oreilles ; chacune d'elles s'ouvre dans la bouche par un canal qui traverse la joue et vient aboutir en face de la seconde grosse molaire supérieure ; — les *glandes sous-maxillaires* (b), situées en dedans du corps de la mâchoire inférieure, et dont chacune se prolonge par un canal s'ouvrant dans la bouche vers la base de la langue ; — les *glandes sublinguales* (c), renfermées dans l'épaisseur de la langue (d) et s'ouvrant dans la bouche par plusieurs petits canaux, de chaque côté du frein de la langue.

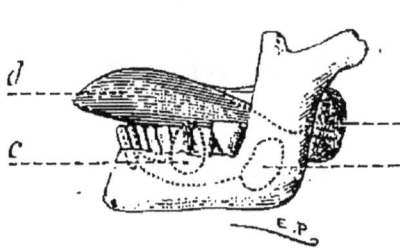

Fig. 22. — Disposition des glandes salivaires (figure théorique).

Si l'on déchire avec précautions, à l'aide de fines aiguilles, une des glandes salivaires, et qu'on l'examine ensuite au microscope, on verra que le canal qui correspond à chacune d'elles y pénètre et s'y ramifie de proche en proche en donnant finalement des canaux très déliés ; ceux-ci se terminent par des cavités sphériques étroitement enchevêtrées les unes dans les autres. Cet aspect est à peu près celui d'une grappe de raisin ; aussi dit-on que les glandes salivaires sont des *glandes en grappe* (*fig.* 23). C'est dans chacune des extrémités renflées que se produit la salive ; elle s'écoule ensuite par les canalicules qui leur font suite et finit par se rassembler dans le canal principal, qui la verse dans la bouche.

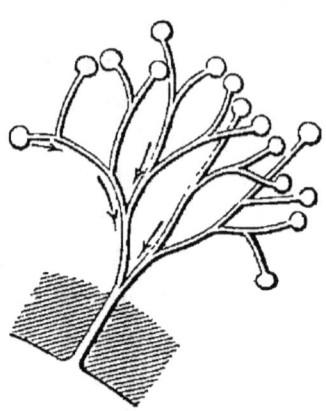

Fig. 23. — Structure d'une glande en grappe (figure théorique).

La bouche est le théâtre de deux actes importants dans la fonction de digestion, la *Mastication* et l'*Insalivation*. Les aliments, coupés par les incisives, déchirés par les canines, broyés par les molaires, sont en même temps imprégnés de salive et sont enfin réunis par la langue, qui balaie toutes les parois de la bouche, en une sorte de boulette appelée *bol alimentaire*; celui-ci est prêt à s'engager dans les parties suivantes du tube digestif.

L'arrière-bouche. — L'*arrière-bouche* (*fig.* 14, *l*) est une vaste cavité qui s'ouvre en avant dans la bouche, en haut dans les fosses nasales, sur les côtés dans la région moyenne de l'oreille par deux canaux appelés *trompes d'Eustache* (*m*), en bas dans deux canaux placés l'un au-devant de l'autre, le *larynx* (*n*) en avant et l'*œsophage* (*o*) en arrière. Si l'on remarque que la voie destinée aux aliments est formée par la bouche, l'arrière-bouche et l'œsophage, tandis que l'air introduit dans le corps pour la respiration peut passer par les fosses nasales, l'arrière-bouche et le larynx, on voit que l'arrière-bouche est une sorte de carrefour où se rencontrent les voies respiratoires et les voies digestives. Lorsque le bol alimentaire, façonné dans la bouche, arrive dans l'arrière-bouche, il faut qu'il passe directement dans l'œsophage, et que par conséquent l'orifice des fosses nasales et celui du larynx se ferment simultanément. Or, on remarque au-dessus de l'ouverture du larynx, cavité en forme d'entonnoir, une sorte d'auvent cartilagineux appelé l'*épiglotte* (*p*) ; lorsque le bol alimentaire arrive dans l'arrière-bouche, l'œsophage se soulève pour le saisir, et, comme le larynx lui est soudé par sa face postérieure, il est entraîné avec lui et vient appliquer son ouverture contre l'épiglotte, qui la ferme. Quant aux fosses nasales, la fermeture en est un peu plus compliquée : de chaque côté du voile du palais, on remarque deux colonnes charnues, dites *pilier antérieur* (*q*) et *pilier postérieur du voile du palais* (*r*) ; ils comprennent entre eux un organe rougeâtre, arrondi, l'*amygdale* (*s*), et le pilier postérieur se dirige en biais vers le fond de l'arrière-bouche ; pour fermer l'orifice des fosses nasales, les deux piliers postérieurs s'étalent de manière à se rejoindre presque par leurs bords libres, et l'espace laissé ouvert encore est comblé par la luette, légèrement relevée. Un seul orifice se trouve alors ouvert devant le bol alimentaire, qui s'y précipite ; c'est l'orifice de l'œsophage. Le passage du bol alimentaire à travers l'arrière-bouche porte le nom de *Déglutition*.

RÉSUMÉ

La *digestion* est la fonction par laquelle l'homme introduit dans son organisme des aliments solides et liquides dont la partie utile est modifiée de manière à être rendue soluble et assimilable.

L'*appareil digestif* comprend le *tube digestif* et ses *annexes*.

Le *tube digestif* comprend la *bouche*, l'*arrière-bouche*, l'*œsophage*, l'*estomac* et l'*intestin*.

La *bouche* renferme deux sortes d'annexes : les *dents* et les *glandes salivaires*.

Les *dents*, portées par les deux maxillaires, sont au nombre de trente-deux chez l'homme adulte ; elles comprennent des *inci-*

sives, qui coupent les aliments, des *canines*, qui les déchirent, des *molaires*, qui les broient. La fonction des dents est la *mastication*.

Les *glandes salivaires* produisent la salive, qui imprègne les aliments mâchés par les dents (*insalivation*); ceux-ci sont ensuite réunis en un *bol alimentaire*.

L'*arrière-bouche* fait suite à la bouche; elle s'ouvre aussi dans les fosses nasales et dans le larynx, qui se ferment au moment du passage du bol alimentaire (*déglutition*).

QUATRIÈME LEÇON

L'appareil digestif et la digestion (*suite et fin*).

L'œsophage. — Nous avons vu le bol alimentaire traverser l'arrière-bouche; il arrive ensuite dans l'œsophage.

L'*œsophage* est un tube qui descend à peu près verticalement à travers le thorax, et qui, à son extrémité inférieure, perce le diaphragme pour pénétrer dans l'estomac. Entre les repas, ce tube est aplati; il ne s'ouvre que sous la pression du bol alimentaire, qui le parcourt assez rapidement, chassé de proche en proche par la contraction des parois du tube.

L'estomac. — L'*estomac* (*fig*. 24, *a*) est une vaste poche située vers le côté gauche de l'abdomen, immédiatement au-dessous du diaphragme. Il a la forme d'une poire couchée horizontalement en travers de l'abdomen, et dont le gros bout serait tourné vers la gauche. Il s'ouvre en haut et à gauche dans l'œsophage par un orifice appelé *cardia* (*b*), à droite dans la première partie de l'intestin par le *pylore* (*c*); cette dernière ouverture peut être fermée par une sorte de repli membraneux appelé valvule.

L'estomac renferme des annexes; mais ceux-ci ne sont pas, comme les dents et les glandes salivaires, des organes volumineux, visibles à l'œil nu ; ce sont des glandes de dimensions très réduites, et dont le microscope seul peut

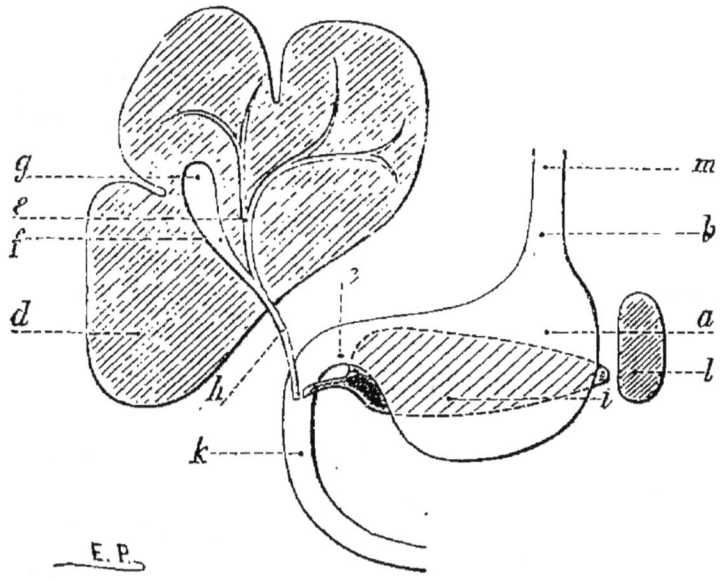

Fig. 24. — Estomac, foie, pancréas et rate (figure théorique).

révéler la présence (*fig.* 25). Elles ont la forme de petites cavités en doigt de gant, creusées dans l'épaisseur de la muqueuse stomacale et produisant des sucs abondants au moment de la digestion ; les unes ont des parois lisses et sont ramifiées au voisinage du pylore de manière à présenter l'aspect non plus d'un doigt de gant, mais d'un gant tout entier : ce sont les *glandes muqueuses ;* les autres ont des parois bosselées et sont ramifiées vers le cardia (*glandes à pepsine*). Ces dernières produisent en abondance, au moment de la digestion, un liquide appelé *suc gastrique.*

Fig. 25. Une glande de l'estomac (figure théorique).

Les différents bols alimentaires qui viennent s'accumuler dans l'estomac s'y transforment en une sorte de bouillie appelée *chyme ;* on appelait autrefois *chymification* l'acte digestif ainsi accompli.

L'intestin. — A l'estomac succède l'*intestin* (*fig.* 13); il suffit d'examiner l'ensemble de cet organe pour y distinguer deux régions principales : 1° un tube de diamètre assez réduit, enroulé un grand nombre de fois sur lui-même, qui part du pylore et qui forme une masse occupant le centre de l'abdomen (*intestin grêle*); — 2° un tube de large diamètre, bordant extérieurement la masse de l'intestin grêle, auquel il fait suite (*gros intestin*).

Il y a dans l'intestin grêle trois parties : le *duodénum* (*g*), dont la longueur vaut en moyenne douze travers de doigt; — le *jéjunum* (*h*), ainsi nommé par les anciens anatomistes parce que sur les cadavres on le trouve généralement vide; — l'*iléon* (*h*), qui occupe la région du bassin. La limite entre les deux dernières parties est difficile à établir; la première correspond à la portion de l'intestin grêle qui réunit l'estomac à la masse des circonvolutions.

Le gros intestin, qui borde la masse de l'intestin grêle sur trois côtés, à droite, en haut et à gauche, communique avec l'iléon par un orifice de forme toute spéciale; c'est une sorte de boutonnière portée par le bord libre d'un repli en croissant, sur la paroi interne du gros intestin; cette boutonnière, ou *valvule iléo-cœcale* (*i*), ne peut s'ouvrir que de l'intestin grêle vers le gros intestin.

La région du gros intestin située au-dessous de la valvule, et qui est fermée à son extrémité inférieure, a reçu le nom de *cœcum* (*k*); elle se termine par un prolongement très fin (*appendice vermiculaire*, *l*). Au-dessus commence le *côlon*, qui occupe la plus grande partie des trois côtés de l'intestin grêle, et qu'on divise pour cette raison en trois parties : le *côlon ascendant* (*m*), qui monte à droite; le *côlon transverse* (*n*), qui traverse l'abdomen de droite à gauche, au-devant du duodénum, et recouvrant en partie l'estomac; et le *côlon descendant* (*o*), qui redescend à gauche. Au côlon descendant succède une partie contournée en forme d'S (*S iliaque*, *p*), à laquelle fait suite la dernière partie, rectiligne (*rectum*, *q*), du tube digestif. Le rectum s'ouvre au dehors par l'*anus* (*r*).

La surface interne de l'intestin grêle est loin d'être unie. On y trouve d'abord une série de replis transversaux, dont la présence a pour effet d'augmenter l'étendue de cette surface (*valvules conniventes*). La surface entière est de plus recouverte d'une foule de saillies en forme de poils, lui donnant un aspect velouté, et qui ont reçu le nom de *villosités intestinales*. Enfin, dans l'épaisseur de la muqueuse de l'intestin grêle, on trouve de petites glandes en forme de doigt de gant (*glandes de Lieberkühn*), ou de petites cavités fermées de toutes parts (*follicules clos*). Les glandes de Lieberkühn produisent un liquide spécial appelé *suc intestinal*. Toutes ces dispositions manquent dans le gros intestin, qui, dès lors, nous apparaît comme un organe beaucoup moins important dans la fonction de digestion.

Le chyme, qui s'est formé dans l'estomac, subit dans l'intestin une modification capitale ; il se fait en quelque sorte un choix, une sélection, dans les matières qui le constituent : les unes, utiles à l'organisme et destinées à être acquises par lui, forment un liquide blanchâtre appelé *chyle*, qui ne dépasse pas l'intestin grêle ; les autres, impropres à le nourrir et destinées à être rejetées, s'accumulent dans le gros intestin, d'où elles sont expulsées au dehors. Cette séparation du chyme en deux parties a reçu autrefois le nom de *Chylification ;* c'est l'acte digestif dont l'intestin grêle est le siège.

Mais le suc intestinal, à lui seul, serait incapable de provoquer ce phénomène. Le chyme ne se transforme en chyle que sous l'action de liquides spéciaux produits par deux annexes volumineux : le *foie* et le *pancréas* (*fig.* 13, *e* et *f*).

Le foie. — Le *foie* (*fig.* 24, *d*) est une grosse glande, de couleur brune, située dans l'abdomen immédiatement au-dessous du diaphragme et à droite de l'estomac. Sa face supérieure, appliquée contre le diaphragme, est bombée ; sa face inférieure, au contraire, est plutôt concave. On en voit sortir un canal qui se rend au duodénum (*k*), mais sur lequel s'embranche un autre conduit terminé par une poche renflée en forme de poire. Le canal qui se détache du foie est le *canal hépatique* (e) ; celui qui s'embranche sur lui est le *canal cystique* (f), et la poche qui le termine est la vésicule du fiel ou *vésicule biliaire* (g) ; enfin, le prolongement du canal hépatique au delà du canal cystique est le *canal cholédoque* (h). Si nous suivons le canal hépatique à l'intérieur du foie, nous verrons qu'il s'y divise, de proche en proche, en un grand nombre de branches, de plus en plus fines, dont les dernières sont terminées en cul-de-sac. Au fond de ces canalicules se produit continuellement un liquide visqueux et verdâtre, la *bile*, qui se rassemble ensuite dans les canaux plus larges et finit par s'écouler dans le canal hépatique ; de là, elle monte par le canal cystique jusque dans la vésicule biliaire, où elle s'accumule. Lorsque le chyme, expulsé de l'estomac, passe dans le duodénum, les parois de la vésicule se contractent et chassent la bile, qui redescend par le canal cystique jusque dans le canal cholédoque et se répand alors seulement dans l'intestin, où elle se mélange au chyme.

Le pancréas. — Le *pancréas* (i) a une couleur bien différente de celle du foie ; c'est une glande grisâtre, qui devient tout au plus rosée au moment de la digestion. Elle est allongée en travers de l'abdomen derrière le bord inférieur de l'estomac, qu'elle dépasse légèrement à droite. On en voit sortir deux canaux qui se rendent au duodénum, et dont le principal s'ouvre précisément à côté du canal cholédoque. Si nous suivions les deux canaux à l'intérieur du pancréas, nous les verrions se ramifier et se terminer de la même façon que les canaux des glandes salivaires ; le liquide qui se forme au fond des derniers canalicules et qui s'écoule ensuite jusque dans l'intestin est le *suc pancréatique*.

Il existe à gauche de l'estomac et dans le voisinage immédiat de cette poche, un organe peu volumineux, de forme arrondie, de couleur rouge, que sa proximité du tube digestif pourrait faire considérer comme une annexe de ce dernier ; c'est la *rate* (l). Il est important de remarquer, au contraire, que cet organe n'offre aucune communication avec le tube digestif ; il n'y a pas de rapports entre l'un et l'autre.

Transformation des aliments pendant la digestion. — Nous avons vu, dans ce qui précède, les aliments mâchés par les dents, humectés par la salive d'abord, par le suc gastrique ensuite, se transformer en une bouillie homogène appelée chyme ; puis, sous l'action combinée de la bile, du suc pancréatique et du suc intestinal, ce chyme se sépare en deux parties : une partie utile, le chyle, et une partie inutile, rejetée par le gros intestin. Il y a là une série de modifications extraordinaires, et dont nous devons chercher l'explication ; nous devons surtout nous demander si tous les sucs digestifs y prennent la même part et si tous les aliments s'y comportent de la même façon.

Il faut pour cela isoler d'une part les différents sucs digestifs, et, d'autre part, les différentes sortes d'aliments.

Cette dernière opération est relativement facile, et on reconnaît que l'on peut ranger les diverses substances alimentaires dans cinq groupes principaux :

1° Les *aliments minéraux*, tels que le sel marin, l'eau, qui sont directement assimilables et n'ont aucune action à subir de la part des sucs digestifs ;

2° Les *aliments féculents*, comme l'amidon, la farine, etc. ;

3° Les *aliments sucrés* ;

4° Les *aliments azotés* ou albuminoïdes, comme la viande, le blanc d'œuf, le gluten, etc. ;

5° Les *graisses*.

Il est facile, d'autre part, de recueillir de la salive en quantité considérable et de la filtrer pour l'avoir pure. Eh bien, si l'on étudie l'action de cette salive sur les matières sucrées, albuminoïdes ou grasses, on voit qu'elle ne les modifie aucunement ; si, au contraire, on la fait agir sur de l'amidon ou de la farine, on voit cet amidon, cette farine, se changer en une matière sucrée, soluble et assimilable, le *glucose*.

Recueillir le suc gastrique est une opération moins facile.

Voici comment on la réalise dans les laboratoires : on perce la paroi de l'abdomen d'un chien, au niveau de l'estomac, de manière à atteindre cet organe; on perce à son tour celui-ci et on introduit dans la double blessure une petite canule d'argent, terminée à ses deux bouts par des têtes aplaties que l'on peut rapprocher de façon à serrer les bords de la plaie; la canule est ensuite fermée par un bouchon ordinaire. Quand on veut obtenir du suc gastrique, il suffit de faire manger l'animal, de déboucher la canule et d'y attacher un petit sac en caoutchouc, où le suc gastrique s'accumule à mesure qu'il se produit. Le liquide ainsi recueilli n'a aucune action sur les matières féculentes ni les matières grasses; il agit faiblement sur le sucre ordinaire pour le transformer en glucose, mais porte surtout son action sur les matières albuminoïdes (la viande par exemple), qu'il rend solubles et assimilables (*peptones*), et dont on peut ainsi faire des digestions artificielles.

Pour obtenir du suc pancréatique, on peut employer un moyen analogue : on introduit une canule d'argent suivie d'un sac de caoutchouc dans le canal qui débouche du pancréas. Le suc pancréatique agit un peu sur les aliments féculents, comme la salive, un peu aussi sur les matières azotées, comme le suc gastrique; mais il a surtout pour effet de transformer les matières grasses, huiles ou graisses; il les divise en une multitude de petites gouttelettes qu'il tient en suspension, formant ainsi ce qu'on appelle une *émulsion*; en même temps la substance grasse, qui forme chacune de ces gouttelettes, est transformée particllement en un savon; on dit qu'elle est *saponifiée*.

La bile a peu d'action sur les aliments; elle est surtout formée de substances nuisibles à l'organisme, et que celui-ci expulse par le tube digestif.

Enfin le suc intestinal agit sur les matières sucrées qu'il transforme invariablement en glucose.

Absorption. — Pour terminer l'étude de la digestion, il nous resterait à voir ce que devient le chyle, partie utile des aliments. Il est *absorbé* par toute la surface de l'intestin grêle ; mais l'appareil destiné à cette absorption sera étudié ultérieurement.

RÉSUMÉ

De l'arrière-bouche, le bol alimentaire passe dans l'*œsophage*, qui le conduit à l'*estomac*, où l'action du *suc gastrique* le transforme en *chyme*.

Puis il passe dans l'*intestin grêle*, qui comprend le *duodénum*, le *jéjunum* et l'*iléon*, et dans le *gros intestin*, où on distingue le *cæcum*, le *côlon*, l'*S iliaque* et le *rectum*. Sous l'action du *suc intestinal*, formé par la muqueuse de l'intestin grêle, de la *bile*, produite dans le *foie*, et du *suc pancréatique*, venu du *pancréas*, le chyme s'y sépare en deux parties : une qui doit être absorbée (*chyle*), et une autre qui doit être rejetée.

Dans cette série de phénomènes, la salive transforme les *aliments féculents* en *glucose*, le suc gastrique fait passer les *albuminoïdes* à l'état de *peptones*, le suc pancréatique *émulsionne* et *saponifie* les *graisses*, le suc intestinal change le *sucre* ordinaire en *glucose*.

CINQUIÈME LEÇON

L'appareil respiratoire et la respiration.

La respiration. — La *Respiration* est la fonction par laquelle l'homme introduit dans son organisme des aliments gazeux empruntés à l'air, en même temps qu'il rend à l'air des gaz nuisibles formés dans l'organisme. Cette fonction établit donc un véritable échange de gaz entre l'organisme et l'air qui l'entoure.

L'appareil respiratoire. — L'appareil qui sert à cette fonction ou *appareil respiratoire* (*fig.* 26) est tout entier situé au-dessus du diaphragme ; la partie principale en est constituée par les deux *poumons* renfermés dans la *cage thoracique* (voy. p. 19).

On peut considérer dans l'appareil respiratoire deux parties :

1° Les *voies respiratoires;* c'est le chemin que l'air doit suivre pour arriver jusque dans les poumons ;

2° Les *poumons* eux-mêmes.

Fosses nasales. — Il est facile de constater que la respiration est possible, même lorsqu'on vient à fermer hermétiquement la bouche, pourvu que l'on tienne les narines ouvertes. La cavité qui fait suite aux narines, ou cavité des *fosses nasales*, est donc l'entrée des voies respiratoires.

Arrière-bouche. — L'air qui a traversé cette cavité, et qui s'est réchauffé au contact de la muqueuse dont elle est revêtue intérieurement, arrive alors dans l'*arrière-bouche.*

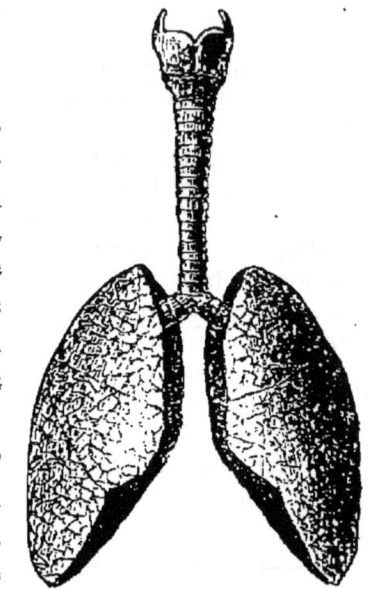

Fig. 26. — Appareil respiratoire de l'homme.

Larynx. — Nous avons vu que la partie inférieure de cette dernière cavité présente deux orifices. Nous connaissons déjà l'orifice postérieur, celui de l'œsophage, qui est destiné au passage des aliments solides et liquides. L'orifice antérieur, au contraire, est destiné au passage de l'air ; il est surmonté en avant par un auvent cartilagineux (*épiglotte*), et donne accès dans une cavité moins vaste que l'arrière-bouche ; celle-ci a, dans son ensemble, la forme d'un entonnoir élargi à sa partie supérieure (*larynx*) ; elle est protégée en avant par un cartilage saillant, que l'on sent facilement chez l'homme adulte, sous la peau du cou, et qu'on appelle vulgairement *pomme d'Adam*. La surface interne de cette sorte d'entonnoir n'est pas parfaitement unie ; on y distingue, à droite et à gauche, deux petites cavités, dites *ventricules*, dont chacune s'ouvre dans le larynx par un orifice en forme de boutonnière ; le bord supérieur de la boutonnière forme la *corde vocale supérieure*, le bord inférieur, la *corde vocale inférieure*. Entre les cordes vocales inférieures est comprise une fente allongée d'avant en arrière (*glotte*). Le mot de cordes vocales rappelle la production de la voix ; c'est qu'en effet l'air chassé du poumon et remontant dans le larynx vient passer d'abord entre les cordes vocales inférieures, puis entre les cordes vocales supérieures, et fait vibrer les premières comme vibre un fil tendu sous l'action du doigt ; cette vibration produit les sons, qui se trouvent ensuite modifiés par la forme de la bouche, la disposition de la langue, etc.

Trachée-artère. — Au larynx, situé dans le cou, fait suite un canal de forme arrondie et assez allongé, qui descend dans le cou, pénètre dans la cage thoracique et s'y prolonge sur une faible distance (*trachée-artère*).

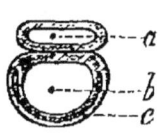

Fig. 27. — Coupe transversale de la trachée-artère et de l'œsophage (figure théorique).

L'ouverture de ce canal est toujours béante, grâce à la présence d'une série d'anneaux cartilagineux (c) placés les uns au-dessus des autres et contenus dans l'épaisseur de sa paroi (*fig.* 27). Ces anneaux sont incomplets à leur partie postérieure ; ils ont donc plutôt la forme de fers à cheval ; cette disposition permet à l'œsophage (a), situé immédiatement derrière la trachée-artère, et qui, en général, est aplati, de se dilater au moment du passage des aliments : il pénètre alors légèrement dans la trachée-artère (b), dont l'ouverture se trouve ainsi réduite.

Bronches primaires. — A peine la trachée-artère a-t-elle pénétré dans la cage thoracique, qu'elle s'y partage en deux branches (*bronches primaires*), dont chacune se rend à un poumon.

Poumons. — Les *poumons* sont des organes de couleur grisâtre, de forme sensiblement conique, dont les sommets sont situés à la partie supérieure ; ils sont placés, l'un à droite, l'autre à gauche, dans le thorax, et leurs faces en regard sont nettement concaves, de manière à ménager entre eux un espace assez vaste. C'est vers le tiers supérieur de chacune de ces faces que pénètre chaque bronche primaire.

Si nous suivons la bronche (*fig.* 28, *a*) à l'intérieur du poumon (*d*), nous verrons qu'elle s'y divise d'abord en deux ou trois branches ; puis chacune de ces branches se partage à son tour en deux, et ainsi de suite, de sorte que la masse du poumon est formée d'une multitude de canaux très fins (*b*), dont les derniers se terminent par de petites poches renflées appelées *lobules pulmonaires* (*c*). Le poumon n'est donc, à proprement parler, qu'une sorte d'arbre creux, dont le tronc serait la bronche primaire et dont les dernières branches, enchevêtrées les unes dans les autres, se termineraient par les lobules ; en pénétrant dans le tronc, puis dans les branches, l'air peut arriver jusqu'aux lobules.

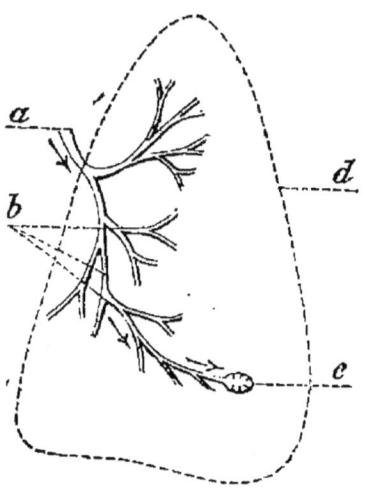

Fig. 28 (théorique).

Inspiration et expiration. — Comment y arrive-t-il ? A l'aide de mouvements spéciaux de la cage thoracique, dits mouvements d'*inspiration*. Lorsqu'il a séjourné un instant dans les lobules et donné à l'organisme les aliments gazeux dont celui-ci a besoin, il en est ensuite chassé par d'autres mouvements, dits mouvements d'*expiration*. L'étude de ces mouvements doit nous arrêter quelques instants, et, pour les mieux comprendre, nous allons chercher à nous procurer une cage thoracique artificielle, transparente, qui nous permettra de les reproduire et d'en voir tous les détails.

Prenons (*fig.* 29) une cloche de verre dont l'ouverture supérieure est fermée par un bouchon que traverse un tube de verre. Ajustons à l'extrémité inférieure de ce tube de verre la trachée-artère et les poumons d'un lapin que nous venons de tuer, en ayant soin de ne pas déchirer la surface de ces poumons pour les enlever du corps de l'animal. Fermons ensuite l'ouverture inférieure de la cloche à l'aide d'un disque de caoutchouc, au centre duquel nous attacherons un fil. La cloche de verre pourra nous représenter la cage thoracique de l'animal ; le tube sera la trachée, et les poumons seront l'appareil respiratoire ; l'espace libre qui sépare les poumons de la cloche figurera l'intervalle très étroit qui, en réalité, sépare aussi les organes respiratoires de la cage thoracique, chez l'animal vivant. Tirons alors, en fixant la cloche, sur le fil que porte le disque de caoutchouc ; le volume de cet espace libre augmentera, en même temps que celui de la cage thoracique tout entière, et nous verrons alors les poumons renfermés dans la cloche se gonfler rapidement. Laissons, au contraire, le disque de caoutchouc revenir sur lui-même ; l'espace libre reprendra son volume primitif, et les poumons diminueront à vue d'œil.

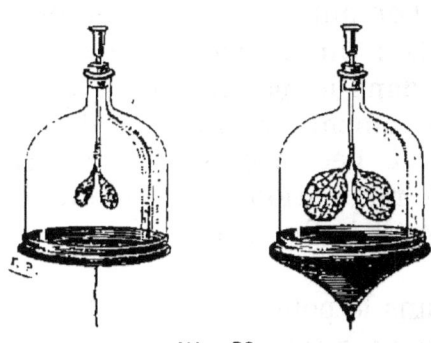

Fig. 29.

Eh bien, ce que nous venons de voir grâce à la transparence du verre de la cloche, c'est exactement ce qui se passe dans la cage thoracique de l'homme. Des muscles spéciaux ont pour effet d'augmenter le volume de la cage thoracique (*muscles inspirateurs*). Certains d'entre eux soulèvent les côtes. D'autres agissent différemment ; le diaphragme, par exemple, en s'abaissant, augmente la hauteur de la poitrine et refoule les organes placés au-dessous de lui : il se comporte exactement comme le disque de caoutchouc dans notre expérience. Le poumon se gonfle en même temps, comme il se gonflait dans la cloche au moment où nous étirions le disque de caoutchouc, et l'air se précipite par le larynx comme il se précipitait par le tube de verre auquel étaient suspendus les poumons. Quand, au contraire, les muscles inspirateurs cessent de fonctionner, la cage thoracique reprend son volume ordinaire, le poumon se dégonfle et chasse les gaz qu'il renfermait ; c'est absolument ce qui s'est passé dans la cloche de verre quand nous avons cessé d'étirer le disque.

Ainsi, chaque fois que l'homme respire, il accomplit deux mouvements successifs : un mouvement d'*inspiration*, destiné à introduire dans le poumon une certaine quantité d'air ; puis un mouvement d'*expiration*, destiné à rejeter de l'air ayant servi à l'échange gazeux qui constitue le fond même de la respiration. Un homme bien portant fait environ de dix-huit à dix-neuf inspirations par minute.

Mais que se passe-t-il dans le poumon, pendant l'intervalle qui sépare les deux mouvements ?

Expulsion de l'acide carbonique. — Si, avec un tube introduit dans la bouche, nous faisons arriver l'air qui a servi à la respiration dans une dissolution parfaitement transparente d'*eau de chaux*, nous verrons bientôt cette dissolution devenir laiteuse, et si, après avoir continué cette opération un certain temps, nous laissons reposer la dissolution, une poudre blanche se rassemblera au fond du vase. La chimie nous apprendra que cette poudre est du *carbonate de chaux*, et qu'il a été produit dans l'eau de chaux par l'action d'un gaz appelé *acide carbonique :* l'air qui a servi à la respiration renferme donc une notable quantité d'acide carbonique.

Prenons, au contraire, de l'air ordinaire, n'ayant pas servi à la respiration, et faisons-le arriver, à l'aide d'un soufflet, dans une dissolution d'eau de chaux parfaitement semblable à la précédente : il ne se formera pas de carbonate de chaux, ou du moins il ne s'en formera que très peu et très lentement. L'air qui n'a pas été respiré ne renferme donc presque pas d'acide carbonique.

La respiration de l'homme, et des animaux en général, a par conséquent pour effet d'extraire du poumon une cer-

44 NOTIONS DE ZOOLOGIE.

taine quantité d'acide carbonique, qui est versé dans l'atmosphère. Cet acide carbonique est impropre à la respiration; et cela est si vrai qu'on ne peut laisser sans danger un grand nombre de personnes séjourner pendant trop longtemps dans un espace fermé : il arriverait un moment où la respiration n'y serait plus possible. Un animal plongé dans une atmosphère formée d'acide carbonique pur y meurt très rapidement : dans certaines grottes des pays volcaniques, la *Grotte du Chien* par exemple, près de Naples, où l'acide carbonique se dégage très abondamment et s'accumule au ras du sol, les animaux de petite taille, comme les chiens, tombent en syncope au bout de quelques minutes.

Absorption d'oxygène. — Ainsi, un oiseau mis sous une cloche parfaitement fermée ne tarderait pas à mourir, tué par l'acide carbonique qu'il aurait lui-même produit. Mais si nous avons soin de placer sous la même cloche, à côté de lui, une plante verte bien portante, nous les verrons l'un et l'autre vivre admirablement. Nous devons donc supposer que la plante, en vivant, s'empare de l'acide carbonique à mesure que l'animal le produit, et lui donne en échange un gaz qu'il peut respirer. Eclaircissons cette question.

Prenons (*fig.* 30) une branche pourvue de feuilles vertes;

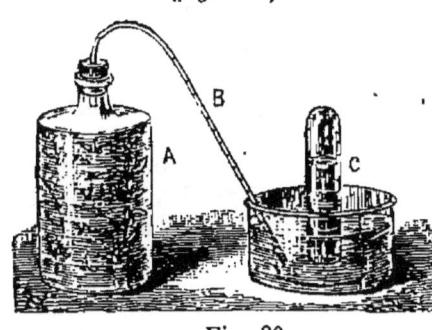

Fig. 30.

plaçons-la dans un bocal (A) rempli d'eau, et dont le bouchon est traversé par un tube recourbé (B); amenons ce tube sous une *éprouvette* (C), que nous aurons remplie d'eau et retournée sur une cuvette également pleine d'eau; puis exposons le tout à la lumière. Nous verrons bientôt des bulles gazeuses se former sur toutes les feuilles, puis s'en détacher et, en passant par le tube, monter dans la partie supérieure de l'éprouvette, où elles se rassembleront. Lorsque ce gaz sera en quantité suffisante, bouchons l'éprouvette avec le doigt, et, après l'avoir retirée, retournons-la; nous constaterons qu'une allumette, à moitié éteinte et ne présentant plus qu'un point rouge, brille avec un plus vif éclat dès qu'on l'y plonge. Or la chimie nous apprend que le gaz qui produit ce phénomène est l'*oxygène* : les plantes, à la lumière, produisent donc de l'oxygène.

C'est l'oxygène produit ainsi sous la cloche qui permettait tout à l'heure à l'animal de vivre. L'air renferme de l'oxygène; c'est lui qui sert à la respiration, et nous pouvons dire en résumé que *l'Homme, en respirant, prend à l'air de l'oxygène et lui restitue de l'acide carbonique.*

RÉSUMÉ

La *respiration* est la fonction par laquelle l'homme introduit dans son organisme des aliments gazeux pris à l'air, et rend à ce dernier des gaz nuisibles à la vie.

L'*appareil respiratoire* comprend :

1° Les *voies respiratoires*, qui sont : les *fosses nasales*, l'*arrière-bouche*, le *larynx*, la *trachée-artère* et les deux *bronches primaires* ;

2° Les deux *poumons*, dans lesquels se ramifient les bronches primaires; les dernières ramifications se terminent par les *lobules pulmonaires*.

La respiration comprend deux sortes de mouvements : les mouvements d'*inspiration*, destinés à introduire l'air dans les lobules pulmonaires, et les mouvements d'*expiration* destinés à l'expulser.

Entre l'inspiration et l'expiration qui suit, s'accomplit dans le lobule pulmonaire un *échange gazeux* : l'air perd une partie de son *oxygène*, qui est remplacée par de l'*acide carbonique* formé dans l'organisme.

SIXIÈME LEÇON

L'appareil circulatoire et la circulation.

La circulation. — La *Circulation* est la fonction par laquelle un liquide spécial, le *sang*, qui reçoit les aliments utilisés dans la digestion et la respiration, circule à travers toutes les parties du corps pour leur porter les substances nécessaires à leur nutrition et leur enlever celles qui leur seraient nuisibles.

Le sang. — Le *Sang* est un liquide visqueux, de couleur rouge, répandu dans toutes les parties du corps : on estime à cinq ou six litres la quantité totale de sang que renferme l'organisme.

Tout le monde sait que lorsque le sang s'est échappé du corps et qu'on l'abandonne à l'air, au lieu de garder son état liquide, il acquiert d'abord une consistance plus grande, puis se transforme en une masse molle et flexible : on dit qu'il *se coagule*. Si l'on a soin d'étudier ce phénomène sur une quantité de sang un peu considérable, recueillie, par exemple, dans un verre à pied, on verra cette masse molle se séparer nettement en deux parties : le fond du vase est occupé par un liquide incolore ou faiblement coloré en jaune (*sérum*); à la surface nage une sorte d'îlot consistant, qui a gardé la couleur rouge du sang et qu'on appelle le *caillot*.

Mais si, aussitôt que le sang est sorti de la blessure pour tomber dans le vase qui l'a reçu, nous avons eu soin de le battre avec un balai de fines brindilles, nous verrons s'attacher à ces brindilles des filaments blanchâtres, élastiques; nous pourrons ensuite les rassembler et les réunir en une boulette flexible que nous laverons sous un filet d'eau : le liquide rouge qui restera ne se coagulera plus. C'est donc cette matière blanche et molle, à laquelle on donne le nom de *fibrine*, qui se prend, en quelque sorte, comme la glace d'un lac, quand le sang est exposé à l'air, et qui produit la coagulation.

Comme le sang privé de sa fibrine garde sa coloration rouge, nous sommes amenés à penser qu'on y trouve encore, outre le sérum incolore, une matière colorante. A l'œil nu, nous ne distinguons rien de particulier. Mais prenons un instrument grossissant assez puissant : nous verrons alors une multitude de petits corpuscules arrondis, de couleur rouge, qui nagent dans un liquide transparent, et qu'on appelle les *globules rouges*.

Le sang se compose donc de deux parties : 1° un liquide incolore, le *plasma*, dans lequel une substance, nommée *fibrine*, a la propriété de se coaguler à l'air, tandis que le reste, ou *sérum*, demeure liquide ; — 2° des *globules rouges*, tenus en suspension par le plasma. Dans la coagulation, la fibrine, en se solidifiant, se sépare du sérum et emprisonne les globules dans une sorte de réseau, comme l'indique le tableau suivant :

SANG NON COAGULÉ	SANG COAGULÉ
Plasma. { Sérum............	Sérum.
{ Fibrine. }	
Globules rouges... }	Caillot.

Les globules rouges du sang (*fig.* 31) méritent de nous arrêter quelques instants. Leurs dimensions sont très réduites : chacun d'eux a de 7 à 8 millièmes de millimètre de diamètre ; pour se rendre compte de la petitesse de cette longueur, on peut calculer facilement qu'il faudrait à peu près de treize à quatorze cents globules, alignés à la suite les uns des autres, pour recouvrir une longueur totale d'un centimètre. En revanche, le nombre des globules renfermés dans le sang est énorme : un homme en possède environ vingt-cinq trillions ; nous pourrons encore nous rendre compte de la valeur de ce nombre en calculant aisément que tous ces globules, alignés les uns derrière les autres, occuperaient une longueur de 175 000 à 200 000 kilomètres, c'est-à-dire cinq fois celle du méridien terrestre. Le globule rouge a la forme d'un disque circulaire aplati sur ses deux faces.

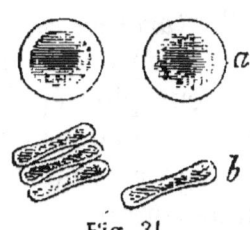

Fig. 31.
Globules rouges du sang.

L'appareil circulatoire. — Le sang des différents organes ne les baigne pas directement : il est contenu dans un système de canaux fermés de tous côtés et qui se rattachent à un organe central, à parois musculaires, situé dans la poitrine. Cet organe central est le *cœur*; les canaux qui en partent sont les *vaisseaux sanguins*, et comme les uns portent le sang loin du cœur, tandis que d'autres le ramènent au cœur, on leur a donné, pour les distinguer, des noms différents : les premiers sont des *artères*, les derniers des *veines*.

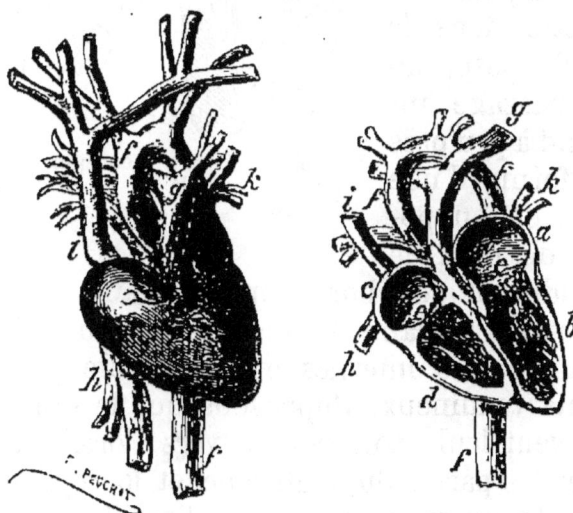

Fig. 32. — Cœur et gros vaisseaux de l'homme.

Le cœur. — Le cœur (*fig.* 32) est un organe charnu, de la grosseur du poing, situé dans le thorax, entre les deux poumons. Il a la forme d'une poire un peu courte, dont la pointe serait tournée en bas et légèrement rejetée à gauche ; ce qui fait dire dans le langage courant, par une exagération fâcheuse, que le cœur tout entier est situé à gauche. Il est creusé de quatre cavités dont deux, occupant la partie supérieure, ont des parois minces et molles (*oreillettes, a, c*), tandis que les deux autres (*ventricules, b, d*) occupent la partie inférieure et ont des parois beaucoup plus épaisses et plus dures. Les deux oreillettes n'ont entre elles aucune communication ; il n'y en a pas davantage entre les deux ventricules. Au contraire, chaque oreillette communique par une large ouverture (*e*) avec le ventricule situé au-dessous d'elle. Dans chacune de ces ouvertures se trouve un appareil d'une forme toute spéciale, appelé *valvule auriculo-ventriculaire* (*fig.* 33), qui permet au sang de passer de l'oreillette dans le ventricule et s'oppose, au contraire, au passage inverse. On se rend à peu près compte de la forme d'une de ces valvules en supposant une sorte de rond de serviette suspendu par son bord supérieur aux bords de l'orifice auriculo-ventriculaire, tandis que le bord inférieur est rattaché aux parois internes du ventricule par une série de filaments tendineux. Supposons que le sang renfermé dans le ventricule soit poussé vers l'oreillette : il s'engagera entre les parois du ventricule et le repli de la valvule, qui se trouvera soulevé vers l'oreillette ; mais alors les filaments qui le retiennent au ventricule l'empêcheront de se retourner à l'intérieur de l'oreillette ; ils ne lui permettront que de s'étendre au travers de l'orifice de communication de manière à le fermer.

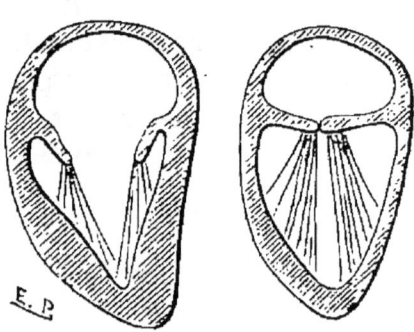

Fig. 33. — Figure théorique représentant une valvule du cœur ouverte et fermée.

Il y a donc dans le cœur deux parties parfaitement distinctes : le *cœur gauche*, formé de l'oreillette et du ventricule gauches, et le *cœur droit*, formé de l'oreillette et du ventricule droits.

Les gros vaisseaux. — Le cœur est soutenu dans le thorax par un groupe de gros vaisseaux qui se rattachent tous à sa partie supérieure et élargie ; les uns sont des artères, les autres des veines : examinons leur disposition et leurs rapports avec les différentes cavités du cœur.

Parmi ces vaisseaux, nous en distinguerons d'abord un, plus volumineux que tous les autres, qui, à partir du cœur, remonte et se recourbe vers la gauche ; on l'appelle l'*aorte* (*f*). Si nous le suivons à l'intérieur du cœur, nous verrons qu'il part de l'extrémité supérieure du ventricule gauche et passe entre les deux oreillettes pour paraître au dehors ; c'est une artère, c'est-à-dire que le sang le parcourt en s'éloignant du cœur. Du ventricule droit part, de même, un gros vaisseau artériel, qui passe entre les deux oreillettes et sort du cœur ; peu après sa sortie, on le voit se diviser en deux branches, dont chacune se rend vers un poumon, à l'intérieur duquel elle pénètre, vers le même point que la bronche primaire ; c'est l'*artère pulmonaire* (*g*). La crosse de l'aorte passe dans la fourche que forment les deux branches de cette artère.

A l'oreillette droite aboutissent deux gros vaisseaux ; l'un venant de la tête, du cou et des membres supérieurs, l'autre de toute la partie inférieure du corps ; ce sont deux veines, les *veines caves supérieure* (*i*) et *inférieure* (*h*) : elles ramènent donc le sang vers le cœur. A l'oreillette gauche arrivent quatre veines, dont deux viennent de chaque poumon ; ce sont les *veines pulmonaires* (*k*).

Les artères, les veines et les capillaires. — Suivons le trajet de ces différents vaisseaux, en commençant, par exemple, par celui de l'aorte : nous verrons l'aorte, après avoir formé la crosse, descendre le long du thorax, puis de l'abdomen, en envoyant successivement vers les différentes régions du corps (tête, bras, poitrine, viscères de l'abdomen) des ramifications qui leur portent le sang ; à sa partie inférieure, on peut presque dire que l'aorte se divise en deux branches volumineuses, dont chacune se rend à une jambe. Mais suivons à leur tour ces différentes ramifications; nous les verrons, elles aussi, se diviser en branches plus fines, et la même division se continuant de

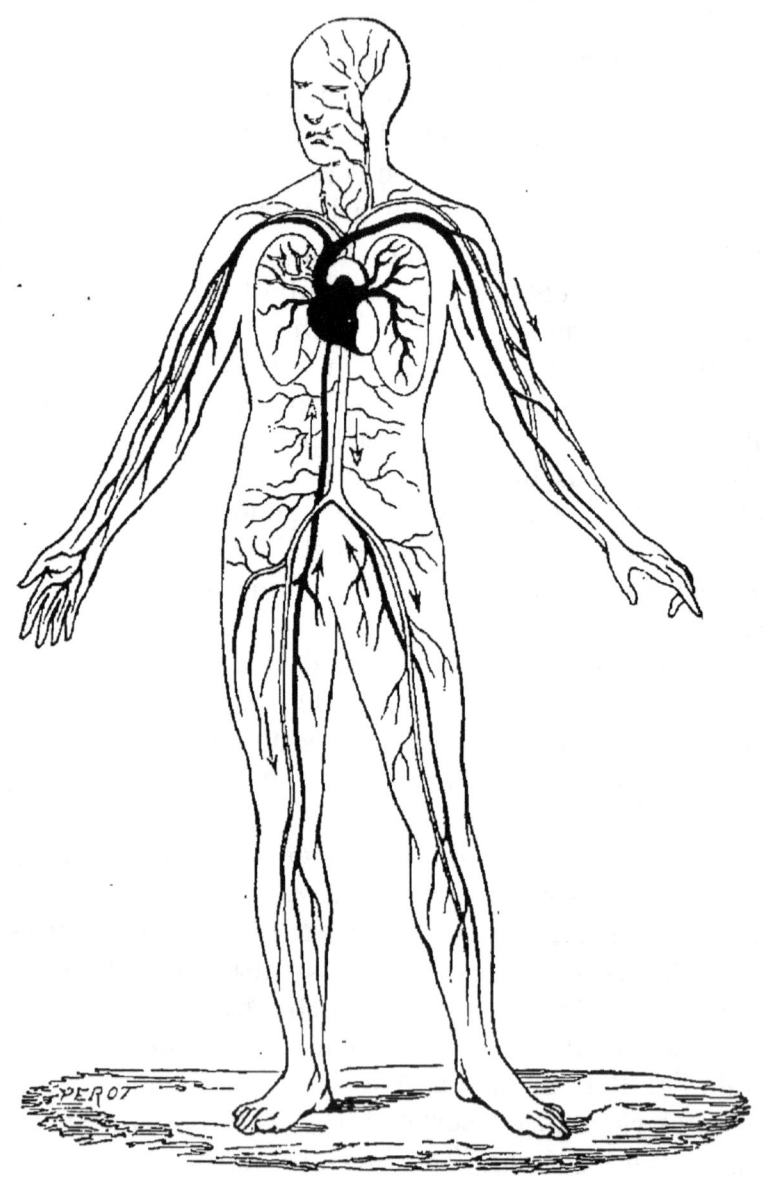

Fig. 34. — Disposition générale de l'appareil circulatoire de l'homme.

proche en proche, nous arriverons à trouver dans tous

les organes de petits vaisseaux artériels d'une ténuité extrême (*fig.* 34).

Les veines caves nous offriront le même spectacle : chacune d'elles se divise, de proche en proche, en une multitude de branches secondaires qui accompagnent généralement celles de l'aorte, et finissent par aboutir à des ramifications excessivement ténues. Si nous nous aidons alors du microscope, nous pourrons constater que les dernières ramifications des artères communiquent avec celles des veines par une infinité de petits canaux invisibles à l'œil nu, qu'on appelle les *capillaires*, et qui se trouvent répandus dans tous les organes. La ressemblance entre les divisions de l'aorte et les branches d'un arbre est frappante ; on peut d'autre part comparer les veines caves, avec leurs ramifications, aux racines de cet arbre; il suffirait, pour que la ressemblance fût complète, de supposer que toutes les branches se sont courbées jusqu'à terre, et, s'enfonçant dans le sol, sont allées s'unir par leurs plus fines extrémités à celles des racines.

L'artère et les veines pulmonaires, qui vont aux poumons ou qui en viennent, présentent à l'intérieur de ces organes une disposition exactement semblable à celle que nous venons de voir : l'artère qui pénètre dans chaque poumon s'y divise en une multitude de branches, auxquelles succèdent des capillaires, qui communiquent d'autre part avec les dernières branches des veines.

Il y a donc en quelque sorte deux circulations, la *circulation générale* et la *circulation pulmonaire*, parfaitement indépendantes.

Le trajet suivi par le sang. — Voyons comment le sang chemine à travers ce système complètement fermé de canaux.

Il part d'abord du ventricule gauche (*fig.* 35, *b*) et s'engage dans l'aorte, dont les ramifications (*c*) le portent aux différents organes dans lesquels il pénètre par les capillaires (*d*) : il suit ces derniers, passe dans les vaisseaux veineux les plus fins, puis dans des veines plus volumineuses (e), et enfin dans les veines caves. Mais, dans ce passage à travers les organes, le sang a éprouvé une modification profonde : le sang de l'aorte était d'un rouge vif, celui des veines caves est rouge brun, quelquefois même violacé; le premier est du *sang rouge* ou *sang artériel*, le second du *sang noir* ou *sang veineux;* c'est qu'en nourrissant les organes, le sang a perdu ses propriétés nutritives, et s'est chargé notamment d'une forte proportion d'acide carbonique, que l'organisme ne pouvait plus supporter.

Les veines caves ramènent le sang noir à l'oreillette droite (h), d'où il passe dans le ventricule droit (i), puis dans l'artère pulmonaire (f). Celle-ci, par ses nombreuses ramifications, le porte jusque dans les capillaires du poumon, qui sont répandus à la surface des lobules pulmonaires, où nous avons vu pénétrer l'air introduit par la respiration. Au contact de cet air, dont il n'est séparé que par les minces cloisons des capillaires et du lobule pulmonaire, le sang perd une partie de l'acide carbonique qu'il renfermait, reprend à l'air de l'oxygène, et, redevenu sang rouge, s'engage dans les ramifications des veines pulmonaires (l). De là, il revient à l'oreillette gauche (a), d'où il passe dans le ventricule gauche, et recommence son trajet.

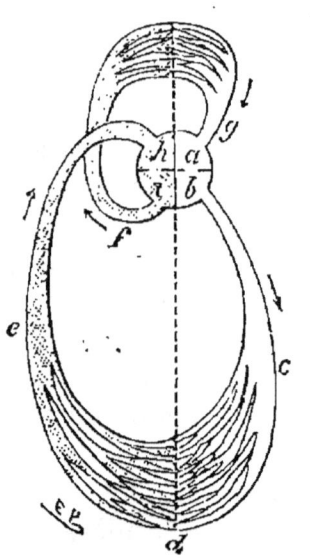

Fig. 35. — Figure théorique représentant la circulation du sang chez l'homme.

Par ce qui précède, et par la figure ci-contre, qui représente théoriquement l'ensemble de l'appareil circulatoire, on voit donc que les artères pulmonaires renferment du sang veineux, et qu'on trouve en revanche du sang artériel dans les veines du même système. Les expressions de sang artériel et sang veineux sont donc défectueuses.

Celles d'artère et de veine sont, au contraire, parfaitement justifiées : ces deux sortes de vaisseaux offrent en effet de profondes différences. La paroi de l'artère est très élastique, et lisse intérieurement; celle de la veine, au contraire, dépourvue d'élasticité, présente intérieurement une série de replis tournés vers le cœur et qui ne permettent le passage du sang que dans cette direction; ce sont encore des *valvules*.

Les mouvements du cœur. — A quelles causes faut-il attribuer le mouvement du sang dans les vaisseaux? C'est principalement à l'activité du cœur. Ce dernier, en effet, n'est pas simplement un passage que le sang traverse, à intervalles réguliers, avant de se rendre soit aux organes en général, soit en particulier aux poumons : nous avons dit qu'il était pourvu de parois musculaires; or la présence de ces muscles lui permet de modifier sa forme, de se contracter, de manière à chasser le sang qu'il renferme.

Ces mouvements ou *pulsations* du cœur ont été parfaitement étudiés; on a vu que le cœur bat de soixante-cinq à soixante-quinze fois par minute chez l'homme adulte, et que chaque battement comprend trois périodes successives :

1° Les deux oreillettes se contractent ensemble de manière à faire passer le sang que renferme chacune d'elles dans le ventricule correspondant.

2° Les deux ventricules se contractent ensemble et plus longuement que les oreillettes, pendant que ces dernières retombent à l'état de repos. C'est à ce moment qu'en plaçant la main sur la poitrine, au niveau de la pointe du cœur, on éprouve une sorte de *choc*.

3° Le cœur tout entier se repose; ce repos est plus long que la contraction des oreillettes, plus court que celle des ventricules.

Le pouls. — Le sang est ainsi poussé à la fois dans l'aorte et dans l'artère pulmonaire, par des mouvements saccadés. Le phénomène du *pouls*, que l'on éprouve en plaçant le doigt sur certaines artères, même assez éloignées du cœur, en est la conséquence et la suite. Cependant, à mesure qu'on s'éloigne de l'organe central, le cours du sang devient plus régulier, et dans les capillaires on ne retrouve plus aucune trace du pouls.

La circulation veineuse. — Le sang qui a traversé les capillaires chemine ensuite dans les veines, poussé par toute la masse sanguine qui le suit, appelé aussi par les dilatations régulières des oreillettes, et assuré dans sa marche par la disposition des valvules.

Ainsi le liquide nutritif, qui se renouvelle sans cesse par le contact avec l'air ou avec les aliments, circule continuellement à travers l'organisme dont il répare les pertes. Nous avons vu comment il s'enrichit en oxygène en passant par les poumons ; il nous reste à étudier : 1° comment il s'empare des aliments introduits dans le tube digestif et que nous avons vus se transformer en chyle ; — 2° comment il se débarrasse des substances de rebut qu'il peut renfermer.

RÉSUMÉ

La *circulation* est la fonction par laquelle un liquide nutritif, le sang, est porté aux différents organes, leur fournit les matériaux utiles, et leur enlève les matériaux nuisibles.

Le *sang* comprend une partie liquide, incolore, le *plasma*, formé de *sérum* et de *fibrine*, qui tient en suspension des *globules* dont la plupart sont colorés en rouge.

L'*appareil circulatoire* comprend un organe central, le *cœur*, et des organes périphériques, les *vaisseaux* (*artères*, *veines* et *capillaires*).

Le cœur est creusé de quatre cavités (deux *oreillettes* et deux *ventricules*), formant un cœur droit et un cœur gauche entièrement séparés. Le sang part du ventricule gauche, se rend aux organes qu'il nourrit, puis revient à l'oreillette droite, d'où il passe dans le ventricule droit. De là, il est envoyé dans les poumons, où il reprend, au contact de l'air, les qualités nutritives qu'il avait perdues dans les organes, et revient à l'oreillette gauche, d'où il passe dans le ventricule gauche.

Le mouvement du sang dans l'appareil circulatoire est dû aux *pulsations* du cœur.

SEPTIÈME LEÇON

L'absorption. — La sécrétion. — La chaleur animale.

L'absorption. — Que devient la partie utile des aliments, le chyle, que nous avons vu se former progressivement dans le tube digestif sous l'action des différents sucs ? Nous avons dit qu'il traversait les parois de l'intestin, qu'il était absorbé : le moment est venu d'étudier le mécanisme de cette *absorption*.

Si l'on vient à examiner l'intestin d'un lapin sacrifié au moment de la digestion, on verra la masse des circonvolutions recouverte d'un réseau très riche de canaux blanchâtres, dont il eût été beaucoup plus difficile de reconnaître la présence sur l'animal à jeun : ces canaux sont, en effet, naturellement transparents, et ne doivent leur coloration qu'à la présence du chyle qu'ils renferment au moment de la digestion. Si nous les suivons à la surface de l'intestin, nous verrons que chacun d'eux se termine dans un de ces prolongements filiformes qui tapissent la muqueuse de l'intestin

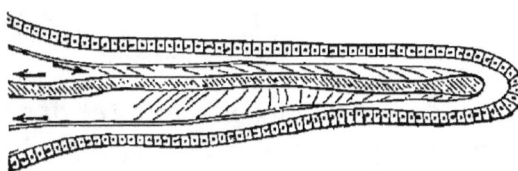

Fig. 36. — Une villosité intestinale grossie (figure théorique).

et que nous avons appelés *villosités*. En portant de plus près notre attention sur une de celles-ci (*fig.* 36), nous y apercevrons alors trois canaux :

1° Le *vaisseau chylifère :* c'est le canal dont nous venons de parler ;

2° Un vaisseau artériel, qui apporte du sang rouge à la villosité;

3° Un vaisseau veineux, qui emporte le sang noir. Ces deux derniers sont unis l'un à l'autre par un système de vaisseaux capillaires.

Lorsque le chyle se trouve en contact avec la *villosité* (*fig.* 37, *b*), il en traverse la paroi et se rassemble dans le vaisseau chylifère (*h*). Les différents vaisseaux chylifères se réunissent ensuite de proche en proche, s'enchevêtrent et finissent par former des troncs plus gros qui aboutissent à un réservoir commun appelé *citerne de Pecquet* (*i*). De la citerne de Pecquet part un canal, dit *canal thoracique* (*k*), qui remonte le long de la colonne vertébrale et débouche, au-dessus du cœur, dans une veine venant du bras gauche, la *veine sous-clavière gauche* (*l*). Le chyle contenu dans les différents vaisseaux chylifères s'écoule par cette voie et vient se mélanger au sang veineux qui se rend au cœur (*n*) par la veine cave supérieure (*m*).

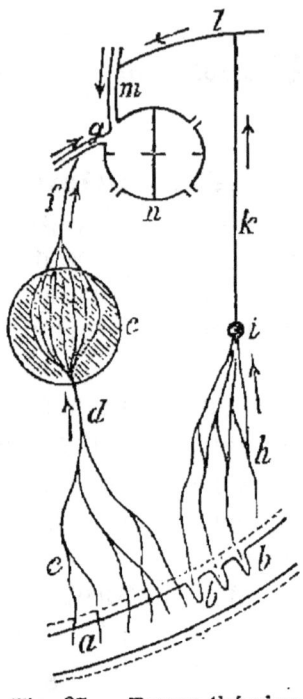

Fig. 37. — Figure théorique représentant les deux voies que suivent les matières absorbées.

Il est encore une autre voie que le chyle peut suivre pour se mélanger au sang. Sur toute la surface de l'intestin rampent un grand nombre de vaisseaux veineux (*c*) dans lesquels pénètre directement une partie considérable du chyle, et qui se réunissent de proche en proche en une grosse veine dite *veine porte* (*d*). Cette dernière se rend au foie (*e*), et y pénètre en se ramifiant, comme une artère, jusqu'à former un système capillaire; à celui-ci succède un nouveau système de veines; elles se réunissent à leur tour en un vaisseau unique (*f*), ramenant enfin le sang à la veine cave inférieure (*g*) qui se rend au cœur. C'est là seulement que se réunissent les deux parties du chyle, après avoir suivi deux chemins si différents.

La sécrétion et les glandes. — Si, par l'absorption du chyle, le sang se renouvelle et s'enrichit sans cesse, il s'appauvrit en même temps par d'autres voies : il existe tout un groupe d'organes, appelés *glandes*, qui extraient du sang différents liquides destinés soit à servir dans l'accomplissement d'autres fonctions, soit à être expulsés de l'organisme, et qui, à ce titre, doivent être séparés en deux groupes. On dit que ces liquides sont *sécrétés* par les glandes, et l'ensemble de ces organes forme ce qu'on appelle l'*appareil sécréteur*.

Nous avons vu, en étudiant la digestion, divers exemples de glandes : les glandes salivaires, les glandes gastriques, le pancréas, les glandes de Lieberkühn, qui ont, dans l'accomplissement de cette fonction, un rôle incontestable ; le foie, dont le rôle digestif est plus douteux, et qui sert plutôt à débarrasser l'organisme d'un certain nombre de substances nuisibles. Nous avons donc trouvé, chemin faisant, des exemples des deux sortes de glandes. Nous n'ajouterons à cette liste qu'un groupe d'organes : les *reins*, qui sont le siège de la *sécrétion urinaire*.

L'appareil urinaire. — Les *reins* sont deux organes placés de part et d'autre de la cavité abdominale, au voisinage immédiat de la colonne vertébrale ; chacun d'eux a la forme d'un haricot qui tournerait sa concavité vers le plan de symétrie du corps, et mesurerait une longueur de 10 à 15 centimètres. Par la partie creuse de la surface ou *hile*, pénètrent dans la glande les vaisseaux (artères et veines) destinés à la nourrir, et sort un canal volumineux appelé *uretère*. Les deux uretères descendent dans l'abdomen, derrière la masse des intestins, et viennent se terminer à la partie inférieure de cette cavité, dans une poche appelée *vessie*,

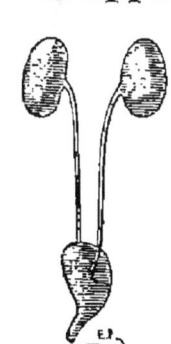

Fig. 38.
L'appareil urinaire.

L'APPAREIL URINAIRE.

qui s'ouvre elle-même au dehors par un canal unique, dit canal de l'*urèthre* (*fig.* 38).

Si nous coupons un rein suivant son plan de symétrie, comme nous ferions pour diviser un haricot en deux moitiés égales (*fig.* 39), nous y verrons deux régions distinctes : une partie pleine, d'un rouge d'autant plus foncé qu'on s'approche davantage de la surface ; et une partie creuse, voisine du hile, s'ouvrant directement dans l'uretère ; on lui donne le nom de *bassinet*. La surface interne du bassinet, formée par la substance pleine du rein, est loin d'être lisse : elle présente, au contraire, un grand nombre de parties saillantes (*pyramides*), dont la surface est criblée d'orifices. A ceux-ci correspondent des canaux ou *tubes urinifères* qui s'enfoncent dans la substance du rein, s'y ramifient légèrement, et, après un trajet plus ou moins sinueux, se terminent vers la surface dans une infinité de petits corps sphériques d'un rouge vif. Examinons un de ces corpuscules au microscope : nous verrons (*fig.* 40) que le tube s'y dilate en formant une sorte de double coupe dans laquelle pénètrent une artère et une veine, communiquant par un système d'anses capillaires. Le sang rouge apporté par l'artère laisse passer à travers les fines membranes des capillaires et du tube urinifère une partie des

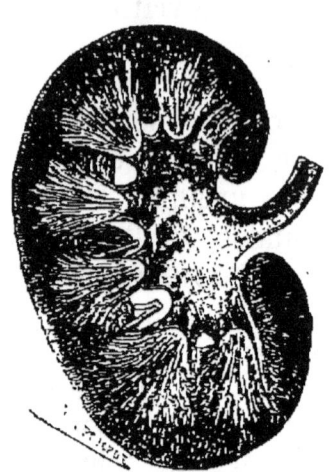

Fig. 39. — Un rein coupé suivant son plan de symétrie.

Fig. 40. — Extrémité d'un tube urinifère très grossie.

substances qu'il renferme : elles forment l'urine. Le sang, privé de ces substances, continue son trajet dans la veine.

L'urine. — L'*urine*, formée dans les reins, s'accumule dans le bassinet d'abord, puis dans la vessie, d'où elle est expulsée au dehors. C'est un liquide très riche en eau, et qui tient en dissolution un certain nombre de substances telles que : l'*urée ;* — l'*acide urique*, très abondant dans l'urine des oiseaux et surtout des serpents, à laquelle il communique sa couleur blanche et sa consistance solide ; — des *phosphates*, c'est-à-dire des sels renfermant du phosphore : aussi est-ce dans l'urine que ce dernier corps a été découvert. Ce sont là des substances de rebut, ou qui, du moins, en proportion trop forte, deviendraient nuisibles à l'organisme ; celui-ci trouve ainsi une voie pour s'en débarrasser. Et cela est si vrai que, lorsque l'acide urique y devient trop abondant, l'appareil urinaire ne suffit plus à le chasser : il s'accumule d'abord, avec d'autres substances, dans la vessie et les reins, où il forme des *calculs* dont la présence constitue la maladie de la *gravelle* ou de la *pierre ;* il arrive parfois que ces calculs se forment jusque dans les articulations des membres, et à la gravelle s'ajoute la *goutte*. La présence, dans le sang, d'une trop grande quantité d'urée n'est pas moins dangereuse pour l'organisme.

L'assimilation. — Dans tout ce qui précède, nous avons vu comment le sang puise dans les aliments par le tube digestif, et dans l'air par l'appareil respiratoire, les éléments utiles à la nutrition du corps tout entier ; comment il circule dans les différents organes pour y porter la vie ; comment enfin il se débarrasse en certains points des éléments de rebut qu'il a pris à ces organes. Nous avons peu insisté, au contraire, sur les échanges mêmes qui s'accomplissent entre le sang et les organes qu'il traverse, c'est-à-dire sur la *nutrition* proprement dite, que nous avons appelée *assimilation*. Nous n'en parlerons cependant pas davantage, parce qu'il y a là des phénomènes trop complexes et trop délicats pour que nous en puissions aborder l'étude.

Les vaisseaux lymphatiques. — Nous ajouterons seulement que les glandes ne sont pas les seuls organes qui servent à l'épuration du sang. On trouve aussi, répandu dans tous les organes, un vaste système de vaisseaux transparents, dits *vaisseaux lymphatiques*, qui, par une sorte de drainage, en extraient les déchets et les transportent sous la forme d'un liquide à peu près incolore, appelé *lymphe*. Ce système, dont l'appareil chylifère n'est qu'une dépendance, se jette en différents points du système veineux, et rend par conséquent au sang ce qu'il a enlevé aux organes. Ainsi se trouve achevé, par les glandes et par les vaisseaux lymphatiques, le travail de la *désassimilation*.

Le tableau suivant résume les gains et les pertes qu'éprouve le sang aux différents points de son parcours, et rend compte, par suite, de l'ensemble de la nutrition :

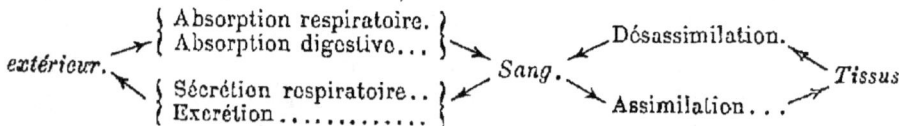

Les réserves nutritives. — Cette étude de la nutrition ne serait pas complète si nous ne portions pas notre attention sur un certain nombre de substances qui, utiles à l'organisme dans certaines proportions, s'accumulent, quand elles les dépassent, en différents points du corps, pour y former ce qu'on peut appeler des *réserves nutritives*; ces réserves sont ensuite employées, au fur et à mesure des besoins, et se détruisent en tout ou en partie.

Les plus importantes de ces substances sont les *graisses*. On en trouve dans toutes les parties du corps, notamment sous la surface entière de la peau, où elles forment une couche quelquefois épaisse, et en certains points de la cavité viscérale, au voisinage du cœur, des reins, de l'intestin, etc. La présence de la graisse a pour effet de protéger les viscères contre les organes voisins, d'empêcher la chaleur de se perdre par la peau, et surtout de fournir une réserve de substance nutritive : la graisse est, en effet, plus développée chez l'enfant que chez le jeune homme, puis elle reprend de l'importance dans la seconde partie de l'âge mûr, et se détruit de nouveau dans la vieillesse; c'est que, chez le jeune homme, elle est utilisée pour le développement des organes qui s'accroissent, et que, chez le vieillard, la consommation de la graisse est employée à combattre le dépérissement général du corps.

Le *sucre* se forme de même dans un organe spécial, et s'y accumule quand il dépasse la proportion nécessaire au bon fonctionnement de la machine humaine. Cet organe est le foie, qui ajoute par conséquent au rôle que nous lui connaissions déjà, de sécréter la bile, celui de produire du sucre et de l'emmagasiner. Il se charge ensuite, quand le besoin s'en fait sentir, de rendre au sang l'excès de sucre qu'il renferme.

Idée de la chaleur animale. — Si nous jetons un coup d'œil rétrospectif sur l'étude que nous venons de faire de la nutrition, nous serons frappés de l'activité chimique qui règne incessamment parmi les organes, et dont la conséquence générale est une production de chaleur. Or on sait aujourd'hui (et nous devons dès maintenant nous familiariser avec cette idée) que *tout travail a pour effet d'absorber de la chaleur;* inversement, toute chaleur dégagée peut être transformée en travail. C'est ainsi que le choc d'un marteau sur une enclume échauffe cette enclume, que le frottement très rapide d'une roue contre son essieu peut les enflammer tous deux, etc. Devrons-nous, dès lors, nous étonner que le corps humain garde constamment la même température, que par les froids les plus vifs aussi bien que par les chaleurs les moins supportables un thermomètre plongé dans ce corps marque à peu près 37°? Non, assurément : il arrive simplement que la chaleur dégagée à chaque instant par les phénomènes chimiques qui assurent la nutrition de tous les organes, compense les pertes de chaleur causées par le travail produit, par l'évaporation de la sueur à la surface de la peau, par le refroidissement de l'atmosphère, etc., de manière à maintenir dans la température du corps un véritable équilibre.

RÉSUMÉ

Le chyle formé dans l'intestin est *absorbé* soit par les veines qui le portent au foie par la *veine porte*, et de là à la veine cave inférieure, soit par les *vaisseaux chylifères* qui le portent à la veine sous-clavière gauche par le canal thoracique, et de là à la veine cave supérieure.

Le sang, enrichi par l'absorption, s'appauvrit par les *sécrétions*. La principale est la *sécrétion urinaire*. L'*urine*, formée dans les *reins*, s'en échappe par les *uretères*, qui la versent dans la *vessie*.

Le sang, en traversant les organes, assure la fonction d'*assimilation* : les produits de *désassimilation* ont pour voie principale les *vaisseaux lymphatiques*.

En certains points de l'organisme se forment temporairement des réserves (*graisse, sucre*, etc.) qui sont ensuite utilisées par la nutrition.

L'activité chimique des organes, et notamment leur nutrition, produisent une quantité de chaleur qui assure au corps humain une température constante.

HUITIÈME LEÇON

La sensibilité. — Les organes des sens L'œil et la vue.

La sensibilité. — Rappelons-nous ce que nous avons appris, au début de ces leçons, sur la distinction entre les animaux et les plantes. Les plantes, disions-nous, naissent, se nourrissent, s'accroissent et meurent ; à toutes ces fonctions les animaux ajoutent la *sensibilité* et le *mouvement :* ils sont capables, au contact des objets extérieurs, d'éprouver des impressions bonnes ou mauvaises, agréables ou désagréables, et de traduire ces impressions par des déplacements de leur corps tout entier ou d'une partie de leur corps. Nous allons, dans les leçons qui vont suivre, étudier chez l'homme la fonction de sensibilité et ses différents organes.

Les cinq sens. — Il nous est d'abord facile de classer nos impressions en deux groupes. Il y a, d'une part, les sensations qu'éprouvent indifféremment tous les organes, comme la douleur causée par un coup, par une blessure ; ce sont les *sensations générales*. Il y a, d'autre part, certaines sensations d'une nature toute spéciale, qui n'affectent que des organes parfaitement déterminés et construits pour recevoir ces sensations : la *vue* d'un objet, par exemple, ne produira d'impression que sur notre *œil;* c'est une *sensation spéciale*. On en compte cinq catégories principales : les sensations *visuelles, auditives, olfactives, gustatives, tactiles;* les organes qui les reçoivent sont l'*œil*, l'*oreille*, les *fosses nasales*, la *langue*, la *main* et d'autres points de la surface du corps ; chacun de ces groupes de sensations forme un des *cinq sens :* la *vue*, l'*ouïe*, l'*odorat*, le *goût* et le *toucher*.

L'appareil de la vision. — Commençons par l'étude de l'œil (*fig.* 41) et de la vue.

Les *yeux*, au nombre de deux, sont renfermés dans les *orbites*. Chacun d'eux est protégé, à sa partie antérieure, par un voile membraneux percé d'une fente transversale, que des muscles spéciaux peuvent ouvrir ou fermer à volonté (*paupières*, o); les deux bords de la fente portent une rangée de poils forts appelés *cils* (p), qui gardent l'œil des poussières atmosphériques. Sur la peau qui recouvre l'arcade sourcilière se trouve une troisième rangée de poils plus nombreux que les cils et généralement plus fins, les *sourcils*, qui ont aussi un rôle protecteur, et arrêtent notamment la sueur qui peut couler sur le front.

L'œil. — L'œil lui-même, ou, pour parler plus exactement, le *globe oculaire*, est un organe sphérique, qui se continue en arrière par un prolongement volumineux, le *nerf optique* (i); ce dernier sort de l'orbite par un orifice percé au fond de cette cavité et pénètre dans la boîte crânienne, où il va rejoindre le cerveau. La plus grande partie du globe oculaire est recouverte par une membrane blanche et résistante, qui se continue sur le nerf optique, la *sclérotique* (*b*). A sa face antérieure, elle présente un trou circulaire, fermé par une membrane fine, transparente, qui paraît enchâssée comme un verre de montre dans son cadre, la *cornée transparente* (*a*). Derrière cette membrane, on aperçoit une sorte

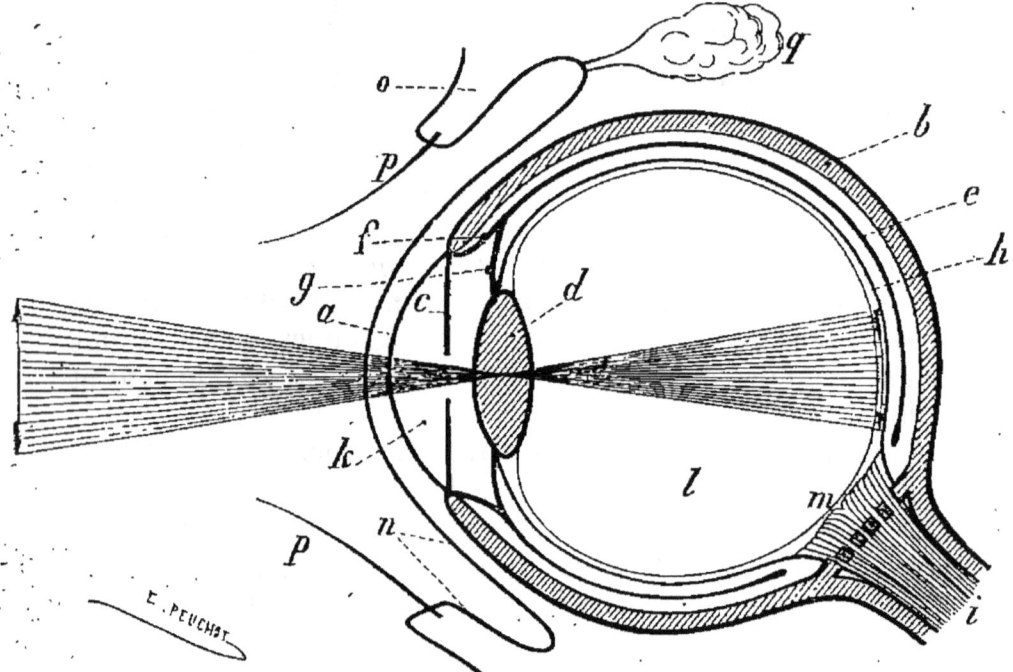

Fig. 41. — Coupe de l'œil. (Dans cette figure théorique, les membranes et les milieux de l'œil ont été espacés pour plus de clarté.)

de rideau, coloré de teintes diverses suivant les individus (*iris*, *c*), percé au centre d'un trou qui paraît noir (*pupille*), et marqué de stries rayonnant à partir de ce trou. La cornée transparente et l'iris limitent une première cavité de l'œil, qu'on appelle la *chambre antérieure* (*k*); elle est remplie d'un liquide ayant la consistance de l'eau (*humeur aqueuse*).

Supposons que nous coupions le globe oculaire par un plan vertical qui partage en deux le nerf optique : nous verrons que derrière l'iris se trouve une seconde cavité, beaucoup plus vaste que la première, et qu'on appelle *chambre postérieure* (*l*); elle renferme dans sa majeure partie un liquide ayant à peu près la consistance du blanc d'œuf, l'*humeur vitrée*. Dans cette chambre est un organe solide, transparent, ayant la forme des lentilles de verre qu'on emploie pour grossir les objets de petite dimension dont on veut examiner les détails : c'est le *cristallin* (*d*). Placé immédiatement derrière l'orifice de la pupille, il est contenu dans une sorte de *capsule* dépendant d'un sac à parois très fines, qui renferme lui-même l'humeur vitrée et s'applique exactement sur la surface interne du globe oculaire.

Mais entre la sclérotique et les parois de ce sac se trouvent intercalées deux membranes. La première double la sclérotique ; c'est une membrane parcourue par de nombreux vaisseaux sanguins, et renfermant en abondance une matière colorante noire : on l'appelle la *choroïde* (*e*). Au voisinage du cristallin, et sur tout le pourtour de cet organe, elle se divise en deux couches, dont l'une (*ligament ciliaire*, *f*) va rejoindre la circonférence suivant laquelle la cornée transparente s'unit à la sclérotique, tandis que l'autre (*procès ciliaires*, *g*) s'applique sur les bords de la capsule du cristallin, et présente un grand nombre de plissements rayonnants.

La seconde membrane, la *rétine* (*h*), double à son tour la choroïde : elle est transparente dans presque toute son étendue, et s'épaissit au point où le nerf optique pénètre dans le globe oculaire ; en y regardant de près, on voit qu'en réalité elle n'est que le prolongement du nerf optique lui-même, qui s'étale sur toute la surface interne de l'œil.

Ses annexes. — Telles sont les parties essentielles qui constituent le globe oculaire. L'appareil de la vue comprend encore quelques parties accessoires. Outre les sourcils, les paupières et les cils, ce sont, par exemple, des muscles destinés à déplacer l'œil à l'intérieur de l'orbite, et surtout un appareil glandulaire qui vient verser sa sécrétion à la surface de l'œil de manière à l'humecter sans cesse : l'*appareil lacrymal*, producteur des *larmes*.

Il se compose d'abord, pour chaque œil, d'une glande arrondie, ayant le volume et la forme d'une noisette, située entre le globe oculaire et les parois osseuses de l'orbite, vers l'angle supérieur et externe de cette cavité (*fig. 41, q; fig. 42, a*). Le liquide produit par cette glande est versé au-devant de l'œil; mais il n'est pas en contact immédiat avec celui-ci : la peau, après avoir porté les cils, se replie sur la face interne des paupières et la double en prenant la teinte rosée que nous avons déjà remarquée sur la muqueuse du tube digestif; arrivée ainsi à la base des paupières (*fig. 41*), elle se replie une seconde fois et passe devant le globe oculaire, sur lequel elle s'applique exactement en devenant parfaitement transparente. C'est sur cette fine membrane, appelée *conjonctive* (*n*), que se répand le liquide lacrymal, de manière à la maintenir toujours en état d'humidité; le *clignement* des paupières a pour effet d'étendre uniformément les larmes à sa surface.

Que devient alors ce liquide, qui généralement ne déborde pas les paupières et n'est pas répandu au dehors? Dans l'angle interne de l'œil, au point où se réunissent les deux paupières, on aperçoit un petit renflement charnu, appelé *caroncule* : regardons de très près le bord de chaque paupière en face de cette caroncule; nous y verrons (*fig. 42*) un orifice très étroit; à ces orifices succèdent deux fins canaux (*b*), qui se réunissent (*c*) à l'intérieur des parois de l'orbite comme les branches d'un Y, et donnent naissance à un canal plus volumineux (*d*); ce dernier vient déboucher à l'intérieur des fosses nasales.

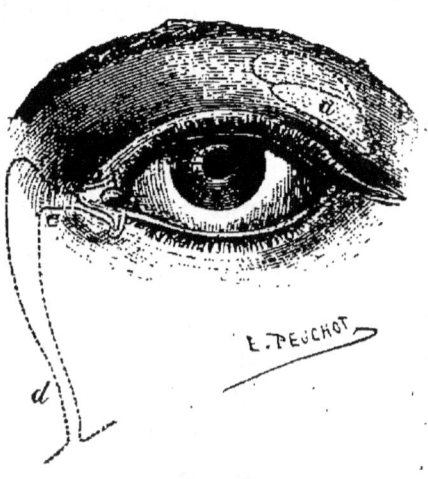

Fig. 42.
Disposition de l'appareil lacrymal.

Par cette voie s'écoule l'excès

de liquide lacrymal qui ne s'est pas évaporé à la surface du globe oculaire.

Nous connaissons maintenant l'instrument de la vision ; voyons comment il fonctionne.

Formation des images au fond de l'œil. — La figure 41 représente la structure du globe oculaire ; dans la figure 43, on a mis en évidence les différentes parties dont se compose l'appareil qui sert aux photographes pour obtenir, sur une plaque de verre dépoli, l'image des objets extérieurs. Il suffit de comparer un instant ces deux figures pour en saisir la ressemblance frappante.

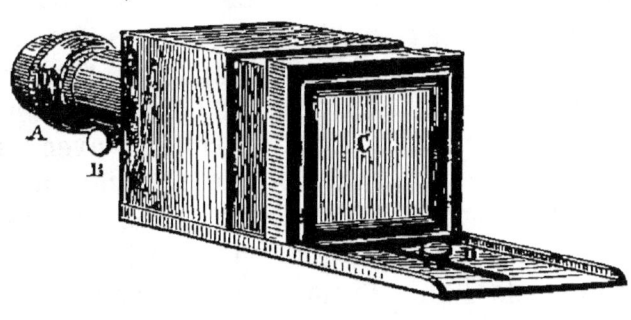

Fig. 43. — Appareil photographique.

Dans l'appareil photographique, nous trouvons une lentille de verre derrière laquelle est un écran noir (*diaphragme*) percé d'un trou ; les rayons lumineux émanés d'un objet placé devant l'appareil traversent la loupe, l'ouverture de l'écran et viennent former, sur la plaque de verre qui occupe le fond de l'appareil, une image réduite et renversée de cet objet. On sait que la première opération à laquelle se livre le photographe consiste à mettre son appareil au point, c'est-à-dire à éloigner ou à rapprocher la plaque de verre de la lentille, jusqu'à ce que l'image sur la plaque soit parfaitement nette ; c'est ce qu'il fait en s'entourant la tête d'une étoffe noire, pour ne recevoir aucune lumière des objets qui entourent l'appareil. Le diaphragme a pour but de ne permettre que l'entrée des rayons lumineux les plus rapprochés du centre de la lentille et d'augmenter ainsi la netteté de l'image. Enfin, la boîte fermée où se forme cette image est soigneusement noircie à sa surface intérieure.

Dans le globe oculaire nous trouvons exactement les mêmes parties : la lentille est remplacée par le cristallin et par les liquides de l'œil, le diaphragme par l'iris ; l'enduit noir dont on a eu soin de recouvrir intérieurement la chambre photographique est représenté par la choroïde. Les objets placés devant l'œil doivent donc former, sur le fond de la rétine, des images réduites et renversées, comme les objets placés devant l'appareil photographique. C'est ce que l'on peut vérifier, en effet, en prenant l'œil d'un bœuf tué récemment, et en raclant le fond de cet œil avec un scalpel, de manière à enlever la sclérotique et la choroïde, jusqu'à la rétine. En le plaçant alors devant un objet vivement éclairé, une maison par exemple, on verra par transparence, sur le fond de l'œil, l'image rapetissée de cette maison, le toit en bas.

Suivant que le photographe veut prendre l'image d'un objet éloigné ou d'un objet rapproché, nous avons vu qu'il est obligé de rapprocher ou d'éloigner le fond de sa chambre noire. L'œil peut-il en faire autant ? Il lui est impossible de rapprocher la rétine de l'objet ; mais, par compensation, il peut donner au cristallin une forme plus ou moins convexe, ce qui revient à en augmenter ou à en diminuer la puissance, et amener ainsi l'image de l'objet à se former exactement sur la rétine. Ce mécanisme particulier, auquel on donne le nom d'accommodation, est produit par le ligament ciliaire : quand il se contracte, son bord profond (voy. *fig.* 41) se rapproche du bord externe, comprimant par l'intermédiaire des procès ciliaires les bords du cristallin, dont la face antérieure se gonfle.

Sensibilité de la rétine. — L'image formée sur le fond de l'œil impressionne la rétine, qui transmet cette sensation au cerveau par l'intermédiaire du nerf optique.

Tous les points de la rétine ne sont pas également sensibles aux impressions visuelles ; il en existe même un qui est totalement incapable de les recevoir, c'est le point où le nerf optique pénètre dans le globe oculaire (*fig.* 41, *m*). On peut reconnaître facilement la présence de cette *tache aveugle* au fond de l'œil : traçons en effet, sur une feuille de papier blanc, à 5 centimètres l'un de l'autre, deux point noirs, A et B (*fig.* 44);

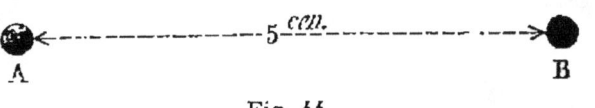

Fig. 44.

fermons l'œil gauche, et fixons avec l'œil droit le point A situé à gauche ; si nous nous plaçons d'abord très près du papier, nous ne distinguerons rien ; en l'éloignant lentement, nous commencerons par voir distinctement les deux points A et B ; mais si nous continuons ce mouvement, en persistant à fixer le point A, il arrivera un moment où nous ne verrons plus le point B, qui reparaîtra ensuite ; c'est à une distance d'environ 15 centimètres que se produira ce phénomène : à ce moment, en effet, le point B viendra former son image au fond de notre œil sur la tache aveugle, qui est incapable d'en recevoir l'impression. — Il existe au contraire, en dehors et au-dessus de cette tache aveugle, une région de la rétine, dite *tache jaune*, exceptionnellement sensible aux impressions lumineuses. Lorsque l'œil *fixe* un objet, il prend à notre insu une direction telle que l'objet vienne former exactement son image sur cette tache jaune.

Illusions d'optique. — L'étude qui précède nous montre comment l'œil peut nous renseigner sur la forme et les dimensions des objets qui viennent peindre leur image sur la rétine ; il nous renseigne en même temps sur leur couleur. Mais il ne faut pas croire que cet appareil, quelles qu'en soient la complication et l'apparente perfection, soit un instrument infaillible : bien souvent il nous trompe, et les *illusions d'optique*, dont nous sommes ainsi victimes, méritent de nous arrêter un instant.

Dessinons par exemple (*fig.* 45, A), sur un fond noir, un grand nombre de cercles blancs se touchant par leurs bords, et éloignons la feuille de papier de notre œil ; nous

LA VUE.   71

croirons voir une série d'hexagones, une sorte de carrelage analogue à celui de la figure 45, B. L'œil nous trompe donc ici sur la forme des objets qu'il voit. On explique cette

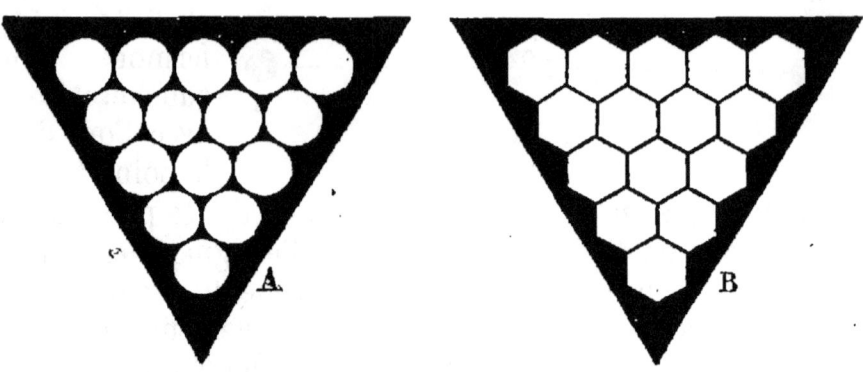

Fig. 45.

erreur en disant que les impressions produites par les différents cercles blancs sur notre rétine s'étendent autour des points occupés par leurs images, en « mangeant » une partie de l'espace qui correspond au fond noir. C'est ce qu'on appelle un phénomène d'*irradiation*.

Sur un disque blanc, circulaire, dessinons, à quelque distance du centre, un point noir A (*fig. 46*), et faisons tourner rapidement le disque autour de son centre O ; nous verrons alors, au lieu d'un point, qui en réalité se déplace, un cercle gris qui nous paraîtra immobile. Pourquoi ? Parce que l'image d'un objet sur la rétine y *persiste* pendant un certain temps après sa formation ; quelque faible que soit la durée de cette impression (on l'estime environ à $1/50^e$ ou $1/30^e$ de seconde), il est dès lors facile

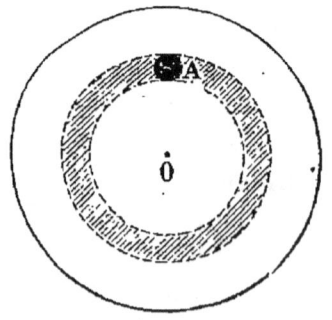

Fig. 46.

d'imprimer au disque un mouvement de rotation assez rapide pour que les différentes impressions produites par le point noir dans ses positions successives persistent simultanément sur la rétine, nous donnant la sensation d'un cercle entier.

Fixons durant quelques secondes un carré blanc dessiné sur fond noir, et reportons brusquement nos regards sur une surface blanche, bien éclairée ; nous y verrons apparaître un carré noir. Cette erreur vient de ce que la portion de la rétine *fatiguée* par l'impression du carré blanc perd sa sensibilité et devient pour un temps incapable d'éprouver de nouvelles impressions. Or le noir n'est autre chose en réalité que l'absence de couleur, d'impression lumineuse.

Un dernier exemple : traçons deux droites parfaitement parallèles AB et CD, et de côtés différents de chacune d'elles ajoutons une série de traits inclinés vers la gauche de la figure (*fig.* 47), nous croirons voir les deux parallèles converger vers la droite.

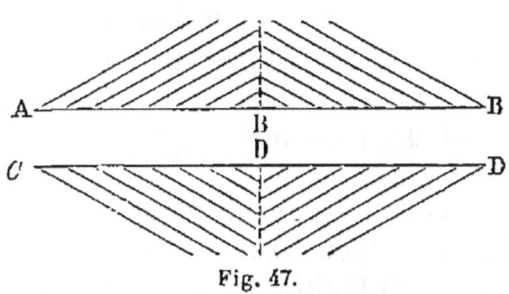

Fig. 47.

Prolongeons ces deux lignes vers la droite, et ajoutons une nouvelle série de traits inclinés en sens inverse ; les deux droites nous paraîtront courbées l'une vers l'autre.

On pourrait multiplier à l'infini ces erreurs du sens de la vue ; elles sont en réalité beaucoup plus nombreuses qu'on ne le croit : la vue, en effet, ne nous instruit pas complètement sur la forme, les dimensions, la distance des objets ; elle nous donne seulement un certain nombre de renseignements que notre intelligence ou notre instinct réunit et compare avec ceux que lui fournissent les autres sens pour en faire jaillir la vérité.

Rôle de l'éducation dans la vision. — Il ne faut pas chercher d'autre explication au phénomène, si étrange de prime abord, du *redressement des images*. Comment se fait-il que nous voyons dans leur position réelle les objets dont les images sont renversées sur notre rétine? Par une opération de l'esprit qui ne lui coûte aucun effort de volonté. Pour lui, il n'y a dans notre rétine ni haut ni bas, ni droite ni gauche; il n'y a qu'une réunion d'impressions visuelles venant d'un objet extérieur que nos autres sens, l'ouïe, l'odorat, le toucher surtout, ont aussi appris à connaître. Il sait, par exemple, que le toit d'une maison en occupe le haut, que la porte est voisine du sol, sur lequel reposent nos pieds; et, toutes les fois que l'œil lui transmettra l'impression d'une maison, il saura la placer dans la position qui lui convient. Il sait encore qu'un objet paraît diminué lorsqu'il s'éloigne, qu'il est différemment éclairé suivant son exposition, et de ses dimensions apparentes, de son éclat plus ou moins vif, il déduit sa distance et son orientation. Cela est si vrai que le très jeune enfant, qui n'a pas encore fait l'éducation de ses sens, ne se rend aucun compte de la distance des objets, et se croit peut-être réellement capable d'atteindre tous ceux auxquels il tend les bras.

Comment se fait-il, enfin, qu'ayant deux yeux, dans chacun desquels chaque objet fixé forme une image distincte, nous ne voyons en réalité cet objet qu'une fois? Il y a encore là une affaire d'éducation : notre esprit réunit instinctivement les deux images formées en des points correspondants des deux rétines, et les attribue à un objet unique. En effet, pour peu que nous changions légèrement les rapports des deux yeux, en comprimant par exemple un d'eux avec le doigt, nous verrons double, et il faudra alors un effort de raisonnement pour attribuer à un même objet les deux images qu'il nous donnera.

RÉSUMÉ

L'homme éprouve deux sortes de sensations : les *sensations générales*, communes à tous les organes; et les *sensations spéciales*, qui ont leur siège dans les *organes des sens*.

Il y a cinq sens : la *vue*, l'*ouïe*, l'*odorat*, le *goût*, le *toucher*.
L'organe de la vue est l'*œil*.
L'œil, renfermé dans l'*orbite*, est protégé par les *sourcils* et

les *paupières*, qui portent les *cils*; sa surface est humectée par les *larmes*.

Enveloppé par la *sclérotique*, que remplace, à la partie antérieure, la *cornée transparente*, il est partagé en deux chambres par l'*iris*, percé de la *pupille*, derrière laquelle est le *cristallin*. Les images des objets extérieurs viennent se former sur la *rétine*, fine membrane qui occupe le fond de l'œil et qui se continue par le *nerf optique*. Ces images sont renversées.

Les données que nous fournit le sens de la vue nous renseignent imparfaitement sur les objets extérieurs (*illusions d'optique*); le concours des autres sens et l'éducation complètent ces données.

NEUVIÈME LEÇON

L'ouïe, l'odorat, le goût et le toucher.

L'oreille. — L'organe de l'*ouïe* est l'*oreille* (*fig.* 48 et *fig.* 49). Ce que nous en voyons, à l'extérieur de la tête, n'en constitue que la partie la moins importante, les éléments fondamentaux de cet organe étant renfermés dans une région très dure de l'os temporal, à laquelle on donne le nom de *rocher*.

Il faut, en effet, distinguer dans l'oreille trois parties : 1° l'*oreille externe*, seule visible extérieurement; — 2° l'*oreille moyenne*; — 3° l'*oreille interne*.

L'oreille externe. — L'*oreille externe* comprend d'abord cette sorte de cornet à surface irrégulière auquel on réserve dans le langage courant le nom d'oreille; nous l'appellerons le *pavillon* (P), et nous remarquerons que vers le centre de ce pavillon s'ouvre un canal qui pénètre vers l'intérieur du crâne : c'est le *conduit auditif externe* (A), dont les parois sécrètent un enduit jaune, ayant la consistance de la cire et appelé *cérumen*; lorsque cette substance, faute de soins, s'accumule en trop grande quantité dans le conduit, elle peut arriver à le boucher complètement, ce qui devient la cause d'une surdité passagère, facile à guérir. Le conduit, assez court, se termine par une membrane en forme d'entonnoir, le *tympan* (B), qui tourne sa concavité vers le pavillon de l'oreille.

L'oreille moyenne. — *L'oreille moyenne* (C) est une sorte de caisse aplatie sur sa face externe et sur sa face interne, renfermée dans l'épaisseur même du rocher et ne communiquant avec le dehors que par un canal qui part de son extrémité inférieure, traverse l'os temporal, et vient aboutir dans l'arrière-bouche; ce canal,

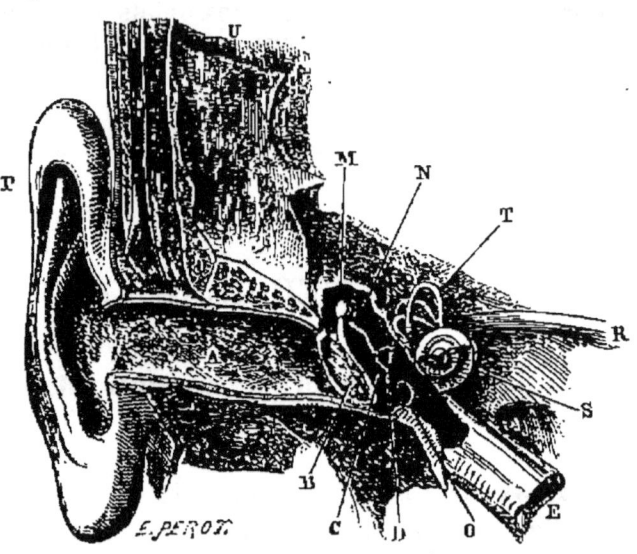

Fig. 48. — Appareil auditif.

nous l'avons déjà signalé en étudiant cette dernière cavité, c'est la *trompe d'Eustache* (E).

La face externe de l'oreille moyenne porte une sorte de cadre sur lequel est tendue la membrane du tympan. La face interne en porte deux, placés l'un au-dessus de l'autre, et servant chacun de support à une membrane : le plus élevé est la *fenêtre ovale* (O); le plus inférieur est la *fenêtre ronde*. Entre la membrane du tympan et la fenêtre ovale s'étend une chaîne de petits os, au nombre de quatre : le *marteau* (M), dont le manche s'appuie sur le tympan; l'*enclume* (N), placée sous la tête du marteau; l'*os lenticulaire*, très petit, et l'*étrier* (D), qui vient s'attacher à la fenêtre ovale. La forme de chacun de ces osselets est suffisamment indiquée par le nom qu'il porte; ils sont réunis par des ligaments et des muscles qui, s'attachant à certains d'entre eux, peuvent tendre plus ou moins la chaîne entre ses deux extrémités.

L'oreille interne. — L'*oreille interne* n'offre aucune communication avec l'extérieur; c'est une cavité très compliquée, creusée dans la profondeur du rocher, fermée de toutes parts, et doublée intérieurement par un sac membraneux rempli d'une substance liquide.

On y distingue trois parties : le *limaçon*, le *vestibule* et les *canaux semi-circulaires*.

Pour avoir une idée exacte de ce qu'est le *limaçon* (S), dont le nom indique à peu près la forme générale, il faut nous figurer un canal arrondi, partagé intérieurement, par une lame longitudinale, en deux cavités superposées ou *rampes*, et supposer que ce canal a été ensuite enroulé sur lui-même de manière à former

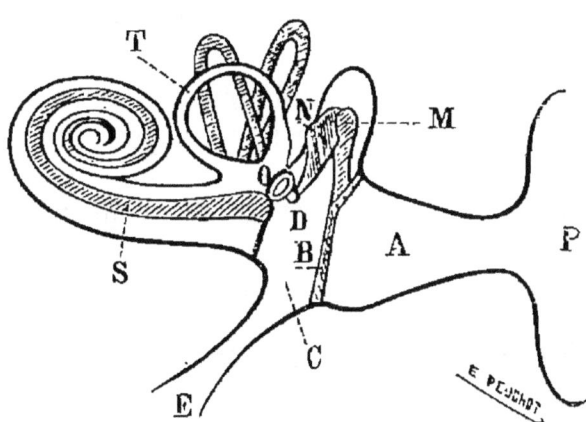

Fig. 49. — L'appareil auditif simplifié.

trois tours de spire. Remarquons aussi que la lame interne, qui sépare les deux rampes, ne se prolonge pas jusqu'au sommet du limaçon, et ménage par conséquent une communication entre elles. La rampe inférieure commence à la fenêtre ronde.

Le *vestibule* est une cavité placée au-dessus du limaçon et dans laquelle vient s'ouvrir la rampe supérieure de ce dernier; à sa partie supérieure, qui porte plus spécialement le nom d'utricule, s'ouvrent les canaux *semi-circulaires* (T).

Ce sont trois canaux recourbés en arcs de cercle, et dont

chacun, après être parti de l'utricule, y revient à peu de distance de son point de départ. Deux d'entre eux sont situés dans des plans verticaux perpendiculaires l'un à l'autre; le troisième est situé dans un plan horizontal.

A l'oreille interne se rend un nerf sorti du crâne, dit *nerf acoustique* (R), dont les diverses branches vont aux parties que nous venons d'énumérer. Une branche pénètre dans le limaçon et vient aboutir dans l'intérieur même de la lame spirale, dédoublée et creusée d'un canal dit *canal cochléaire;* elle se termine tout le long de ce canal dans un organe compliqué, dont les pièces successives sont disposées comme les touches d'un clavier (*organe de Corti*). Une autre branche se distribue dans les canaux semi-circulaires. Une dernière se rend aux parois du vestibule où elle se termine par des taches blanchâtres dites *taches acoustiques.*

Le son. — Nous connaissons maintenant l'organe de l'ouïe : voyons comment il fonctionne pour la perception des sons.

Qu'est-ce qu'un *son?* Des expériences simples vont nous le montrer :

Tendons une corde blanche (*fig.* 50) devant un fond noir, et écartons-la de sa position d'équilibre en tirant sur

Fig. 50.

sa partie moyenne, puis lâchons-la : elle revient à sa première position par une suite d'oscillations qui, grâce à la persistance des impressions lumineuses, la font apparaître comme renflée en son milieu; elle *vibre*. En même temps elle rend un son que notre oreille perçoit.

Soit une plaque métallique (*fig.* 51) reposant sur un pied, et recouverte de sable fin; si on en ébranle le bord avec un archet, en maintenant fixes les points voisins à l'aide de deux doigts, le sable, projeté en certains points, s'accumule en d'autres, traçant, à la surface de la plaque, des figures régulières. La plaque a vibré ; un son a été produit.

Ces exemples, et bien d'autres que l'on pourrait citer, montrent que toute production de son résulte de la vibration d'un corps. Comment cette vibration se transmet-elle à notre oreille et de là au nerf acoustique ?

L'audition. — Produite dans un corps extérieur, la vibration se transmet à nous par l'air ; cette propagation se fait également dans tous les sens, par une série d'*ondes sonores*, que l'on ne saurait mieux comparer qu'aux ondes circulaires qui se produisent à la surface de l'eau ébranlée par la chute d'un corps.

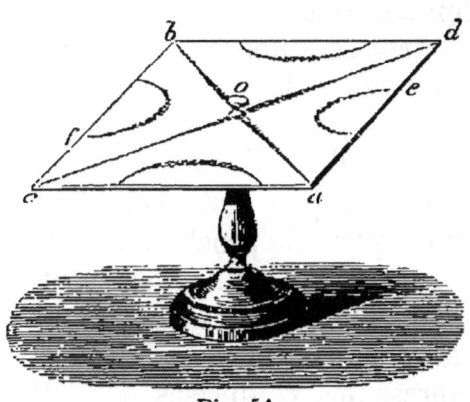

Fig. 51.

Au bout d'un temps appréciable, et qui varie avec la distance à laquelle s'est produite la vibration, ces ondes sonores parviennent au pavillon de l'oreille qui, par sa forme, les rassemble et les dirige dans le conduit auditif externe. Ce rôle du pavillon nous explique pourquoi, quand notre attention se porte sur un son éloigné, nous tournons instinctivement la tête du côté où il s'est produit.

La vibration arrive ainsi jusqu'au tympan ; il la reçoit comme ferait la peau tendue d'un tambour, et la communique à l'air renfermé dans l'oreille moyenne, qui la transmet à son tour à la fenêtre ronde. En même temps la chaîne des osselets, fixée par une de ses extrémités à la membrane du tympan, subit un ébranlement analogue, et le transmet à la fenêtre ovale. Par ces deux voies, la vibration se trouve communiquée au liquide renfermé dans l'oreille interne. Or, en différents points de ce liquide, et notamment au voisinage des taches acoustiques, sont disséminées des particules calcaires de forme régulière qui, mises en mouvement, viennent frapper les dernières extrémités du nerf acoustique et les impressionnent. Ainsi, de proche en proche, le mouvement vibratoire se trouve transmis jusqu'au nerf, qui le transforme en une sensation auditive, par un phénomène dont l'explication nous échappe.

Ce que nous avons dit des sensations visuelles et des renseignements qu'elles nous fournissent sur les objets extérieurs, nous pourrions le répéter pour les sensations auditives. Il ne faut pas demander à l'oreille plus qu'à l'œil. Chacun de ces deux organes a son rôle spécial, parfaitement limité, et ce n'est qu'en contrôlant les unes par les autres les données que nous fournissent nos différents sens, que nous pouvons espérer connaître la véritable nature des corps qui nous entourent.

L'odorat. — Dans la vue et dans l'ouïe, les objets extérieurs ne nous impressionnent qu'à distance, et par des mouvements qu'ils communiquent de proche en proche aux milieux qui nous environnent, avant qu'ils n'arrivent à l'œil ou à l'oreille. C'est au contraire en agissant directement sur les *fosses nasales*, la *langue* ou la *peau* des doigts qu'ils nous procurent les impressions comprises dans les sens de l'*odorat*, du *goût* et du *toucher*.

Les fosses nasales forment une large cavité de la face, ouverte en avant par le nez et les narines, communiquant largement en arrière avec l'arrière-bouche, et séparée de la bouche par la voûte du palais; cette cavité est partagée en deux moitiés symétriques par une cloison verticale; chaque moitié présente elle-même une surface interne anfractueuse, creusée de replis appelés *cornets* (*cornet supérieur, cornet moyen, cornet inférieur*); enfin cette surface tout entière est tapissée par une muqueuse dite *pituitaire*, qui se continue avec la peau par l'intermédiaire des narines. Un nerf spécial, le *nerf olfactif*, venu du cerveau, se rend à chaque fosse nasale et s'y ramifie en un grand nombre de branches qui se répandent surtout à la surface du cornet supérieur. Les particules infiniment petites échappées des corps odorants et apportées par l'air qui traverse les fosses nasales viennent produire sur les terminaisons de ce nerf des impressions qui se transforment en sensations olfactives.

Le goût. — Un sens très voisin de l'odorat est le sens du *goût;* c'est la *langue* qui en est l'organe. Tout le monde a remarqué à la surface de la langue ce revêtement soyeux qui lui donne un aspect généralement velouté; il résulte de la juxtaposition d'un grand nombre de *papilles* qui, molles et flexibles chez l'homme, prennent chez certains animaux la dureté de la corne, de manière à donner à la langue la consistance d'une râpe. Ces papilles sont, à proprement parler, le siège du goût; vers la base de la langue, au voisinage de l'arrière-bouche, on en remarque quelques-unes, de dimensions très grandes et de forme arrondie, disposées sur un V à ouverture antérieure; c'est là que se trouve la région la plus sensible de l'organe. Lorsqu'un objet, capable d'agir sur le sens du goût, c'est-à-dire *sapide*, comme du sel de cuisine, du sucre, etc., vient à toucher les papilles, dans lesquelles se terminent les dernières branches d'un certain nombre de nerfs, la sensation gustative est produite; mais une condition indispensable à la manifestation de ce phénomène est l'apparition de la salive à la surface de la langue : on sait que la vue d'un objet sapide provoque toujours une sécrétion abondante de salive; elle fait, comme on dit vulgairement, *venir l'eau à la bouche.*

Il est souvent difficile de distinguer le sens du goût de celui de l'odorat; et bien des sensations que nous croyons gustatives sont en réalité olfactives; c'est, par exemple, le sens de l'odorat, et non celui du goût, qui nous permet d'apprécier ce que nous appelons improprement la saveur d'une viande rôtie, d'un fromage ou d'un vin : il n'y a guère que les corps amers, sucrés, acides et salés qui agissent sur les papilles de la langue.

Le toucher. — Le dernier sens que nous ayons à étudier est celui du *toucher*, qui nous fait connaître la forme, les dimensions, la dureté, l'état de la surface des objets extérieurs. Le siège du toucher est la *peau*.

La peau (*fig.* 52) se décompose en deux couches : 1° une couche superficielle, qui ne renferme ni vaisseaux sanguins, ni nerfs, et qui par conséquent est complètement insensible ; c'est l'*épiderme* (*a*), dont la surface se détruit perpétuellement, et qui se renouvelle sans cesse par ses assises profondes (*b*) ; — 2° le *derme* (*c*), beaucoup plus épais, traversé par des vaisseaux sanguins (*e*) et des nerfs, et qui, du côté de l'épiderme, porte une multitude de *papilles* (*d*) saillantes ; ce sont elles qui, à la surface des doigts et de la paume de la main, produisent, en se disposant régulièrement au-dessous de l'épiderme qu'elles soulèvent, ces courbes concentriques et serrées, si remarquables au niveau des phalangettes. Le derme contient aussi les *glandes sudoripares* (*g*), qui produisent la sueur, et dont les canaux (*h*) s'ouvrent à la surface de l'épiderme.

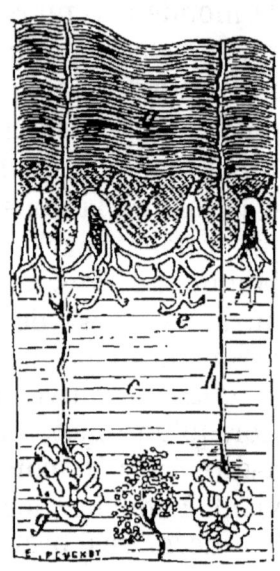

Fig. 52.
Coupe de la peau.

Dans l'épaisseur de certaines papilles, on aperçoit, au microscope, de petits corps de forme ovoïde à chacun desquels aboutit une ramification des nerfs qui se rendent à la peau. Ce sont les organes du toucher ou *corpuscules du tact* (*f*) : lorsque le doigt, par exemple, vient frôler un objet, celui-ci comprime l'épiderme, qui transmet cette pression aux corpuscules renfermés dans les papilles ; c'est là seulement qu'elle est transformée en une sensation tactile, et renvoyée au cerveau, centre auquel aboutissent toutes les sensations.

RÉSUMÉ

L'organe de l'*ouïe* est l'*oreille*.

L'oreille comprend trois parties : l'*oreille externe*, composée du *pavillon* et du *conduit auditif externe*; l'*oreille moyenne*, s'ouvrant dans l'arrière-bouche par la *trompe d'Eustache*, séparée de l'oreille externe par le *tympan*, de l'oreille interne par la *fenêtre ovale* et la *fenêtre ronde*, et traversée par une chaîne d'osselets du tympan à la fenêtre ovale ; l'*oreille interne*, composée du *limaçon*, du *vestibule* et des *canaux semi-circulaires*.

Les ondes sonores, après s'être transmises à travers l'oreille, impressionnent les extrémités du *nerf acoustique*.

L'organe de l'*odorat* est la muqueuse *pituitaire* qui tapisse les fosses nasales et sur laquelle se termine le *nerf olfactif*.

L'organe du *goût* est la *langue*, couverte de *papilles*.

Les organes du *toucher* sont les *corpuscules* renfermés dans les papilles du *derme*, couche profonde de la peau.

DIXIÈME LEÇON

Le système nerveux et la locomotion.

Le système nerveux. — Nous avons vu, en étudiant les organes des sens, que les impressions diverses produites sur l'œil, sur l'oreille, sur les fosses nasales, etc., étaient ensuite transportées par des *nerfs*. Il en est de même de toutes les impressions, qu'elles viennent des parties les plus différentes du corps ; les nerfs sont donc les agents conducteurs de la sensibilité. Mais il est temps de nous demander jusqu'où ils transmettent les impressions. Or la plupart des nerfs qui viennent des organes des sens aboutissent à une masse volumineuse de couleur grisâtre (*cerveau*), qui remplit toute la cavité crânienne, et qui reçoit encore un certain nombre d'autres nerfs. Cet organe se continue, à sa partie inférieure, par un long cordon de substance molle, blanche extérieurement, qui occupe toute l'étendue de la cavité rachidienne de la colonne vertébrale : c'est la *moelle épinière;* elle reçoit tous les nerfs qui n'aboutissent pas au cerveau. Le cerveau et la moelle épinière forment les *centres nerveux.*

Si les nerfs servent à transmettre les impressions au cerveau ou à la moelle épinière, ils ont aussi une tout autre fonction : c'est de transporter, en sens inverse, de ces deux derniers organes vers les différentes parties du corps, les ordres qui mettent celles-ci en mouvement ou, d'une manière plus générale, en activité. Certains d'entre eux n'accomplissent que la première de ces deux fonctions. Comme les impressions qu'ils transportent se dirigent vers les centres nerveux, on dit qu'ils sont *centripètes.* D'autres, au contraire, ne possèdent que la seconde fonction ; comme les ordres qu'ils transmettent viennent des centres, ils sont dits *centrifuges.* Enfin il en est qui peuvent être, suivant les circonstances, centripètes ou centrifuges ; on les appelle *nerfs mixtes.*

La réunion des centres nerveux et des nerfs forme le *système nerveux;* d'après ce qui précède, on voit qu'il se compose des parties indiquées par le tableau suivant :

Système nerveux. { Centres nerveux...... { Cerveau. Moelle épinière. Nerfs.. { Centripètes. Centrifuges. Mixtes.

et qu'il contribue à la fois aux fonctions de sensibilité et de locomotion.

La moelle épinière. — La moelle épinière est un long cordon divisé en deux parties symétriques par un sillon antérieur et un sillon postérieur ; ce dernier surtout est très développé. Si on la coupe transversalement, on voit son axe occupé par une colonne de substance grise, qu'entoure la substance blanche à laquelle la moelle doit sa coloration extérieure. Par son extrémité supérieure, qui s'enfonce dans le trou occipital de la base du crâne, la moelle épinière se soude au cerveau; à son extrémité inférieure, elle se termine par un faisceau de filets nerveux auquel on donne le nom de *queue de cheval*, et qui fournit surtout les nerfs des jambes.

Le cerveau. — Dans le cerveau (*fig.* 53 et *fig.* 54), on doit distinguer trois parties :

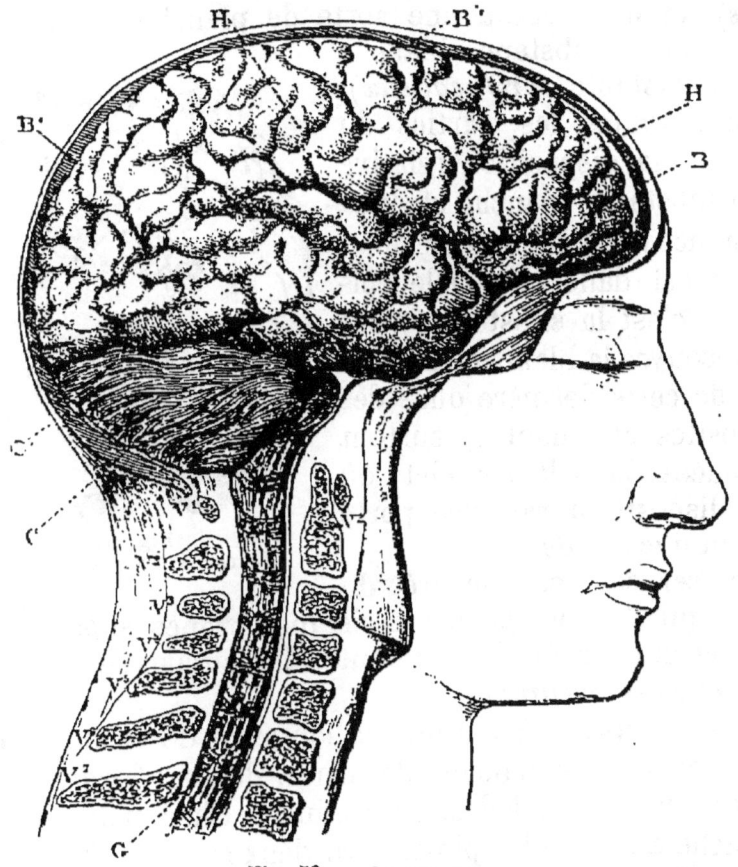

Fig. 53. — Le cerveau.

1° Une partie allongée et renflée en forme de massue, qui n'est autre chose que le prolongement immédiat de la moelle épinière (*fig.* 53, G) dans le crâne : c'est le *bulbe* ou *moelle allongée;*

2° Un organe renflé, placé derrière le bulbe, divisé sur sa face dorsale en deux lobes symétriques, et dont la surface présente de nombreux sillons transversaux : c'est le *cervelet* (C);

3° Un organe beaucoup plus volumineux, qui recouvre le cervelet et le sommet du bulbe, et qui se partage en deux masses symétriques, séparées par un profond sillon : ce sont les *hémisphères cérébraux* (H), dont la surface présente des replis nombreux et contournés (*circonvolutions*), et que réunit une sorte de plancher transversal formé d'une substance blanche très consistante (*corps calleux*).

Dans toutes les parties du cerveau, la disposition relative de la substance blanche et de la substance grise est inverse de ce qu'elle est dans la moelle épinière : c'est la substance grise qui recouvre la blanche. La surface de cette dernière offre des sinuosités abondantes, surtout marquées dans le cervelet, où leur disposition ramifiée porte le nom d'*arbre de vie*.

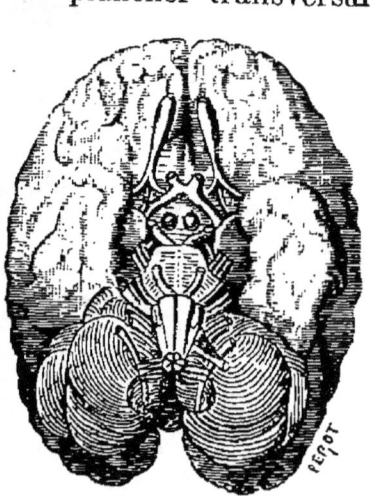

Fig. 54.
Le cerveau vu en dessous.

Le cerveau est séparé du crâne qui l'enveloppe par trois membranes superposées, dont la plus profonde suit toutes les circonvolutions des hémisphères (*méninges*).

Les nerfs. — Sur toute la longueur de la moelle épinière, on voit se détacher des nerfs, dits *nerfs rachidiens*, disposés par paires à droite et à gauche. Chacun de ces nerfs s'attache à la moelle épinière par deux racines, l'une antérieure, l'autre postérieure, qui ne tardent pas à se réunir à l'intérieur même du canal rachidien. Ce sont des nerfs mixtes ; car, si l'on vient à couper l'un d'eux après le point de réunion de ses deux racines, on supprime à la fois, dans l'organe auquel il se rend, la sensibilité et le mouvement.

Si on se contente de couper la racine antérieure du nerf, le mouvement seul est supprimé, la sensibilité persiste : une piqûre faite sur l'organe produit une douleur sans qu'il soit possible de le déplacer pour y échapper. Au contraire, la section de la racine postérieure supprime la sensibilité, sans empêcher le mouvement.

Du cerveau partent aussi des paires de nerfs, au nombre de douze ; mais parmi ces nerfs, il y en a de centripètes, comme le *nerf optique ;* de centrifuges, comme le *nerf facial*, dont les rameaux se distribuent dans presque tous les muscles de la face ; de mixtes enfin, comme le *nerf trijumeau*, dont les branches innervent l'œil, les deux maxillaires et la langue.

Les actes réflexes. — Pour étudier le fonctionnement du système nerveux, considérons d'abord les actes les plus simples que puissent accomplir nos organes, par exemple le mouvement instinctif de rétraction dont le bras est le siège, quand il vient de toucher un objet trop chaud : cet acte est produit en dehors de toute intervention de la volonté. Eh bien, quelque simple que paraisse cet acte, quelque rapide qu'en ait été l'exécution, nous pouvons le décomposer en trois périodes successives : l'impression douloureuse éprouvée par la peau (S) a d'abord été transmise vers un centre nerveux (C) par l'intermédiaire d'un nerf centripète ; puis, dans ce centre nerveux, l'impression ressentie a été transformée en un ordre de mouvement ; enfin, cet ordre a été transmis par un nerf centrifuge jusqu'au bras (M), qui s'est déplacé. La figure 55 (1) représente ce triple phénomène, qui porte le nom d'*acte réflexe :* il semble, en effet, que le centre nerveux soit comme un miroir qui réfléchit, en la transformant, l'impression qu'il a reçue.

La question qui se pose immédiatement est de savoir quel est le centre nerveux qui intervient dans cet acte instinctif. Une expérience simple va nous le montrer. Coupons la moelle épinière d'une grenouille vers sa partie supérieure, en ménageant le plus possible les autres organes, et jetons cette grenouille dans l'eau ; nous la verrons exécuter, avec ses pattes postérieures, tous les mouvements nécessaires à la natation. Ce n'est donc pas le cerveau, détaché maintenant de la moelle épinière, et par conséquent des nerfs de la jambe, mais la moelle épinière seule, qui a transformé en un mouvement la sensation produite sur la peau de l'animal par le contact de l'eau. On peut varier cette expérience, en touchant, par exemple, une patte avec une baguette trempée dans de l'acide : on voit alors la patte s'agiter et se frotter contre l'autre comme pour se débarrasser de l'acide qui la blesse.

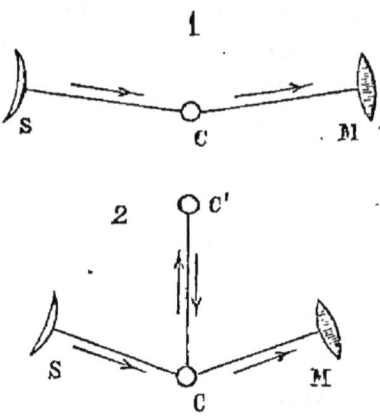

Fig. 55. — Figure théorique représentant des actes réflexes.

A côté de ces actes réflexes très simples, où la moelle épinière intervient seule, il en est de plus compliqués, auxquels sont mêlées l'intelligence et la volonté ; ce sont tous les mouvements que nous exécutons de propos délibéré. Ces actes comprennent un plus grand nombre de périodes et mettent en jeu le cerveau : l'impression éprouvée par un point de la surface du corps, la main par exemple (S), est d'abord transportée jusqu'à la moelle épinière (C) ; celle-ci, à son tour, la renvoie vers le cerveau (C'), qui la reçoit et la transforme en un ordre de mouvement réfléchi et volontaire ; cet ordre est ensuite transmis par la moelle épinière jusqu'au nerf rachidien qui doit le porter à l'organe dont nous voulons faire usage (M). La figure 55 (2) représente un réflexe de cette seconde catégorie.

L'expérience que nous avons faite tout à l'heure peut nous permettre de constater le rôle du cerveau dans les actes réfléchis et volontaires. En effet, si la grenouille dont nous avions coupé la moelle épinière pouvait encore nager, elle le faisait en automate, incapable de diriger ses efforts vers un but déterminé, et ne s'arrêtait que lorsque sa tête heurtait un obstacle. Un pigeon, auquel nous aurions enlevé les hémisphères cérébraux, laissant intacte la moelle épinière, aurait aussi gardé la faculté de marcher, mais avec la même inconscience, et sans pouvoir davantage coordonner ni régler ses mouvements ; incapable de chercher par lui-même sa nourriture, il se contenterait d'avaler les aliments que nous aurions eu soin d'introduire jusque dans son arrière-bouche. Le cerveau est donc l'organe nécessaire à l'exercice de l'intelligence et de la volonté.

Les muscles. — Cette étude du système nerveux et de ses fonctions nous l'a montré comme l'organe actif du mouvement ; les ordres donnés par les centres nerveux sont transmis par les nerfs. Il nous reste à examiner les organes qui exécutent ces ordres ; ce sont les *muscles*, dont la réunion constitue la *chair* ou la *viande* des animaux.

Un muscle, par exemple le *biceps* (*fig.* 56, *a*), qui exécute les mouvements de l'avant-bras sur le bras, a généralement la forme d'un fuseau : renflé vers le milieu, il s'amincit aux extrémités, qui se terminent par des cordons élastiques et nacrés appelés *tendons;* c'est à ceux-ci que, dans le langage courant, on donne improprement le nom de nerfs. Ces tendons s'attachent généralement sur les os ; les tendons supérieurs du biceps s'attachent à l'épaule, le tendon inférieur au radius. Or, les muscles ont la propriété de *se contracter*, c'est-à-dire de se raccourcir en se gonflant dans leur partie moyenne. Il est évident que, si l'un des points d'attache du muscle reste fixe, le second s'en rapprochera; que, par exemple, la contraction du biceps aura pour effet de rapprocher de l'épaule, qui est une partie fixe du tronc, le point du radius auquel s'insère le tendon opposé, d'où il

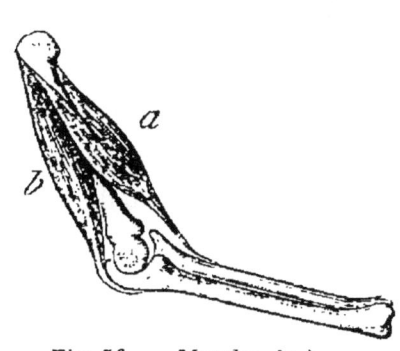

Fig. 56. — Muscles du bras.

suit que le radius se repliera sur l'humérus, entraînant avec lui l'avant-bras tout entier.

Ainsi agissent tous les muscles de l'organisme : les uns rouges et soumis en général à l'action de la volonté, les autres blancs et soustraits à celle-ci ; ces derniers produisent les mouvements de l'intestin, de l'estomac, et de la plupart des viscères renfermés dans la cavité générale.

RÉSUMÉ

Le *système nerveux* comprend deux parties : les *centres nerveux* et les *nerfs*.

Les centres nerveux principaux sont : la *moelle épinière*, renfermée dans la colonne vertébrale ; le *cerveau*, renfermé dans le crâne, et comprenant la *moelle allongée*, le *cervelet* et les *hémisphères cérébraux*.

Les nerfs partent tous du cerveau ou de la moelle épinière ; on les distingue en *nerfs centripètes*, *nerfs centrifuges* et *nerfs mixtes*.

Les phénomènes qui se passent dans le système nerveux se ramènent tous à des *actes réflexes* ; dans chacun d'eux, une impression sensitive, transmise à un centre par un nerf centripète, y est transformée en un ordre d'activité, et réfléchie vers un organe actif par un nerf centrifuge. Le cerveau est le centre des actes réflexes volontaires.

Les mouvements se produisent par l'intermédiaire des *muscles*, qui se contractent, c'est-à-dire qu'ils se raccourcissent de manière à rapprocher leur extrémité mobile de leur extrémité fixe.

ONZIÈME LEÇON

Les cellules et les tissus.

Le microscope. — Les leçons qui précèdent nous ont montré la complication qu'un examen, même grossier, révèle dans la structure du corps humain. Les surprises qu'a pu nous causer cette étude seront bien plus vives si, au lieu d'observer les organes à l'œil nu, nous mettons à profit un instrument grossissant d'une extrême puissance dont l'usage a été, pour les naturalistes, l'occasion de découvertes sans cesse renouvelées, le microscope : il nous permettra d'apercevoir des détails d'une infinie petitesse, et dont notre imagination même ne peut nous donner qu'une idée imparfaite. Ce que nous avons dit des globules du sang suffira pour nous faire concevoir les dimensions des objets dont l'étude rapide va nous occuper maintenant.

Cellules et tissus. — Premier exemple : muqueuses. — Râclons avec l'ongle la surface intérieure de notre joue, et plaçons dans une goutte de salive, sur une lame de verre, la petite masse blanchâtre qui est restée à l'ongle. Après l'avoir agitée avec la pointe d'une aiguille très fine, de manière à la diviser en fragments très petits, recouvrons-la d'une mince lamelle de verre pour la protéger; la préparation ainsi obtenue, portée sous le microscope, nous montrera un grand nombre de plaques irrégulières, à contour polygonal, se recouvrant les unes les autres et souvent repliées sur leurs bords (*fig.* 57). Chacune d'elles est formée d'une substance transparente, à peine colorée, parsemée de granulations nombreuses, et vers le centre apparaît un petit corps arrondi, ovalaire, d'un éclat un peu plus vif, et qu'on rendrait plus facilement visible en abandonnant pendant quelque temps le contenu de la préparation à l'action de certaines matières colorantes. Avec un microscope grossissant trois cent soixante-quinze fois la longueur des objets, c'est à peine si le diamètre de la plaque atteint 2 ou 3 centimètres, ce qui en porte les dimensions véritables à 6 ou 8 centièmes de millimètre. On donne à ces plaques le nom de *cellules;* on appelle *protoplasma* la

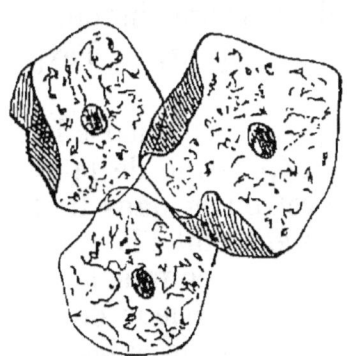

Fig. 57. — Cellules de la muqueuse buccale.

substance granuleuse qui en forme la majeure partie, et *noyau* le corps arrondi qui en occupe le centre. Cette première observation nous montre donc que la muqueuse buccale est constituée par des cellules aplaties, unies entre elles quand la muqueuse est vivante et que le râclage a séparées, ou, pour mieux dire, *dissociées;* on dit que c'est un *tissu* de cellules.

Il nous sera d'ailleurs facile de nous procurer des cellules peu différentes de celles-ci et unies en une membrane intacte; il suffira pour cela de recueillir quelqu'une de ces pellicules blanchâtres qu'abandonnent les grenouilles placées dans un bocal plein d'eau, et de l'examiner entre deux lames de verre, comme nous avons examiné les débris de la muqueuse buccale : nous verrons alors des cellules de forme très régulière, se touchant étroitement par leurs bords, de manière à présenter l'aspect d'un carrelage hexagonal, et dont chacune renferme un noyau. Les lignes de séparation des cellules apparaîtront avec la plus grande netteté et colorées en noir, si nous avons eu soin de plonger pendant quelque temps la pellicule dans une dissolution étendue d'une substance dite *nitrate d'argent*, en l'exposant à l'action de la lumière.

Ce que nous avons vu dans notre propre muqueuse buccale, ce que nous a montré ensuite l'épiderme de la grenouille, nous pourrions aisément le retrouver dans toutes les membranes qui servent de revêtement, soit à la surface externe du corps, soit aux cavités creusées, comme le tube digestif, l'appareil respiratoire, etc., à l'intérieur de l'organisme : toutes sont formées de cellules accolées les unes aux autres et pourvues de noyaux volumineux. Mais il y a plus; on peut affirmer, d'une manière générale, que tous les organes qui constituent le corps humain sont, eux aussi, formés de cellules associées en tissus : la forme, les dimensions et la structure intime de ces cellules, variant d'un tissu à l'autre, impriment à chaque organe ses caractères propres. Quelques exemples vont nous servir de preuves.

Deuxième exemple : tissu conjonctif. — Tout le monde connaît cette couche blanchâtre placée immédiatement au-dessous de la peau chez les animaux de boucherie, et qui, de là, s'étend entre les différents muscles et les pénètre; si, à l'aide d'une seringue ou d'un tube de verre bien effilé, on insuffle de l'air dans cette sorte de feutrage à mailles légères, on le voit se gonfler en prenant l'aspect des bulles de savon. Au lieu d'insuffler de l'air, formons ces bulles par l'injection d'un liquide tenant en dissolution une matière colorante; le contenu de ces bulles aura acquis dans ces conditions la consistance de la gelée. Détachons de l'une d'elles, à l'aide d'une paire de ciseaux fins, une lame aussi mince que possible; nous y verrons apparaître, au microscope, des cellules formées d'un protoplasma granuleux, renfermant chacune un noyau, et dont les bords portent des prolongements quelquefois ramifiés, des cellules étoilées en un mot (*cellules conjonctives*). Mais il y a ici quelque chose de plus que dans le tissu de la peau : au lieu d'être juxtaposées immédiatement les unes aux autres, les cellules ne se rejoignent que par les extrémités effilées de leurs prolongements; et les espaces qui les séparent sont occupés par une multitude de filaments enchevêtrés en faisceaux dits *faisceaux conjonctifs;* quelques-uns de ces filaments, plus résistants que les autres, peuvent s'allonger par la traction, mais reviennent ensuite à leurs dimensions primitives : ce sont les *fibres élastiques*. Cette disposition s'exprime en disant que le *tissu conjonctif* (tel est le nom du tissu qui nous occupe) est formé de cellules réunies par une *substance fondamentale*.

Troisième exemple : tissu cartilagineux. — Nous trouverons le même caractère dans le tissu qui forme les extrémités molles, blanchâtres et flexibles des os, et surtout des os jeunes (*tissu cartilagineux*). Une lame mince de cartilage, par exemple celle qui termine à sa partie inférieure le sternum de la grenouille et qu'il est facile de détacher avec des ciseaux pour l'examiner par transparence, se montre semée de cellules arrondies, dont chacune est pourvue d'un noyau volumineux et entourée d'une série d'enveloppes protectrices (*capsule cartilagineuse*) (*fig.* 58). La substance interstitielle qui les sépare est claire, transparente et d'aspect uniforme.

Quatrième exemple : tissu osseux. — Les os eux-mêmes, malgré leur apparence compacte, sont formés de cellules. Détachons, avec une scie, un léger éclat d'un os frais, et, à l'aide d'un bouchon qui servira à le fixer, frottons-le pendant quelque temps sur une meule humide ; lorsque, à la suite de frottements alternatifs sur ses deux faces, nous l'aurons amené à une transparence suffisante, examinons-le au microscope. Si nous avons eu soin de le tailler perpendiculairement à la direction de la plus grande longueur de l'os, nous le verrons semé d'orifices circulaires correspondant à une série de canaux qui parcourraient l'os dans cette direction. Autour de chacun de ces canaux, sur une série de circonférences concentriques, apparaîtront une multitude de petites cavités allongées (*fig.* 59) et se continuant par de fins prolongements, quelquefois ramifiés, qui les mettent en communication entre elles. Tout l'espace qui les sépare est d'ailleurs occupé par la matière dure de l'os, qui est la substance fondamentale.

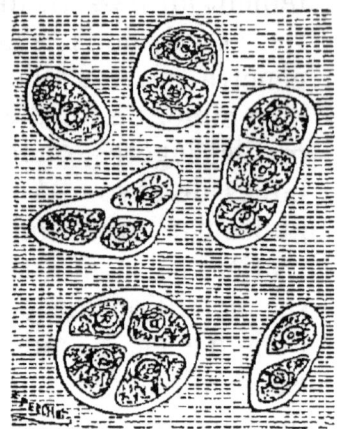
Fig. 58. — Tissu cartilagineux.

Fig. 59.
Coupe à travers un os long.

Chacune de ces cavités, dite *ostéoplaste*, renferme, quand l'os est vivant, un globule de protoplasma pourvu d'un noyau, une cellule en un mot, qui, par l'intermédiaire des ramifications de l'ostéoplaste, communique avec les voisines. Les ostéoplastes occupant une circonférence et la substance fondamentale qui les entoure immédiatement forment une *lamelle de tissu osseux;* le canal central ou *canal de Havers*, sert à la pénétration des vaisseaux sanguins destinés à la nutrition de l'os ; les canaux de Havers eux-mêmes sont disposés en cercles concentriques autour d'une large cavité qui occupe le centre de l'os tout entier (*canal médullaire*).

Cinquième exemple : tissu musculaire. — Nous retrouvons encore l'organisation cellulaire dans les muscles, par exemple dans ceux qui produisent les mouvements volontaires des membres. Il est facile de distinguer à l'œil nu, à la surface du muscle, des sillons parallèles très rapprochés qui semblent la partager en filaments (*striation longitudinale*) ; il paraît également strié, mais plus finement encore, dans le sens transversal. Séparons avec soin les filaments longitudinaux, nous en ferons des faisceaux de plus en plus grêles, enveloppés de gaines conjonctives que nous disjoindrons sans les déchirer (*fig.* 60), et, si nous continuons l'opération sous l'objectif du microscope, le dernier élément auquel nous arriverons sera un long filament cylindrique enveloppé d'une fine membrane (*faisceau primitif*, 1). Au-dessous de cette membrane, que nous ne pouvons faire disparaître sans déchirure, se trouvent assemblées un certain nombre de fibrilles très grêles (2), possédant la longueur du muscle tout entier et formées d'une succession de parties alternativement claires et obscures ; se correspondant d'une fibrille à l'autre, ces disques régulièrement juxtaposés produisent à la surface du

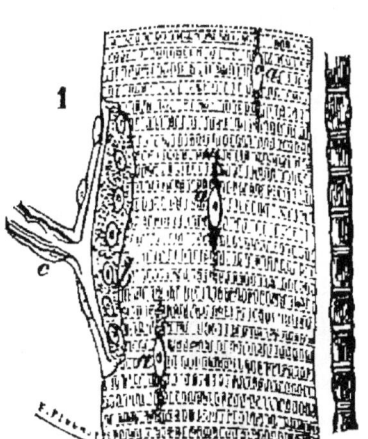

Fig. 60. — Tissu musculaire strié.

faisceau primitif une striation transversale, qui, de faisceau en faisceau, se communique au muscle tout entier. Enfin, sous la membrane d'enveloppe, des noyaux se remarquent de distance en distance (1, *a*); *c* et *b* représentent un filet nerveux et sa terminaison à la surface du faisceau primitif. Que l'on suppose simplement, placées bout à bout, des cellules pourvues de noyaux et de membranes, et qui se seraient soudées par leurs points de contact successifs; imaginons que, sous l'enveloppe unique formée par la fusion des membranes, le protoplasma commun se soit partagé en fibrilles continues, refoulant les noyaux vers la surface; nous aurons la reproduction exacte de ce qu'est le faisceau primitif après son développement. En même temps, nous aurons rattaché à l'organisation cellulaire un élément microscopique qui pouvait en paraître, au premier abord, assez éloigné.

Sixième exemple : globules du sang. — Les globules rouges que nous avons trouvés dans le sang ne sont autre chose que des cellules.

Septième exemple : tissu nerveux. — Un dernier exemple. Les centres nerveux (encéphale, moelle épi-

Fig. 61. — Cellules nerveuses.

nière) se montrent formés par l'accumulation d'une quantité innombrable de cellules au protoplasma granuleux, pourvues d'un gros noyau et de prolongements effilés; ce sont les *cellules nerveuses* (*fig.* 61). Les nerfs qui se rattachent à ces centres sont à leur tour formés par des *fibres nerveuses;* une fibre nerveuse comprend une sorte d'axe homogène dont l'extrémité centrale est en relation avec une cellule nerveuse, et que recouvre extérieurement une double gaine protectrice dont la nature cellulaire a été reconnue.

Théorie cellulaire. — Ces exemples, et tant d'autres que l'on pourrait citer, nous montrent donc tous les organes du corps humain, sans exception, formés par l'association d'un nombre immense de cellules, de forme, d'aspect et de dimensions variés. Eh bien, ce qui est vrai pour l'homme l'est aussi pour les animaux : il n'en est pas un, grand ou petit, simple ou complexe dans son organisation, dont les différentes parties ne soient, en dernière analyse, constituées par des cellules. Mais à mesure que le volume de l'animal diminue et que son organisation se simplifie, les cellules, devenues moins nombreuses, perdent en même temps leur variété; chez les animaux très inférieurs qui occupent le dernier degré de l'échelle animale, nous verrons le corps entier se réduire à une cellule unique, plus compliquée, il est vrai, que beaucoup de celles qui contribuent à former les animaux supérieurs. On dit alors que l'animal est *unicellulaire*.

Quelle est, dans le corps de l'homme et des animaux, l'origine de ces cellules? Les voit-on apparaître tout à coup au sein des organes en voie de développement, sans qu'on puisse reconstituer, comme pour l'animal entier, la généalogie de ces êtres microscopiques? Ont-elles, en un mot, une *génération spontanée?* En aucune façon; et quelles que soient, dans bien des cas, les difficultés d'une pareille recherche, on a toujours reconnu qu'une jeune cellule provenait d'une cellule plus ancienne, offrant avec elle certains caractères de ressemblance, comme un jeune animal vient toujours de parents plus ou moins semblables à lui.

On peut donc, en résumé, établir les deux lois suivantes :

1° *Tout animal est formé de cellules.*

2° *Toute cellule a son origine dans une cellule préexistante.*

Et l'énoncé de ces lois constitue ce qu'on appelle la *théorie cellulaire*.

RÉSUMÉ

L'usage du microscope montre que tous les organes du corps humain sont composés de *cellules*.

Une cellule est un petit corps souvent arrondi, formé d'une substance vivante dite *protoplasma*, renfermant souvent un *noyau*.

La réunion d'un certain nombre de cellules forme un *tissu* : les cellules peuvent y être étroitement juxtaposées ou séparées par une *substance fondamentale*.

Tous les animaux sont formés de cellules; les plus simples sont *unicellulaires*.

La *théorie cellulaire* peut se réduire aux deux lois suivantes :
1° Tout animal est formé de cellules;
2° Toute cellule vient d'une cellule préexistante.

DOUZIÈME LEÇON

Les races humaines. — L'histoire de l'homme.

L'espèce humaine. — Les organes que nous avons décrits dans les leçons précédentes, les fonctions dont ces organes sont le siège, se retrouveraient chez tous les hommes, en quelque point de la terre que nous cherchions nos sujets d'étude. Est-ce à dire que tous les hommes soient rigoureusement identiques, et qu'il soit impossible de distinguer un Européen d'un habitant de l'Extrême-Orient, un Chinois d'un Nègre? Non, assurément. Tout le monde sait, au contraire, qu'il existe parmi les hommes un certain nombre de types plus ou moins nets; chacun a son habitat spécial, ses caractères propres, qu'il porte avec lui partout où on le transplante; ces types se ressemblent assez, par leurs caractères physiques et moraux, pour qu'il soit impossible d'en détacher un seul de l'*espèce humaine;* ils diffèrent trop pour qu'on puisse se refuser à les regarder comme des branches distinctes de cette grande famille; c'est ce qu'on exprime en leur donnant le nom de *races humaines.*

Les races humaines. — On reconnaît en général quatre races principales : la *race blanche*, la *race jaune*, la *race noire* et la *race rouge.*

Pour établir nettement la définition d'une race, on fait appel au plus grand nombre possible de caractères. Ceux que l'on considère le plus habituellement sont : la taille du corps, la couleur de la peau, la nature des cheveux et des poils, l'aspect général du visage, les dimensions et la forme du crâne, la valeur de l'angle facial.

Le crâne forme, on s'en souvient, au-dessus des os de la face, une boîte osseuse de forme ovoïde, dont le grand axe est couché d'arrière en avant; l'homme chez qui cet axe est court, ce qui réduit le diamètre antéro-postérieur du crâne, est dit *brachycéphale;* il est, au contraire, *dolichocéphale*, quand cet axe, et par suite le diamètre antéro-postérieur du crâne, prend une longueur considérable.

L'*angle facial* est l'angle qu'on obtiendrait en joignant par des lignes droites le bord alvéolaire extrême du maxillaire supérieur, c'est-à-dire le point où sont fixées les incisives supérieures moyennes, d'une part à l'arcade sourcilière et d'autre part au trou que perce le conduit auditif externe dans le rocher. Cet angle peut être plus ou moins aigu : plus il est aigu, plus les mâchoires semblent proéminentes à la partie inférieure de la face, et moins la physionomie paraît intelligente; si, au contraire, cet angle s'ouvre davantage et devient presque droit, c'est la partie supérieure de la face qui, avec le crâne, semble se porter en avant et jeter sur la physionomie tout entière le rayonnement d'une intelligence plus vive. Dans le premier cas, la face est dite *prognathe*; elle est *orthognathe* dans le second cas.

La race blanche. — Dans la *race blanche* (*fig.* 62), la taille est moyenne, la peau blanche ou faiblement colorée, les cheveux lisses ou bouclés et de forme presque cylindrique, la barbe abondante; le visage, ovale, est coupé par des lèvres minces et un nez généralement droit et proéminent. Le crâne vaste, mais court, des hommes de la race blanche les rattache généralement au type brachycéphale; l'angle facial, de 80° en moyenne, leur donne un orthognathisme prononcé.

Fig. 62. — Race blanche.

La race blanche occupe l'Europe, le nord de l'Afrique, l'Asie occidentale jusqu'au Gange. Bien que parfaitement reconnaissable partout où elle s'est répandue, elle n'est pas absolument homogène; on y peut distinguer deux rameaux principaux : le *rameau indo-germanique*, qui a fourni le *type celtique*, aux cheveux bruns et aux yeux foncés; le *type germain*, aux cheveux blonds et aux yeux clairs; le *type hindou*, caractérisé par une peau foncée; — et le *rameau sémite*, d'où dérivent les Juifs et les Arabes : leur front droit et bas, leur nez aquilin, leur œil fendu en amande, leurs cheveux et leur barbe lisses et noirs, impriment à leur physionomie un cachet que les siècles n'ont pu effacer.

Fig. 63. — Race jaune.

La race jaune. — Les hommes de la *race jaune* (*fig*. 63) ont une taille inférieure à la moyenne, la peau jaune, la barbe rare, les cheveux drus et raides, de forme exactement cylindrique; les pommettes sont fortement saillantes, les paupières fendues obliquement et tirées vers les tempes. Le crâne est moins développé que dans la race blanche, et la face présente déjà un prognathisme peu marqué.

La race jaune occupe l'Extrême-Orient et s'étend sur l'Asie septentrionale et une partie de l'Océanie; les types les mieux caractérisés de cette race sont : le type *mongol*, le type *chinois* et le type *japonais*.

La race noire. — La *race noire* (*fig*. 64) ou nègre, qui s'étend à la fois sur l'Afrique équatoriale et australe, sur l'océan Indien et jusque sur la Mélanésie et l'Australie, est moins homogène encore que les précédentes. Parmi les différents types de cette race, le plus caractérisé est le *type guinéen* : taille au-dessus de la moyenne; peau veloutée, noire, luisante et répandant une odeur forte; barbe rare et tardive; cheveux noirs, crépus et de forme aplatie; dolichocéphalie et prognathisme fortement accentués; nez épaté, tels sont les signes distinctifs auxquels on le reconnaît. Le *type hottentot*, petit et jaunâtre; — le type athlétique des nègres de la Mélanésie ou *type papou*; — le *type négrito*, des Philippines, des îles Andaman et de la presqu'île de Malacca; — le *type australien*, aux cheveux lisses, complètent la série.

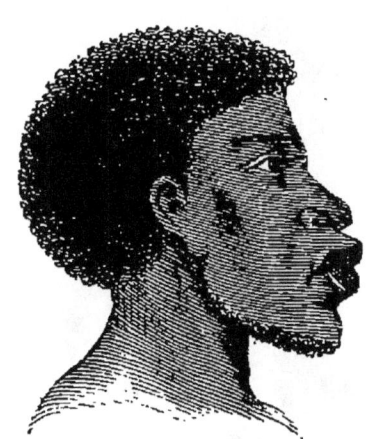

Fig. 64. — Race noire.

La race rouge. — La *race rouge*, qui occupe le nouveau continent, se reconnaît à une taille élevée; une peau brune aux reflets cuivrés; des cheveux rigides; des sourcils et des cils bien fournis; une barbe rare; un nez proémi-

PÉRIODE PALÉOLITHIQUE.

nent et aquilin, dont les narines sont dilatées; des pommettes saillantes; des mâchoires un peu prognathes.

Types intermédiaires. — Ce serait une erreur de croire qu'entre les quatre races qui viennent de nous occuper il n'existe aucun intermédiaire; on trouve, au contraire, bien des types de l'espèce humaine qui participent des caractères de deux races différentes et que l'on peut regarder comme établissant entre elles des transitions. Les *Lapons*, de petite taille, pourvus d'un nez court et plat, de pommettes saillantes et d'yeux fendus obliquement, rappellent par tous ces caractères la race jaune, bien que l'ensemble de leur organisation les rapproche de la race blanche. De même, les *Malais*, qui appartiennent à la race jaune, présentent dans le prognathisme de leur face et le développement de leurs lèvres des traits de ressemblance avec la race nègre.

L'histoire de l'homme. — L'ancienneté de l'homme à la surface de la terre est considérable. Partout où on a pu étudier les débris de squelettes humains et les traces du travail de l'homme que recèlent les profondeurs du sol, on a reconnu que son apparition a précédé les plus anciennes dates de l'histoire; elle remonte à la période que les géologues ont appelée *quaternaire*.

La période paléolithique. — Les premiers vestiges de l'industrie humaine sont des instruments faits en silex, que l'ouvrier taillait

Fig. 65.

grossièrement, se bornant à en détacher des éclats jusqu'à ce que le bloc eût pris à peu près la forme qu'il voulait réaliser, celle d'un couteau, d'une hache (*fig.* 65) par exemple. L'étude du sol a permis de constater que la période pendant laquelle l'homme se livrait à ces travaux a été caractérisée, à son début, par un développement extraordinaire des glaciers (*période glaciaire*).

Plus tard, après la fonte partielle de ces immenses champs de glace, les fleuves puissants qu'ils avaient alimentés creusèrent les vallées qui couvrent actuellement le sol de notre pays : les traces de l'homme qui, à cette époque, y vivait côte à côte avec le *Mammouth*, grand éléphant couvert de poils, sont encore des haches, des ciseaux, des scies, des couteaux en silex taillé, auxquels viennent

Fig. 66.
Ours des cavernes, dessin sur schiste trouvé dans une caverne.

s'ajouter des marteaux faits d'une pierre percée emmanchée d'un fragment d'os, et des colliers qui nous révèlent chez l'homme primitif le goût de la parure. Ces vestiges de l'homme ont été retrouvés soit sur le bord des fleuves (Saint-Acheul, en Picardie), soit dans des grottes (Le Moustier, près de la Vézère). La sépulture préhistorique d'Aurignac, dans la Haute-Garonne, où, avec dix-sept squelettes humains, ont été trouvés des os taillés et des débris de poteries ; la grotte de Cro-Magnon, etc., marquent la fin de cette époque, où l'homme préludait à la vie artistique par des dessins grossiers tracés sur des fragments d'os ou des lames de schiste (*fig.* 66).

Une dernière phase de la *période paléolithique* ou de la *pierre taillée*, est l'*âge du Renne*, pendant lequel l'homme de nos pays, vivant côte à côte avec des animaux que le changement de climat a chassés, comme le Renne, ou qui ont complètement disparu de la surface du globe, comme l'Ours des cavernes, s'exerçait déjà à des travaux plus délicats, tels que la sculpture, ou tout au moins le dessin en relief, sur os ou sur ivoire.

La période néolithique. — Ici se place un fait important dans l'histoire de l'espèce humaine : l'homme, qui bornait encore toute son industrie à la taille du silex, semble avoir reçu d'une invasion orientale l'art de polir les instruments qu'il façonnait ; à la pierre taillée succède la *pierre polie ;* la période paléolithique fait place à la *période néolithique*. C'est à cette période que paraît remonter la construction de tous ces monuments faits de blocs volumineux, *dolmens, menhirs, cromlechs, allées couvertes* (*fig.* 67), etc., que l'on a réunis sous le nom de *monuments mégalithiques ;* les uns paraissent avoir servi de sépulture ; d'autres étaient, selon toute vraisemblance, érigés en

Fig. 67. — Allée couverte.

l'honneur des divinités dont l'homme primitif peuplait la nature. A la même époque, les bords d'un grand nombre de lacs étaient habités par des populations qui avaient contracté l'habitude de se réfugier dans des cités construites sur pilotis, à quelque distance du rivage, coutume que certaines peuplades de l'Amérique ont conservée, pour se mettre en garde contre les incursions nocturnes des bêtes sauvages (*cités lacustres*).

La civilisation fait dès lors chaque jour des progrès. Comme l'art de polir la pierre, ainsi l'usage du bronze semble avoir été importé d'Orient ; son introduction marque le début de l'*âge du bronze*, auquel succède bientôt l'*âge du fer;* celui-ci conduit l'humanité jusqu'au début de la période historique, dont l'étude n'est plus du domaine de l'histoire naturelle proprement dite.

Unité de l'espèce humaine. — Ce coup d'œil rapidement jeté sur les races humaines et sur l'histoire de celle qui habite notre pays nous a montré quelles différences physiques permettent de distinguer les divers types de l'espèce à laquelle nous appartenons, et quelles différences morales séparent l'Européen de nos jours de l'homme à la période paléolithique. Les phases par lesquelles a passé l'intelligence humaine, durant le cours de cette longue évolution, sont encore exposées, en quelque sorte, sous nos yeux : parmi les peuples sauvages de l'ancien ou du nouveau continent, il serait facile de retrouver tous les degrés qu'a parcourus l'industrie humaine, depuis la période de la pierre taillée jusqu'à celle du fer. Mais de ces différences, aucune n'est assez profonde pour altérer l'unité de l'espèce humaine, pour enlever à aucun de ses représentants la place d'honneur qui lui revient dans la nature, à la tête du monde animal.

RÉSUMÉ

L'*espèce humaine* comprend un grand nombre de types différents, que l'on rapporte à quatre *races* principales : la *race blanche*, la *race jaune*, la *race noire* et la *race rouge*, entre lesquelles il est possible de trouver des intermédiaires.

L'apparition de l'homme est très ancienne sur la terre.

Les premiers hommes ne connaissaient d'autre industrie que

celle de la pierre taillée; la *période paléolithique*, qui correspond à cet état, comprend l'*âge glaciaire*, l'*âge du Mammouth* et l'*âge du Renne*.

A l'usage de la pierre taillée a succédé celui de la pierre polie (*période néolithique*); la pierre polie a été remplacée ensuite par le bronze et le fer.

TREIZIÈME LEÇON

Les grandes divisions du règne animal.

Les classifications. — Les animaux qui vivent à la surface de la terre sont trop nombreux pour que nous puissions espérer les connaître tous. Nous pouvons du moins chercher à savoir, dans leurs traits généraux, les ressemblances et les différences qui les caractérisent, de manière à les distribuer en un certain nombre de groupes dont chacun renfermera les animaux qui offrent entre eux le plus de rapports; c'est ce qu'on appelle faire une *classification*. Ainsi, lorsqu'on a en sa possession un grand nombre d'objets de même nature, des livres par exemple, a-t-on soin de les ranger de manière à retrouver facilement, chaque fois qu'on le désirera, tel ou tel d'entre eux.

On voit immédiatement qu'il y a bien des manières d'établir une classification. Pour garder la comparaison que nous avons prise, il est évident qu'il y a une foule de façons de ranger une bibliothèque : on peut, par exemple, réunir en un même groupe tous les livres de même dimension, ou bien rassembler ceux qui ont la même reliure; on peut encore rapprocher ceux du même auteur, ou enfin ceux qui traitent de sujets analogues. Dans tous ces cas, il sera facile de retrouver un ouvrage dont on connaîtra la dimension, la couleur, l'auteur ou le sujet, et inversement il suffira de savoir la place à laquelle a été pris un livre pour en connaître la dimension, la couleur, l'auteur ou le sujet. Mais le dernier système seul, réunissant ensemble des livres qui offrent entre eux de profondes ressemblances, nous apprendra réellement la nature de l'objet que nous aurons pris.

On appelle *classifications artificielles* celles qui, comme les premiers de ces systèmes, permettent seulement de trouver le nom d'un animal à l'aide de quelques caractères ; une *classification naturelle* est celle qui, comme le dernier, nous fournit, en même temps que le nom de cet animal, des connaissances exactes sur sa constitution.

L'espèce. — Mais d'abord toute classification serait impossible si chacun des animaux qui nous passent sous les yeux était absolument différent de tous les autres. Nous savons, au contraire, qu'il en existe une infinité entre lesquels il y a des ressemblances assez frappantes pour que nous n'hésitions pas à les désigner couramment du même nom : il ne viendra, par exemple, à l'idée de personne d'appeler *chat* un *chien*, ou inversement. On appelle *espèce* la réunion de tous les animaux qui se ressemblent à ce point, et, comme on remarque qu'il n'y a ni plus ni moins de ressemblances essentielles entre un animal et ses petits qu'entre cet animal et ceux que nous rattachons instinctivement à la même espèce, on peut définir l'espèce, comme le faisait Cuvier, en disant que c'est *la réunion des êtres vivants descendus l'un de l'autre ou de ceux qui leur ressemblent autant qu'ils se ressemblent entre eux.*

Le genre. — Le nombre des espèces est énorme ; mais, si on en considère une en particulier, on ne tarde pas à reconnaître que quelques autres ont avec elle de grandes ressemblances : il est évident, par exemple, que le *Loup*, le *Renard*, le *Chacal*, bien que différents du Chien, offrent avec lui des rapports qui nous obligent à les en rapprocher. On appelle *genre* cette réunion de quelques espèces présentant des caractères communs, et on est convenu, depuis Linné, de désigner chaque espèce à l'aide de deux mots latins : un substantif qui indique le genre, et ordinairement un adjectif qui indique l'espèce. C'est ainsi que le Chien, le Loup, le Renard, le Chacal appartiennent tous au genre *Canis;* ce sont *Canis familiaris, C. lupus, C. vulpes, C. aureus.*

Famille, ordre, classe, type. — La réunion de plusieurs genres assez voisins forme une *famille;* plusieurs familles se groupent de manière à constituer un *ordre;* les ordres se rassemblent en *classes,* et enfin les classes en *embranchements* ou *types.* Le chien, par exemple, appartient à la famille des *Canidés,* à l'ordre des *Carnivores,* à la classe des *Mammifères,* à l'embranchement des *Vertébrés.* Il est clair que chacune de ces divisions comprend un nombre d'espèces de plus en plus grand, et qu'inversement le nombre des divisions de même valeur diminue à mesure qu'on se rapproche de l'embranchement. Un animal dont on connaît l'espèce, le genre, la famille, l'ordre, la classe, l'embranchement, a sa place aussi bien fixée pour le naturaliste que le serait celle d'un soldat dont on connaîtrait le prénom, le nom, la compagnie, le bataillon, le régiment et le corps d'armée.

Les huit types animaux. — Le nombre des embranchements ou types du règne animal est assez restreint. On en distingue huit principaux : les *Vertébrés,* les *Vers,* les *Arthropodes,* les *Mollusques,* les *Echinodermes,* les *Cœlentérés,* les *Eponges* et les *Protozoaires.* Ces noms prendront immédiatement un sens pour nous, si nous appliquons chacun des sept premiers à un animal bien connu : le *Chat,* la *Sangsue,* le *Hanneton,* l'*Huître,* l'*Astérie* ou *Etoile de mer,* le *Corail,* l'*Eponge usuelle,* par exemple ; et si nous comprenons de suite parmi les Protozoaires tous les êtres microscopiques qui se développent dans les infusions (*Infusoires*). Essayons de caractériser ces huit types avec plus de précision.

Les Vertébrés. — L'organisation d'un *Vertébré* (*fig.* 68) rappelle celle de l'Homme, que nous connaissons maintenant suffisamment. Le corps présente la *symétrie bilatérale,* c'est-à-dire qu'un plan passant à égale distance de chaque côté et coupant l'animal suivant sa longueur, le diviserait en deux parties qui se ressemblent autant qu'un objet et son image dans une glace. Sous la peau et les muscles qui recouvrent extérieurement les organes, on trouve un squelette osseux, dont la partie fondamentale

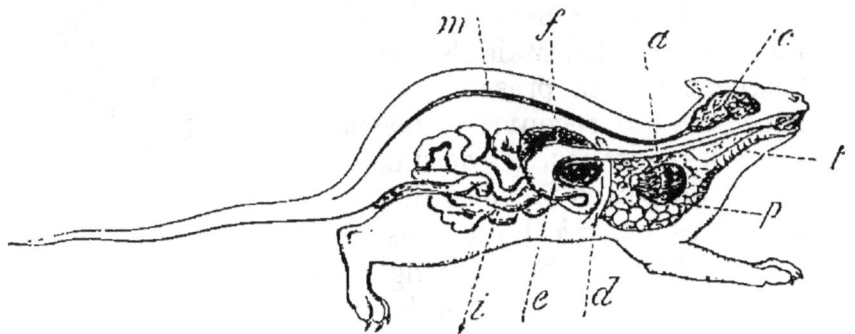

Fig. 68. — Organisation d'un Vertébré.

est une colonne vertébrale. Enfin, lorsque l'animal repose sur ses membres, la face ventrale tournée vers le sol, les organes centraux du système nerveux (cerveau et moelle épinière) sont tout entiers situés au-dessus du tube digestif.

Les Vers. — Si nous examinons une Sangsue (*fig.* 69), ou en général un *Ver*, nous verrons encore la symétrie bilatérale du Vertébré ; mais il nous sera impossible de trouver dans l'intérieur du corps rien d'analogue au squelette osseux, qui est l'apanage exclusif des Vertébrés, de sorte qu'on réunit souvent les sept autres types sous la dénomination commune d'*Invertébrés*. Lorsque le Ver tourne sa face ventrale vers le sol, c'est au-dessous du tube digestif qu'est située la plus grande partie du système nerveux. Enfin, un caractère très important de l'embranchement est la division du corps

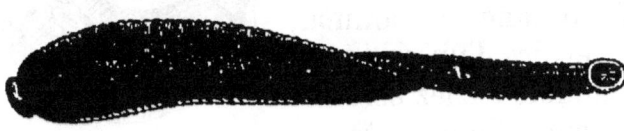

Fig. 69. — Sangsue.

en une série d'anneaux disposés les uns à la suite des autres.

Les Arthropodes. — Les *Arthropodes*, dont le Hanneton (*fig.* 70) peut nous fournir un exemple, ont des caractères communs avec les Vers : symétrie bilatérale, division du corps en anneaux, système nerveux inférieur au tube digestif. Mais ils s'en distinguent par la présence 1° d'un squelette qui recouvre *extérieurement* les organes, 2° de plusieurs paires de pattes formées de pièces articulées bout à bout. Les deux embranchements ont été longtemps réunis sous le nom d'*Annelés*.

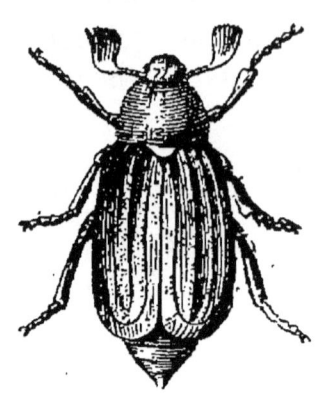
Fig. 70. — Le Hanneton.

Les Mollusques. — Le corps des *Mollusques*, de l'Huître (*fig.* 71) par exemple, est toujours dépourvu de squelette osseux interne. Il n'est pas, comme celui des Annelés, partagé en anneaux successifs. S'il est quelquefois complètement nu, comme chez le Poulpe, il est le plus souvent protégé par une coquille extérieure de forme variée : enroulée en spirale chez le Limaçon, elle est formée, chez l'Huître, de deux parties plus ou moins plates, symétriques, articulées entre elles par une sorte de charnière, et contenant les organes de l'animal, comme la couverture d'un cahier en contient les feuillets ; chez certains Mollusques même, elle est très réduite et renfermée à l'intérieur du corps (Seiche, Limace grise). Enfin, la symétrie est plus ou moins bilatérale ; elle l'est presque complètement chez l'Huître, la Moule, etc., et on en retrouve la trace chez le Limaçon, en supposant simplement que le corps se soit déroulé.

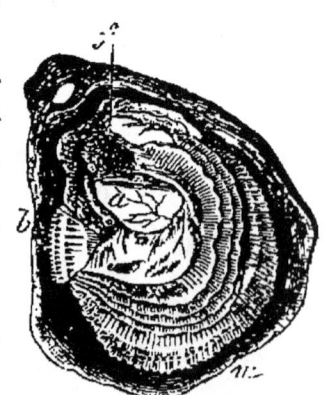
Fig. 71. — Huître.

Les Echinodermes. — Au contraire, chez les *Echi-*

nodermes, dont le type sera par exemple l'Astérie (*fig.* 72), le corps présente bien une certaine régularité, mais il se compose de cinq parties disposées comme les branches d'une étoile, et tout plan qui partagera l'une de ces branches en deux parties symétriques divisera de même le corps entier de l'animal : ce n'est donc plus un plan, mais cinq plans de symétrie que présentent les Echinodermes; la symétrie n'est plus bilatérale, elle est *radiaire*. De plus, la peau qui recouvre le corps est souvent incrustée de manière à former un squelette externe, auquel sont parfois fixés des piquants.

Fig. 72. — Astérie.

Les Cœlentérés. — La symétrie radiaire se retrouve encore chez les *Cœlentérés*, par exemple dans chacun des animalcules qui forment la partie vivante d'une tige de Corail (*fig.* 73). Ce caractère commun aux deux types les faisait réunir autrefois sous le nom de *Rayonnés*. Mais le tégument des Cœlentérés n'est jamais couvert d'épines, et, ce qui les sépare nettement des Echinodermes, c'est que chez ces derniers les parois du tube digestif sont toujours bien distinctes de celles du corps, tandis que chez un Cœlentéré les unes et les autres se confondent en un sac pourvu d'une seule ouver-

Fig. 73. — Corail.

ture, dans lequel les aliments sont ballottés avant que la partie utile en soit absorbée.

Les Éponges.
— Le corps des *Éponges* (*fig.* 74) ne présente plus aucune symétrie ; fixé au sol et incapable de mouvement, il est percé d'une infinité de trous que traverse un courant d'eau continu, lui apportant les particules alimentaires dont il a besoin.

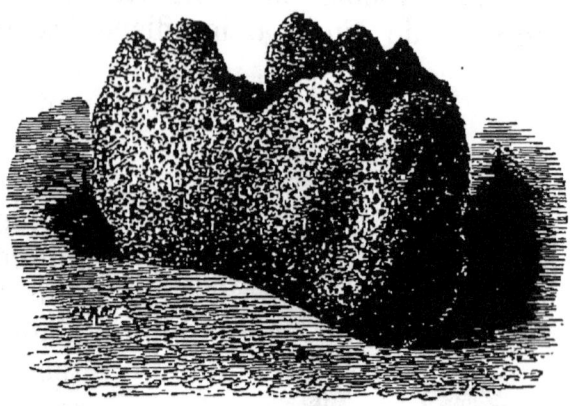

Fig. 74. — Eponge.

Les Protozoaires. — Enfin, les *Protozoaires* sont des êtres très simples, formés chacun d'une cellule unique et dépourvus par conséquent d'organes bien définis ; ils représentent le dernier terme de la série animale.

RÉSUMÉ

L'étude des animaux nécessite une *classification*, c'est-à-dire une distribution en groupes naturels, comprenant des unités de plus en plus importantes. Ces unités sont : l'*espèce*, le *genre*, la *famille*, l'*ordre*, la *classe*, le *type*.

Il y a huit types principaux, résumés dans le tableau suivant :

ANIMAUX					
à symétrie bilatérale.	Corps partagé en anneaux.	pourvus d'un squelette osseux interne (colonne vertébrale)......		*Vertébrés*	Chat.
		pourvu de pattes articulées......		*Arthropodes*..	Hanneton.
		non		*Vers*	Sangsue.
	non......................			*Mollusques* ...	Huître.
à symétrie radiaire.	Tube digestif distinct des parois du corps......................			*Echinodermes*.	Astérie.
	non......................			*Cœlentérés* ...	Corail.
dépourvus de symétrie.	Corps volumineux, formé de nombreuses cellules...............			*Eponges*	Eponge.
	Corps microscopique, formé d'une cellule simple			*Protozoaires*..	Infusoires.

QUATORZIÈME LEÇON

Les Mammifères.

Les Mammifères. — Parmi les différents animaux que renferme l'embranchement des Vertébrés, ceux qui offrent le plus de ressemblance avec l'Homme, et dont l'étude doit par conséquent nous occuper en premier lieu, forment la classe des *Mammifères* (Chat, Lapin, Bœuf, etc.). Appartenant aux Vertébrés, ils présentent, dans l'ensemble de leur organisation, la symétrie bilatérale, et sont pourvus d'un squelette osseux interne. Ils ont d'ailleurs un certain nombre de caractères qui permettent de les isoler parmi tous les autres Vertébrés : menant une vie généralement terrestre, leur corps est couvert en tout ou en partie de *poils;* ils mettent au monde des petits tout formés, c'est dire qu'ils sont *vivipares;* mais, comme généralement ces petits sont, à leur naissance, incapables de subvenir eux-mêmes aux besoins de leur existence, la mère les nourrit d'un liquide spécial, le *lait*, produit dans des *mamelles*, d'où leur nom de *Mammifères*. L'ensemble de leurs appareils est construit sur le même plan que ceux de l'Homme; leur cœur est pourvu de quatre cavités, et la *température* interne du corps est très sensiblement *constante*.

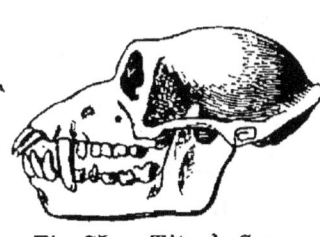

Fig. 75. — Tête de Singe.

Les Primates. — Si nous nous attachons à commencer l'étude des Mammifères par ceux qui se rapprochent le plus de l'homme pour nous en éloigner ensuite par degrés insensibles, le premier ordre que nous rencontrons est celui des *Singes* (*fig.* 75) : pourvus de quatre membres dont les doigts, comme les nôtres, sont munis d'ongles plats et faibles, ils ont à peu près notre dentition; mais tandis que les membres antérieurs seuls, chez l'Homme, ont un pouce opposable aux autres doigts, c'est-à-dire une *main*, les quatre membres des Singes en sont pourvus : en d'autres termes, l'Homme est *bimane*, et les Singes sont *quadrumanes*. Occupant la première place parmi les Mammifères, ils ont aussi reçu le nom de *Primates*.

Les Singes sont répandus dans le nouveau aussi bien que dans l'ancien continent; mais, chose remarquable, chacun des deux groupes, que cette distribution géographique permet d'établir parmi les Singes, possède un ensemble de caractères communs, parfaitement nets et s'opposant à toute confusion. Ceux de l'ancien continent ont exactement la dentition de l'homme (trente-deux dents); la peau, dépourvue de poils à la partie postérieure du corps, y présente une surface épaisse, rouge et d'un aspect souvent hideux (*callosités fessières*); la cavité buccale, porte de chaque côté des maxillaires, de vastes poches flasques et pendantes, dites *abajoues*; la queue, lorsqu'elle est bien développée, n'est guère qu'un ornement et ne sert pas aux mouvements de l'animal; enfin, les deux orifices des narines sont rapprochés à l'extrémité antérieure du museau. Chez les singes du nouveau continent, au contraire, la dentition est un peu plus riche (trente-six dents); il n'y a jamais de callosités ni d'abajoues; la queue, généralement très longue, peut s'enrouler autour des branches des arbres, permettant à l'animal de s'y suspendre (*queue prenante*); enfin, les orifices des narines sont espacés de chaque côté d'un museau aplati.

Au premier type appartiennent les *Cynocéphales*, les *Guenons* et les *Magots*, habitants de l'Afrique, dont une bande habite encore Gibraltar. Il faut aussi y rattacher le groupe, peu nombreux, mais très intéressant, des singes *anthropoïdes*, dépourvus de queue, de callosités et d'abajoues : par leur organisation physique, leur intelligence développée, ils méritent d'être placés immédiatement après l'Homme sur l'échelle animale. Ce sont : le *Gorille* et le *Chimpanzé*, de l'Afrique équatoriale, le *Gibbon* et l'*Orang-outang* (*fig.* 76) des îles de la Sonde.

Au second type appartiennent les *Singes hurleurs* et les *Sagouins*, du Brésil, les *Sakis*, — et les *Ouistitis*, dont les doigts se terminent par des griffes.

Les Lémuriens. — Nous rapprocherons des Singes un groupe d'animaux qui s'en distinguent par quelques caractères secondaires : leurs orbites, au lieu d'être bien limitées de tous côtés, s'ouvrent largement dans les fosses temporales ; aux mamelles des Singes, situées sur la poitrine, et dites pour cette raison *pectorales*, s'ajoutent chez eux des mamelles placées comme chez le Chien, le Chat, etc., à un niveau plus bas, et dites *abdominales*; enfin le deuxième doigt du membre postérieur, qui est plutôt un pied qu'une main, est pourvu d'une griffe. Ces caractères, qui dénotent une certaine infériorité sur les Singes proprement dits, ont conduit les zoologistes à faire de ces animaux un ordre distinct, celui des *Lémuriens*. Cantonné

Fig. 76. — Orang-outang.

uniquement dans la grande île de Madagascar et les îles de la Sonde, il comprend les *Makis*, les *Aye-aye*, les *Galéopithèques* ou Singes volants, etc.

Les Carnivores. — Avec les *Carnivores*, dont le Chat est un exemple, nous abordons un type tout différent. Aucun des quatre membres ne se termine par une main : il n'y a plus de pouce opposable; en revanche, les doigts, au lieu de porter de simples ongles, se terminent par des *griffes* souvent puissantes et redoutables. Les maxillaires, comme chez l'Homme et chez les Singes, portent trois sortes de dents; mais celles-ci, par leur nombre et leur forme, répondent au régime carnassier de l'animal : les incisives, peu développées (généralement six à chaque maxillaire), cèdent le pas aux canines, fortes et crochues (*crocs*), et les molaires ont une couronne aiguë et tranchante, bien faite pour déchirer les tissus musculaires. Le condyle, s'adaptant aussi au même régime, est disposé de manière à ne permettre à la mâchoire inférieure que des déplacements verticaux.

Il y a des degrés parmi les Carnivores : tous ne sont pas également carnassiers; et nous aurons une idée des différences qu'ils peuvent offrir à cet égard en fixant notre attention sur trois des principaux représentants de cet ordre : le *Chat*, le *Chien*, l'*Ours*.

Le plus féroce de tous est le *Chat*. Ses mâchoires sont courtes, et, par conséquent, ses molaires peu nombreuses; elles sont, en revanche, très puissantes. Marchant sur l'extrémité des doigts, c'est-à-dire *digitigrade*, il possède quatre doigts aux membres postérieurs, un de moins qu'aux membres antérieurs : tous ces doigts se terminent par des griffes que des ligaments spéciaux lui permettent d'abaisser ou de relever à volonté pour déchirer sa victime ou « faire patte de velours », des *griffes rétractiles* en un mot (*fig. 77*). Au genre Chat appartiennent le *Lion*, le *Tigre*, le *Léopard*, le *Jaguar*, le *Chat sauvage*, etc.

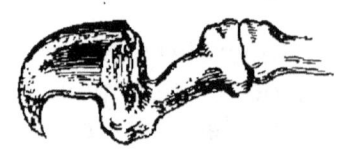

Fig. 77.
Griffe mobile du lion.

Le *Chien* est déjà beaucoup moins carnassier. Ses mâchoires sont plus longues, et, si l'on compare leurs mouvements à ceux d'une paire de ciseaux, il est facile de comprendre que leur puissance est, par suite, beaucoup moindre que chez le Chat. Etant plus longues, elles portent des molaires plus nombreuses : la dentition du Chat était de trente dents; celle du Chien est de quarante-deux. Le Chien est encore digitigrade et pourvu de quatre doigts au membre postérieur, mais ses griffes ne sont plus rétractiles. Au genre Chien appartiennent le *Renard*, le *Chacal*, le

Fig. 78. — Loup commun.

Loup (*fig.* 78), le *Chien domestique* avec ses races nombreuses.

L'*Ours* (*fig.* 79) est le moins carnassier des trois; on peut même dire de son régime qu'il est franchement *omnivore*. Sa dentition est cependant la même que celle du Chien; mais sa démarche est beaucoup moins vive : ce n'est plus en effet sur l'extrémité des doigts, mais sur le pied tout entier qu'il repose; il est nettement *plantigrade*.

Entre le Chien et l'Ours viennent se placer un certain

nombre de genres intermédiaires : l'*Hyène* (*fig.* 80), animal

Fig. 79. — Ours brun.

lâche, pourvu de trente-quatre dents, la *Fouine* (*fig.* 81), le

Fig. 80. — Hyène rayée.

Putois, le *Furet*, la *Belette*, la *Loutre* aux pieds palmés et aux mœurs aquatiques, le *Blaireau*, dont l'alimentation et la démarche ne sont pas sans analogies avec celles de l'Ours; tous pourvus de trente-huit dents. Enfin, les quarante-deux dents du Chien et de l'Ours se retrouvent chez la *Civette*.

Aux Carnivores proprement dits, dont nous venons d'étudier rapidement les principaux représentants, nous rattacherons trois ordres moins importants : les *Insectivores*, les *Chéiroptères*, les *Amphibies;* représentés par trois types : la *Taupe*, la *Chauve-souris* ordinaire, le *Phoque*.

Fig. 81. — Fouine.

Les Insectivores. — Supposons qu'un Carnivore, au lieu de s'attaquer à des vertébrés, pourvus d'os et de muscles, prenne pour base de son alimentation les insectes, dont le corps est extérieurement couvert d'une carapace dure; ses molaires se modifieront en vue de ce changement de régime : au lieu de rester tranchantes, elles deviendront broyeuses; au lieu d'avoir la couronne aplatie et coupante, elles l'auront tuberculeuse et déchiquetée. Si, de plus, cet *Insectivore* va poursuivre ses victimes jusque dans les profondeurs du sol, ses pattes, destinées à y creuser des galeries souterraines, à *fouir* en un mot, devront être courtes et fortes; appelés à exécuter de part et d'autre du corps des mouvements assez variés, ses membres antérieurs devront présenter un point d'appui solide : ils seront pourvus d'une clavicule qui manquait chez les Carnivores. L'ensemble de ces caractères se rencontre chez la *Taupe* (*fig.* 82), le *Hé-*

Fig. 82. — Taupe.

risson aux mœurs nocturnes (*fig.* 83), la *Musaraigne*, le plus petit mammifère connu, dont l'aspect extérieur rappelle celui des Souris.

Fig. 83. — Hérisson.

Les Cheiroptères. — Qu'un Insectivore, au lieu d'habiter la surface ou l'intérieur du sol, passe sa vie dans l'air : il devra présenter une série de modifications destinées à lui permettre de voler. Ses membres antérieurs, soutenus par de solides clavicules, ne se termineront plus par des mains courtes et trapues : tous les doigts, sauf le pouce, s'allongeront, de manière à former, à l'extrémité de l'avant-bras, quatre longues tiges articulées entre lesquelles pourra s'étendre une fine membrane attachée d'autre part aux parois du corps et jusqu'à la queue, courte et grêle. Le reste du squelette, formé de pièces très ténues,

Fig. 84. — Chauve-souris.

assurera au corps entier une extrême légèreté, et sur le sternum s'élèvera une crête saillante, servant de point d'attache aux muscles moteurs du bras et de l'avant-bras. Telles sont les dispositions qui se trouvent chez les *Cheiroptères* (*fig.* 84), animaux nocturnes dont le régime est assez varié : les *Roussettes*, habitantes des pays chauds, se nourrissent de fruits; les *Oreillards*, les *Barbastelles*, d'insectes; les *Vampires*, abondants en Guyane, ont une alimentation carnivore.

Les Amphibies. — Il nous suffit enfin de supposer qu'un Carnivore, quittant la terre ferme, se soit fait une existence demi-aquatique, partageant son temps entre la mer et le rivage, pour comprendre l'organisation des *Amphibies*. Se nourrissant de poissons, c'est-à-dire de chair, ils ont la dentition de véritables carnivores. Maladroits sur la terre, ils sont cependant pourvus de quatre membres; mais les pattes qui les terminent sont aplaties en forme de palettes qui font l'office de véritables nageoires. A l'ordre des Amphibies appartiennent le *Phoque* (*fig.* 85), l'*Otarie* ou Lion marin, pourvu d'oreilles externes petites, le *Morse*, dont les dents canines supérieures très développées font saillie hors de la bouche (*fig.* 86).

Fig. 85. — Phoque.

Les Rongeurs. — Un ordre essentiellement différent de tous ceux qui précèdent est celui des *Rongeurs*. Se nourrissant de fruits, ou, d'une façon plus générale, de substances d'origine végétale, les Rongeurs ne peuvent être mieux caractérisés que par leur dentition : c'est chez eux que nous voyons pour la première fois disparaître les canines. Chaque maxillaire ne porte que deux incisives, longues, taillées en biseau à leurs extrémités, par suite du

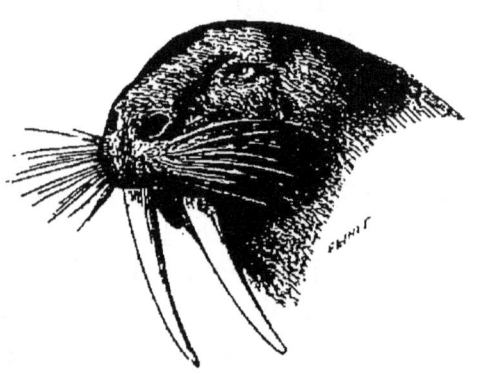

Fig. 86. — Tête de Morse.

frottement qu'elles subissent de la part des incisives du maxillaire opposé, et se régénérant sans cesse par la base; situées aux extrémités antérieures des maxillaires, ces incisives sont suivies d'un espace libre assez étendu, correspondant à l'absence constante de canines; les molaires, peu nombreuses, ont une couronne aplatie, et, par leur réunion, forment une sorte de râpe. A cette dentition toute spéciale correspond une disposition du condyle du maxillaire inférieur, qui ne permet à celui-ci que les mouvements an-

Fig. 87. — Castor du Canada.

téro-postérieurs. La structure des membres est assez peu

Fig. 88. — Marmotte.

constante : on ne trouve de clavicules que chez les Rongeurs dont le mode d'existence, comme celui de l'Écureuil, nécessite des mouvements étendus et variés ; quant au nombre des doigts, il varie de cinq à trois.

Les principaux Rongeurs sont : la *Souris*, très ancienne dans nos pays ; les *Rats*, dont les différentes espèces n'ont fait leur apparition que du douzième au dix-huitième siècle ; les *Campagnols*, qui en diffèrent par leur queue velue ; les *Castors* (*fig.* 87), animaux industrieux qu'on ne rencontre guère en France que dans la vallée du Rhône, mais qui vivent encore en troupes nombreuses au Canada ; la *Marmotte* (*fig.* 88), l'*Ecureuil*, le *Polatouche* ou Ecureuil volant (*fig.* 89), la *Gerboise*, aux longues pattes ; le *Porc-épic*, le *Cochon d'Inde*, pourvus de griffes ; le *Chinchilla*, dont la fourrure est très recherchée ; enfin les *Lièvres* et les *Lapins*, dont la mâchoire supérieure porte, par exception, quatre incisives, disposées sur deux rangées.

Fig. 89. — Polatouche.

Les Onguiculés. — Entre les ordres que nous avons étudiés jusqu'ici, il existe de profondes différences que cette étude a suffisamment mises en lumière ; deux caractères fondamentaux permettent cependant de les rapprocher dans un groupe commun. Tous les animaux qui le forment ont au moins deux sortes de dents : ils sont *hétérodontes ;* leurs doigts sont, de plus, terminés par des ongles ou des griffes : ils sont *onguiculés*.

RÉSUMÉ

La première classe des Vertébrés est celle des *Mammifères*, vertébrés terrestres, couverts de poils, vivipares, pourvus de mamelles, de quatre cavités cardiaques, et à température constante.

Un premier groupe de Mammifères est celui des *Onguiculés*, dont les doigts se terminent par des ongles ou des griffes, et qui comprennent les ordres indiqués dans le tableau suivant :

ONGUICULÉS
- pourvus de mains
  - Ongles partout .... *Primates* ... Singe.
  - Une griffe au membre postérieur. *Lémuriens* .. Maki.
- non
  - Trois sortes de dents ; vie
    - terrestre ;
      - carnassier .. *Carnivores* .. Chat.
      - insectivore .. *Insectivores*. Taupe
    - aérienne .... *Cheiroptères*. Chauve-souris.
    - aquatique .... *Amphibies* .. Phoque.
  - Deux sortes de dents .... *Rongeurs* ... Rat.

QUINZIÈME LEÇON

Les Mammifères (*suite*).

Les Ongulés. — Un second groupe fort important de Mammifères est celui des *Ongulés* : pourvus, comme les Onguiculés, de deux sortes de dents au moins, ou, pour abréger, hétérodontes comme eux, ils en diffèrent par la disposition de leurs pattes, où les extrémités des doigts sont protégées par des ongles volumineux qui les enveloppent complètement et qu'on désigne ordinairement du nom de *sabots*.

A quoi tient cette différence ? Au régime alimentaire. Les Ongulés sont tous herbivores : forcés de chercher souvent au loin une nourriture qu'ils ne sauraient attendre à l'affût, il est de toute nécessité qu'ils soient organisés pour la marche, sinon pour la course, et que, dès lors, les extrémités par lesquelles ils reposent sur le sol y puissent prendre un solide point d'appui. Une autre disposition pourra favoriser encore cette aptitude à la course, c'est la réduction du nombre des doigts : s'il est une loi facile à comprendre, et que l'étude des Onguiculés nous a déjà révélée, c'est que moins un animal possède de doigts, plus sa démarche sera rapide ; il va sans dire que ce que les sabots perdent en nombre, ils le gagnent en volume, et que ceux qui persistent atteignent des dimensions souvent considérables. Cette réduction dans le nombre des doigts s'étend quelquefois jusqu'aux os du métacarpe ou du métatarse, qui se soudent en une pièce unique, le *canon*.

C'est en étudiant les lois qui ont présidé à cette réduction du nombre des doigts chez les Ongulés, qu'on a pu établir parmi eux des ordres naturels. Un premier groupe comprend ceux dont les doigts ont conservé leur nombre primitif de cinq (Eléphants) : ce sont les moins ongulés de tous. Que le premier doigt, celui qui correspond au pouce, disparaisse seul, en même temps que le troisième et le quatrième prennent un développement exagéré : la patte sera terminée par quatre doigts, dont les deux moyens, longs et reposant sur le sol, seront entourés de deux extrêmes, courts et éloignés de la terre ; c'est là disposition de la patte du Porc (*fig.* 92). Si les deux extrêmes se réduisent peu à peu et finissent par disparaître, la patte ne portera plus que deux doigts, comme chez la Chèvre, le Bœuf, etc. (*fig.* 93). Dans ces deux cas, le nombre des doigts est resté pair : les Ongulés qui répondent à ce type sont dits *artiodactyles*. Chez ceux qui se rapprochent du Cheval, au contraire, la disparition du premier doigt a été immédiatement suivie de celle du cinquième, ce qui réduit le nombre des doigts à un maximum de trois ; chez le Cheval (*fig.* 100), le troisième doigt qui, dans cette réduction générale, reste toujours le plus développé, existe seul : à ce type d'Ongulés pourvus d'un nombre impair de doigts, on a réservé le nom de *périssodactyles*.

Les Proboscidiens. — Le premier ordre qui nous occupera sera celui des Ongulés pourvus de cinq doigts ; ce sont les Eléphants. A la conformation de leurs pattes, ils ajoutent d'autres caractères importants. Leur peau très épaisse, presque nue, forme une enveloppe protectrice d'une grande efficacité ; beaucoup d'Ongulés jouissant d'ailleurs du même avantage, le nom de *Pachydermes*, qui répond à cette disposition, avait été autrefois appliqué au groupe presque entier. Les fosses nasales se continuent par deux canaux séparés à l'intérieur d'une longue *trompe*, organe très sensible du tact, dont les mouvements variés permettent à l'animal d'en faire en même temps un organe de préhension. C'est la présence de cette trompe qui a valu aux Eléphants le nom de *Proboscidiens*. Enfin la dentition est surtout remarquable par le développement énorme que prennent les deux incisives supérieures, fortes et recourbées (*défenses*), dont l'ivoire est recherché ; les incisives inférieures, comme les canines, font absolument défaut à

Fig. 90. — Eléphant d'Asie.

l'une et l'autre mâchoire ; chaque maxillaire porte, sur chacune de ses branches, une molaire énorme, dont la couronne aplatie est ornée par des replis de l'émail, mais qui, s'usant perpétuellement par sa surface, est remplacée de six à huit fois pendant la vie de l'animal.

Les Eléphants, qui dans les temps préhistoriques étaient répandus jusque dans nos pays, sont actuellement cantonnés en Afrique et en Asie, où ils sont représentés par deux types assez différents. Le plus grand des deux Eléphants est

LES PORCINS. 127

l'*Eléphant d'Afrique*, pourvu d'oreilles puissantes, d'un

Fig. 91. — Sanglier.

front régulièrement bombé, et dont les dents portent, sur la couronne, des ornements en forme de losanges aigus aux deux bouts. L'*Eléphant d'Asie* (*fig.* 90), plus petit, a des oreilles moins vastes, un front à deux bosses, et porte sur les dents des ornements en forme d'ellipses très allongées.

Les Porcins. — La série des *artiodactyles* débute avec les *Porcins*, dont le type est le *Sanglier* (*fig.* 91) ou le *Porc*. Pourvu d'une dentition d'omnivore (voy. *fig.* 21), le Porc possède un nombre pair de doigts à chaque membre (*fig.* 92). Après les os du carpe ou du tarse (*a*), succédant eux-mêmes à ceux de l'avant-bras ou de la jambe, viennent quatre métacarpiens ou métatarsiens (*b*), dont les deux latéraux sont sensiblement plus grêles et plus courts que les moyens, mais qui, dans leur ensemble, forment un métacarpe ou un métatarse beaucoup plus allongé que ne l'était celui des

Fig. 92.
Patte de Porc.

Rongeurs, des Insectivores, ou même des Carnivores les plus agiles à la course. A chacun des os du métacarpe ou du métatarse succède un doigt (*c*) terminé par un sabot ; les différences que présentaient les métacarpiens se retrouvent dans les doigts correspondants : ceux du milieu, très développés, touchent le sol ; les deux latéraux, beaucoup plus courts, ne l'atteignent pas, et ne jouent aucun rôle dans la locomotion.

Auprès du *Sanglier*, dont le *Porc* doit être considéré comme un descendant dégénéré par la domestication, viennent se placer le *Phacochère* et le *Babiroussa :* on voit, chez ces deux animaux, les canines des deux maxillaires,

Fig. 93. — Hippopotame.

déjà très fortes chez le Sanglier, prendre un développement considérable et se recourber vers le haut, de manière à former quatre défenses redoutables ; la courbure des défenses supérieures est même assez accentuée chez le Babiroussa pour qu'elles traversent complètement la peau des joues.

Les *Pécaris* de l'Amérique, dont l'aspect général rappelle beaucoup celui des Sangliers, méritent d'attirer notre attention par un caractère qui les distingue de tous les autres Porcins, et les rapproche même de la série des périssodactyles ; leurs pattes postérieures ne portent que trois doigts.

L'*Hippopotame*, au contraire (*fig.* 93), pourrait servir de trait d'union entre les Porcins et les Proboscidiens ; il emprunte à ces derniers leurs dimensions colossales et leur démarche lourde ; et, ce qui est plus important, les quatre doigts qu'il possède, comme le Porc, sont d'égale longueur et reposent tous sur le sol. Habitant des fleuves et des étangs, il est essentiellement herbivore ; cependant sa dentition redoutable et l'extraordinaire agilité qu'il sait déployer, quand une agression a provoqué sa colère, en font pour les indigènes de l'Afrique centrale un gibier dangereux : ils recherchent en lui sa peau épaisse et résistante, sa chair délicate, son lard, enfin ses dents, dont l'ivoire magnifique atteint un prix élevé.

Les Ruminants. — Le second ordre de la série des artiodactyles est celui des *Ruminants*, dont la Chèvre est un des représentants. Comme le montre la figure 94, la patte est ici terminée par deux doigts (*c*), et si de ces doigts, terminés chacun par un sabot, on remonte jusqu'à l'avant-bras ou à la jambe, on trouve un os unique (*canon*) au métacarpe ou au métatarse (*b*) ; mais, examiné de près, ce canon se montre creusé, sur l'une de ses faces, d'un sillon longitudinal, et terminé par deux têtes articulaires correspondant aux doigts, double indice de la soudure qui a réuni en une seule pièce deux os distincts à l'origine.

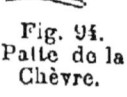

Fig. 94.
Patte de la Chèvre.

La dentition des Ruminants est, en général, beaucoup plus simple que celle des Porcins (voy. *fig.* 20) ; on se souvient qu'il n'y a aucune canine et que les incisives manquent au maxillaire supérieur. A ce caractère de la dentition correspond une disposition spéciale du tube digestif : l'estomac, simple chez la plupart des Mammifères, est ici décomposé en plusieurs poches successives. Rappelons-nous la forme de l'estomac humain ; c'était à peu près la forme d'une poire, dont le gros bout (*grosse tubérosité*) était tourné vers la gauche et le petit (*petite tubérosité*) vers la droite (voy. *fig.* 24). Supposons que l'étranglement peu marqué, qui sépare les deux tubérosités, s'accentue davantage et finisse par partager l'estomac en deux régions distinctes ; puis, que chacune de celles-ci se partage à son tour en deux cavités ; l'estomac unique de l'homme sera dès lors remplacé par une série de quatre poches, de grandeur et d'aspect divers ; c'est précisément ce qui arrive chez les Ruminants. Au cardia succède une première cavité (*fig.* 95), la plus vaste de toutes (*panse, p, p'*), dans laquelle viennent s'accumuler les bols alimentaires formés par l'animal après la mastication de l'herbe qu'il a broutée ; une seconde cavité rattachée à la première, mais plus petite, est le *bonnet* (*b*), où s'emmagasine l'eau introduite avec les aliments solides. La seconde partie de l'estomac est formée aussi de deux cavités : le *feuillet* (*f*) et la *caillette* (*c*), dont la première est, comme les deux précédentes, voisine du cardia, tandis que la dernière se termine au *pylore :*

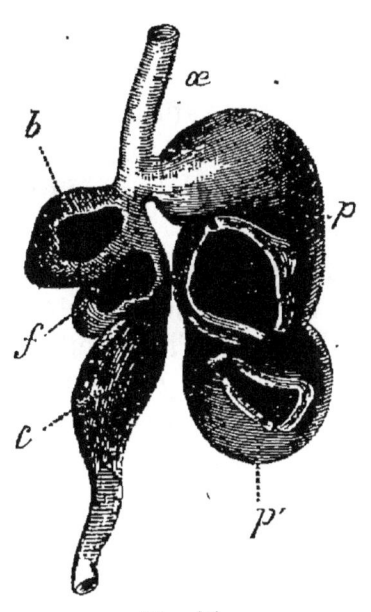

Fig. 95.
Estomac de Ruminant.

le feuillet est tapissé intérieurement de replis longitudinaux, juxtaposés comme les feuillets d'un livre ; la caillette est le véritable estomac, dont les parois sécrètent le suc gastrique. Lorsque l'animal a introduit, par déglutitions successives, la quantité d'aliments solides et liquides nécessaire à sa nutrition, il se couche sur le flanc ; les parois de la panse se contractent et chassent les aliments dans l'œsophage qui, à son tour, les fait remonter jusque dans la bouche, où ils subissent une seconde mastication ; on dit alors que l'animal *rumine*, et c'est cette propriété singulière qui a valu le nom de Ruminants aux artiodactyles pourvus d'un estomac composé. Au fur et à mesure que cette seconde mastication s'accomplit, les aliments ruminés redescendent le long de l'œsophage, passent dans le feuillet, puis dans la caillette, où ils subissent l'influence du suc gastrique, et continuent enfin leur trajet dans l'intestin grêle.

Un dernier caractère, commun à la plupart des Ruminants, est l'existence des cornes. La forme et la nature de ces appendices sont assez variables : ils peuvent, d'ailleurs, faire complètement défaut.

Le *Bœuf* peut être considéré comme le chef de file d'un groupe de Ruminants chez qui la corne, souvent très longue et contournée sur elle-même, est soutenue intérieurement par une sorte de tige osseuse, fixée aux os du crâne; ce sont les *Ruminants à cornes creuses*.

A côté du Bœuf viennent se placer, dans ce groupe, le *Bison* d'Amérique, refoulé aujourd'hui dans les territoires du Missouri et de l'Arkansas; le *Yack* du Thibet et de la Mongolie, au poil long et à la queue touffue ; le *Buffle* d'Asie et le Buffle de la Cafrerie, que les nègres redoutent à l'égal du Lion.

Un second type de ruminants à cornes creuses est la *Chèvre*, reconnaissable à la double touffe de poils qui lui forment une sorte de barbe, et à ses cornes aplaties. On peut en rapprocher le *Mouton*, chez qui l'élevage a développé tour à tour les qualités les plus diverses : celles de la laine (moutons mérinos), ou de la viande (moutons South-Down), par exemple. Le Mouton domestique paraît descendre du *Mouflon*, à la queue courte, au poil raide, que l'on rencontre en Corse, au Maroc, dans l'Asie centrale, etc.

Les *Antilopes*, avec leurs cornes régulièrement arrondies et de forme généralement élégante, représentent un dernier type de cavicornes; ce sont, par exemple, le *Cha-*

mois des Alpes (*fig.* 96), qui porte dans les Pyrénées le nom d'*Isard*, le *Nilgau*, la *Gazelle*, le *Bubale*, le *Gnou*, habitants de l'Afrique.

Fig. 96. — Chamois.

D'autres Ruminants, comme le *Cerf*, sont pourvus de cornes bien différentes de celles du Bœuf : ramifiées chez l'adulte et recouvertes, pendant leur développement, d'une membrane velue qui se continue avec la peau, elles sont dépourvues de cette cavité centrale où pénétrait un prolongement osseux, et tombent périodiquement pour se renouveler; on dit qu'elles sont *pleines* et *caduques*. Il est d'ailleurs à remarquer que la femelle en est généralement dépourvue.

Parmi les ruminants à cornes pleines et caduques, citons : le *Cerf;* le *Daim*, dont la robe, au lieu d'être uniforme, comme celle du Cerf, est semée de taches blanches; le *Chevreuil*, petit de taille, dépourvu de queue et vivant en général, dans les bois, au voisinage des terres cultivées; le *Renne* (*fig.* 97), que les Lapons attellent comme un cheval, et dont la femelle est pourvue de bois comme le mâle ; enfin l'*Elan*, dont la corne forme une sorte de palette large et profondément découpée sur ses bords.

Fig. 97. — Renne.

Enfin, un petit groupe de Ruminants est pourvu de cornes pleines, mais persistantes et dissimulées sous la peau ; c'est le groupe des *Girafes* (*fig.* 98), animaux au cou très développé qui habitent l'Afrique où ils se nourrissent des feuilles des arbres.

Si la plupart des Ruminants sont pourvus de cornes, il en est cependant chez qui ce caractère fait complètement défaut, comme le *Chameau*, le *Lama;* mais, chose remarquable, ce qu'ils perdent sur ce point, ils le regagnent du côté de la dentition : munis d'incisives au maxillaire supérieur aussi bien qu'au maxillaire inférieur, ils possèdent des canines, petites à vrai dire ; il semble que les cornes et les canines soient, chez les Ruminants, deux sortes d'organes qui s'excluent réciproquement.

Les Chameaux portent sur le dos une ou deux excroissances charnues, renfermant une grande quantité de graisse. Le *Dromadaire*, qui habite l'Afrique, en porte une seule ; c'est un animal très rapide à la course, très résistant à la fatigue, ressource précieuse pour les caravanes. Le *Chameau* proprement dit (*fig.* 99), qu'on rencontre en Asie, possède deux bosses ; sa taille est plus petite et sa démarche plus lente que celles du Dromadaire.

Fig. 98. — Girafe.

Les Lamas, qui représentent dans l'Amérique du Sud le groupe des ruminants sans cornes, diffèrent surtout des Chameaux par l'absence de bosse dorsale : le *Lama* proprement dit et l'*Alpaca* ont été soumis avec succès à la domestication ; la *Vigogne* est demeurée à l'état sauvage.

Fig. 99. — Chameau à deux bosses.

Les Jumentés. — La série des périssodactyles ou ongulés pourvus d'un nombre impair de doigts, n'est actuellement représentée que par l'ordre des *Jumentés*. Un seul doigt (*c*), recouvert par un sabot unique, termine la patte du Cheval (*fig.* 100) ; le canon (*b*) est formé d'une pièce volumineuse qui représente l'os du métatarse ou du métacarpe correspondant au doigt unique ; de chaque côté de cette pièce centrale, on remarque deux fines aiguilles osseuses, soudées au canon : ce sont les vestiges des os qui correspondent aux deuxième et quatrième doigts, complètement disparus.

La dentition du cheval est complète ; mais les canines sont peu développées, comme le veut le régime herbivore de l'animal, et ménagent au-devant des molaires un large intervalle qu'on utilise en y plaçant le mors.

Le Cheval a depuis longtemps subi la domestication ; elle

a eu pour effet principal de décomposer l'espèce en un grand nombre de variétés, ayant chacune ses qualités particulières, développées en vue d'un usage spécial : le *cheval arabe* et le *cheval anglais*, propres à la course ; — le *cheval limousin*, excellent pour la cavalerie légère, et le *cheval anglo-normand*, qui convient à la grosse cavalerie ; — le *percheron*, cheval de trait qu'on attelle aux voitures et aux omnibus ; — le *boulonais*, cheval de gros trait, etc.

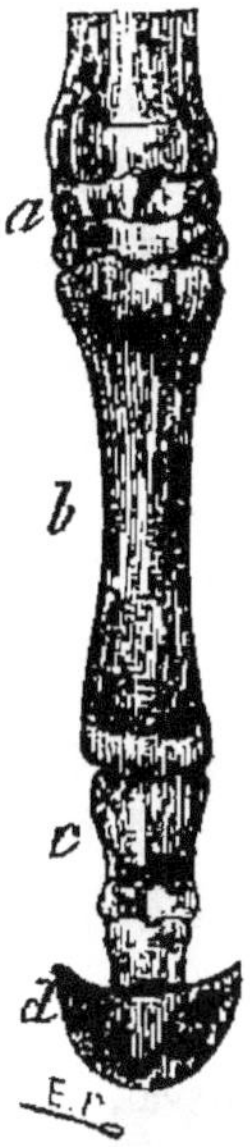

Des chevaux sauvages se rencontrent encore dans l'ancien comme dans le nouveau continent : il est vrai de dire que dans ce dernier, où le cheval était inconnu avant la découverte de l'Amérique par les Européens, on doit les regarder comme des chevaux domestiques revenus, par l'effet de la liberté, à l'état sauvage ; la même remarque s'applique à quelques variétés de l'ancien continent, par exemple aux chevaux de la Camargue et à ceux qui parcouraient encore, il y a quelques années, les landes de Gascogne.

Fig. 100. Patte du Cheval.

Il faut rapprocher du Cheval : l'*Ane*, qui s'en distingue par ses longues oreilles, et sa queue ne portant de crins qu'à l'extrémité ; il paraît originaire d'Egypte, où il aurait été importé par les Hébreux et les Arabes ; — l'*Ane d'Afrique*, aux pieds rayés, ancêtre probable de l'Ane ordinaire ; — le *Zèbre*,

Fig. 101. — Rhinocéros.

d'Afrique, au pelage rayé, comme celui du tigre ; — l'*Onagre*, de Perse ; — l'*Hémione*, de Mongolie, etc.

Deux autres types de Jumentés permettent de rattacher cet ordre à toute la série des Ongulés ; ce sont : le *Rhinocéros* (*fig.* 101), animal couvert d'une peau épaisse et cuirassée, pourvu d'une ou de deux cornes sur le nez, et dont chaque patte se termine par trois doigts ; — le *Tapir*, pourvu d'une sorte de prolongement des narines en forme de trompe, et dont les doigts sont au nombre de trois au membre postérieur, de quatre au membre antérieur.

RÉSUMÉ

Un second groupe de Mammifères est celui des *Ongulés*, dont les doigts se terminent par des sabots ; il comprend les ordres suivants :

ONGULÉS			
pourvus de cinq doigts		*Proboscidiens*.	Eléphant.
pourvus de moins de cinq doigts	Doigts en nombre pair.	Estomac simple.. *Porcins*	Sanglier.
		Estomac composé. *Ruminants*	Bœuf.
	Doigts en nombre impair	*Jumentés*	Cheval.

SEIZIÈME LEÇON

Les Mammifères (*fin*).

Les Mammifères que nous avons étudiés jusqu'ici, et qui composaient les deux groupes des Onguiculés et des Ongulés, avaient un caractère commun : leurs maxillaires pourvus de dents en possédaient toujours au moins de deux sortes différentes, ce que les zoologistes expriment en les qualifiant d'*hétérodontes*.

Les Edentés. — Il existe des Mammifères dont l'étude doit nous arrêter quelques instants, et que leur nom d'*Edentés* pourrait faire considérer comme totalement dépourvus de dents. Ce serait une erreur : si quelques Edentés, comme les *Fourmiliers*, les *Pangolins*, sont absolument dépourvus de dents, la plupart au contraire en possèdent sur les parties latérales des deux maxillaires ; mais ces dents, nombreuses et petites, présentent toutes la même forme, ce qui empêche d'y établir la distinction en incisives, canines et molaires, si utile dans la classification des hétérodontes ; ce sont, par opposition avec ceux-ci, des mammifères *homodontes*.

La plupart des Edentés ont un régime insectivore ; animaux fouisseurs par excellence, ils creusent dans le sol des galeries, qui leur servent de refuge dans les intervalles de leurs chasses ; leur langue, allongée et visqueuse, peut être projetée au dehors : elle est aussitôt envahie par les fourmis qu'il leur est d'ailleurs facile d'avaler en la retirant à l'intérieur de la cavité buccale. Les *Fourmiliers*, dont le *Tamanoir* est une des principales espèces, ont le corps revêtu

Fig. 102. — Fourmilier tamanoir.

de poils (*fig.* 102) ; chez le *Pangolin*, ces poils s'agglutinent de façon à former des écailles imbriquées à la manière des tuiles d'un toit ; le *Tatou* possède, au contraire, de véritables écailles disposées sur une série de bandes annulaires.

Il existe aussi des Edentés herbivores : l'extrême lenteur de leur démarche, surtout pendant le jour, et la singulière habitude qu'ils ont de se suspendre par les pattes aux branches des arbres, ont mérité à ces animaux craintifs et inintelligents le nom de *Paresseux* ou *Tardigrades*. On distingue surtout, parmi ces êtres aux mœurs nocturnes, l'*Unau*, dont les membres sont pourvus de deux griffes, et l'*Aï*, qui en possède trois.

Les Cétacés. — Les *Cétacés* sont encore des mammifères homodontes, ou, si l'on veut, des Edentés, au même

Fig. 103. — Baleine franche.

titre que les animaux de l'ordre précédent; mais ils s'en distinguent essentiellement par leurs mœurs aquatiques. Nous avons déjà vu, en étudiant les Amphibies (Phoque, Morse, etc.), quelles importantes modifications un pareil genre d'existence apportait dans l'organisation d'un Mammifère : le corps prenait l'aspect fusiforme de celui des Poissons, et les extrémités des quatre membres simulaient des nageoires. Il suffit de jeter les yeux sur une *Baleine* (*fig.* 103) ou un *Dauphin* (*fig.* 104), pour voir ces transformations poussées jusqu'à leur dernière limite : la tête énorme de la Baleine, celle du Dauphin, bien que plus petite, sont largement fixées à la partie antérieure du corps, sans que l'on puisse y distinguer une région cervicale ; les membres antérieurs forment de véritables nageoires ; quant à la seconde paire de membres, on n'en trouve aucune trace extérieure ; et le corps se termine par une extrémité aplatie transversalement et bifurquée, une nageoire caudale. L'étude du squelette nous montrerait la disparition presque complète des membres postérieurs : réduit, chez les mieux partagés d'entre eux, à une ceinture osseuse qui représente le bassin, le squelette de ces membres n'est figuré, chez la plupart, que par deux stylets de très petite dimen-

Fig. 101. — Dauphin.

sion, situés au voisinage de la colonne vertébrale. Simplification de l'appreil dentaire, réduction du nombre des membres, tels sont donc les deux caractères qui placent les Cétacés bien au-dessous des Amphibies dans la série des Mammifères.

Les Cétacés herbivores, comme le *Dugong* de l'océan Indien, le *Lamantin*, qui habite les grands fleuves (Sénégal, Amazone, Orénoque), sont tous pourvus de dents et possèdent un bassin, fermé chez le Dugong, ouvert chez le Lamantin. La position pectorale de leurs mamelles a sans doute donné lieu à la fable antique des Sirènes.

Les Cétacés carnivores sont moins bien partagés en général. Les *Dauphins* et les *Marsouins*, animaux marins, qui ne dédaignent pas de remonter les fleuves, sont pourvus de dents coniques aux deux maxillaires. Mais l'énorme *Cachalot*, dont les os du cerveau renferment une matière grasse connue sous le nom de *spermaceti* ou *blanc de baleine*, et dont l'intestin fournit l'*ambre gris*, ne possède plus de dents qu'à la mâchoire inférieure. Les *Baleines*, enfin, en sont totalement dépourvues : les dents sont remplacées chez elle par des lames cornées, implantées dans le palais et disposées de chaque côté de la bouche comme les dents d'un peigne (*fanons*). Pouvant atteindre une longueur de trente-cinq mètres, pourvues d'yeux très petits placés dans les angles de la bouche, les Baleines possèdent sur le front deux orifices (*évents*), qui ne sont autre chose que les narines et par lesquels peut s'échapper, à la suite des mouvements d'inspiration, une double colonne d'air mélangé de vapeur d'eau ; on trouve, d'ailleurs, une disposition analogue chez le Cachalot, dont les narines se réduisent à un évent unique. Le *Balénoptère* ou *Rorqual* se distingue de la *Baleine* proprement dite par une petite nageoire triangulaire dorsale. Traquées avec acharnement par les pêcheurs qu'attire l'appât de leurs fanons et de leur huile, dont le lard d'un individu peut fournir, en moyenne, 25,000 kilogrammes, les Baleines ont disparu complètement de nos mers et se sont réfugiées dans le voisinage des pôles, sur les côtes du Spitzberg, de la Nouvelle-Zemble, du Groënland.

Les Cétacés sont incontestablement des Mammifères. S'ils sont généralement dépourvus de poils, ils en possèdent cependant quelques-uns en certains points du corps, sur les lèvres par exemple ; leur cœur est creusé de quatre cavités ; ils respirent à l'aide de poumons ; ils sont enfin vivipares ; les femelles nourrissent de leur lait les petits qu'elles ont mis au monde tout formés.

Les Marsupiaux. — On n'en saurait dire autant des nombreux Mammifères, terrestres cependant, qui habitent l'Australie : rappelant à s'y méprendre, par leurs allures générales, les différents ordres d'Onguiculés qui nous ont occupés dans l'avant-dernière leçon, ces animaux en sont profondément séparés par un caractère singulier de leur reproduction. Faible et à peine formé au moment de sa naissance, le jeune serait incapable de supporter les mille accidents auxquels l'exposerait une existence à l'air libre, si la mère ne possédait sur sa face ventrale une sorte de sac, dit *poche marsupiale* (*marsupium*), dans lequel les petits peuvent trouver au besoin un refuge, et où les rappellent périodiquement les nécessités de l'allaitement, puisque le marsupium renferme les mamelles.

Soutenue par deux tiges osseuses (*os marsupiaux*) qui se rattachent elles-mêmes au pubis, la poche marsupiale est assez caractéristique des Mammifères australiens pour qu'on les ait tous réunis en un ordre commun, l'ordre des *Marsupiaux*. Il va sans dire qu'après avoir profité, pendant toute la période de l'allaitement, de l'abri que lui assure la poche maternelle, le jeune Marsupial, dont le développement s'est achevé, prend enfin sa liberté : une vie nouvelle commence pour lui, précédée pour ainsi dire d'une seconde naissance. C'est ce qu'exprime le nom de *Didelphes* que l'on donne aux Marsupiaux, les opposant alors aux *Monodelphes*, qui n'ont qu'une naissance.

Il y a des Marsupiaux herbivores, comme les *Kanguroos* (*fig.* 105), dont les membres postérieurs puissants se prêtent merveilleusement au saut, pour lequel l'animal prend un point d'appui sur sa queue longue et vigoureuse. D'autres ont une dentition et un régime de Rongeurs, comme les *Wombats* ou *Phascolomes*, aux formes massives.

Fig. 105. — Kanguroo.

Les *Péramèles*, les *Myrmécobies* (*fig.* 106) sont de véritables Insectivores. Les *Dasyures* et les *Thylacines* sont à peu près, parmi les Marsupiaux, ce que sont les Martres et les Loups parmi les Carnivores ordinaires. Enfin, il n'est pas jusqu'aux groupes supérieurs des Singes et des Lémuriens, dont les membres possèdent des pouces opposables, qui n'aient leurs représentants chez les Marsupiaux : les

Fig. 106. — Myrmécobie.

Phalangers, les *Pétauristes*, dont une membrane semblable à celle des Galéopithèques fait des mammifères volants, possèdent de véritables mains aux membres postérieurs.

N'est-il pas remarquable que le groupe, si important par sa variété, des mammifères Marsupiaux ne soit plus représenté qu'en Australie? C'est à peine si on en trouve quelques-uns en Amérique : je veux parler des *Sarigues*, petits marsupiaux insectivores qui atteignent au plus les dimensions du Chat. Il faut ajouter, il est vrai, que l'ancien continent lui-même, à une période très reculée de son histoire, a été mieux partagé sous ce rapport : les Marsupiaux régnaient alors en maîtres sur toute la surface du globe, où les Monodelphes n'avaient pas encore fait leur apparition. Ce n'est que plus tard, et par une transformation lente, que les Marsupiaux ont été remplacés par les Monodelphes, ne gardant pour unique domaine que le continent australien, où ils sont aujourd'hui cantonnés.

Les Monotrèmes. — L'Australie réservait encore

aux naturalistes d'autres surprises : elle est la patrie de deux animaux bien étranges, qui doivent nous arrêter un instant : l'*Ornithorhynque* (*fig.* 107) et l'*Echidné* (*fig.* 108). Pourvus de quatre membres, de mamelles peu apparentes, et couverts de poils, ce sont incontestablement des Mammifères, que la possession d'une poche marsupiale rapproche des Didelphes. Ils s'en distinguent par les deux particularités suivantes : leurs mâchoires, au lieu de porter des dents, sont recouvertes d'étuis cornés absolument semblables à ceux qui forment le bec des Oiseaux ; long et mince chez l'Echidné, ce bec affecte, chez l'Ornithorhynque, la forme aplatie qu'il a chez le Canard. Le tube digestif et les conduits urinaires, au lieu de se terminer par des orifices distincts, comme chez la plupart des Mammifères, débouchent dans une sorte de vestibule commun, dit *cloaque* ; c'est absolument ce que nous trouverons chez tous les Oiseaux. La ressemblance serait plus frappante encore si, comme l'affirment des témoins dignes de foi, l'Ornithorhynque et l'Echidné pondent des œufs. Ce ne seraient plus alors deux, mais trois naissances successives qu'il faudrait distinguer dans la vie de ces animaux ; mis au monde sous forme d'œuf, le jeune commencerait par se développer dans cette cavité protectrice ; puis, après l'éclosion, qui marquerait le début d'une seconde étape dans son histoire, il achèverait de se former à l'abri de la poche

Fig. 107. — Ornithorhynque.

marsupiale, pour en sortir enfin, comme faisait le jeune didelphe.

Les ressemblances qu'ils offrent avec les Oiseaux ont engagé les zoologistes à faire de l'Ornithorhynque et de l'Echidné un groupe tout spécial, celui des *Ornithodelphes*, comprenant un ordre unique, dit des *Monotrèmes*.

Fig. 108. — Echidné.

L'Ornithorhynque, aux mœurs aquatiques, porte entre les doigts des membranes qui font de sa patte un véritable organe de natation. L'Echidné est un fouisseur, au régime insectivore : entre les mandibules de son bec peut sortir une langue filiforme, dont il fait usage, comme le Tamanoir, pour la chasse des fourmis.

Avec l'ordre des Monotrèmes, nous terminons l'étude des Mammifères, dont les différents groupes, avec leurs caractères distinctifs, sont rassemblés dans le tableau suivant :

RÉSUMÉ

Le tableau suivant résume toute la classification des Mammifères :

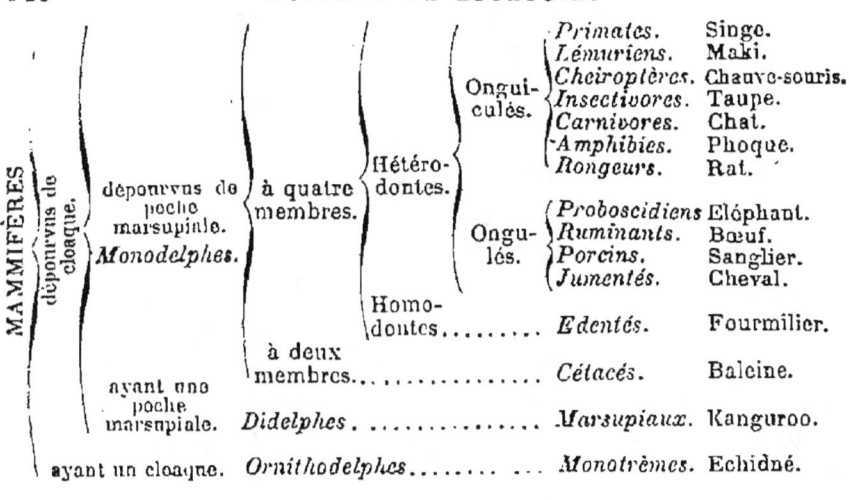

DIX-SEPTIÈME LEÇON

Les Oiseaux. — Leur organisation.

Les Oiseaux. — La seconde classe d'animaux vertébrés est celle des *Oiseaux*. Le premier fait qui nous frappe lorsque nous étudions ces animaux, c'est qu'ils sont susceptibles de *voler :* il y a bien peu d'exceptions à cette loi générale, et on peut dire que le *vol* est le caractère dominant auquel nous les reconnaissons.

Étudions l'organisation d'un Oiseau bien connu, du Coq, par exemple, et nous constaterons facilement que la disposition de tous les appareils répond à ce mode particulier d'existence, ou que tous les organes ont subi, comme disent les naturalistes, une *adaptation* aux conditions dans lesquelles se passe la vie de l'animal. Chemin faisant, nous verrons apparaître les différences essentielles qui distinguent la classe des Oiseaux de celle des Mammifères.

Squelette. — Commençons par l'étude du squelette (*fig.* 109).

SQUELETTE DU COQ.

Tête. — Il est très difficile de retrouver dans le crâne (*a*), ordinairement petit, les os si nombreux que nous avons vus dans celui des Mammifères ; c'est que ces os, à l'origine distincts, se sont soudés et confondus de manière à former une boîte dont toutes les parties sont solidement unies. Tandis que chez les Mammifères, comme chez l'Homme, le crâne reposait sur la colonne vertébrale par deux condyles occipitaux, ce qui en assurait la stabilité, nous ne trouvons plus ici qu'*un seul condyle*, qui permet à la tête de pivoter beaucoup plus librement au sommet de la colonne vertébrale. Les maxillaires, supérieur et inférieur, sont dépourvus de dents ; celles-ci sont remplacées par deux étuis cornés qui recouvrent les maxillaires, et dont l'ensemble forme le *bec* (*b*) ; mais en revanche nous

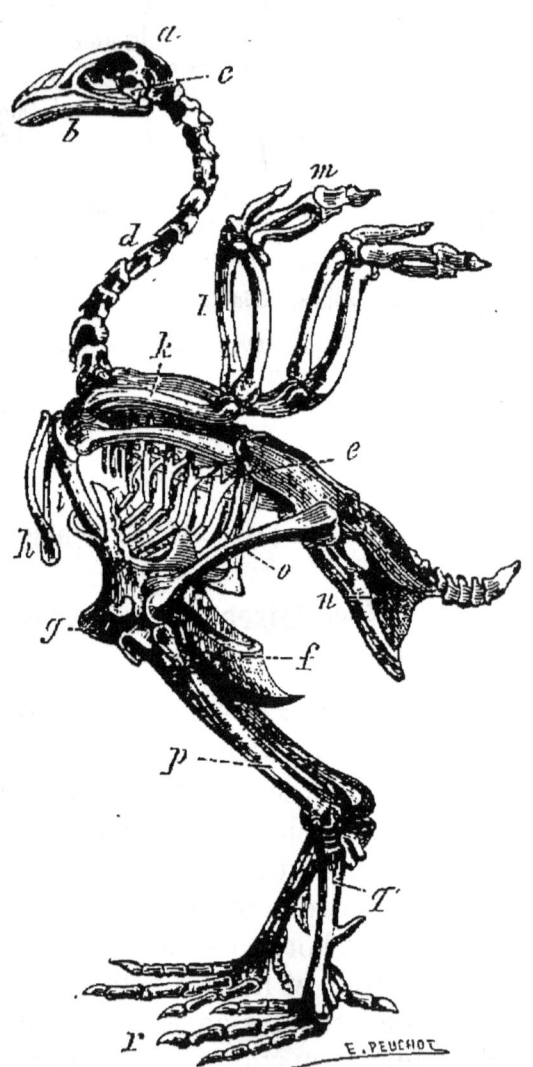

Fig. 109. — Squelette du Coq.

trouvons un organe nouveau entre le maxillaire inférieur et la base du crâne : c'est une pièce osseuse, dite *os carré* (*c*), qui sert à l'articulation de la mâchoire et lui permet de s'ouvrir beaucoup plus largement que chez les Mammifères.

Tronc. — La colonne vertébrale, dans son ensemble, est beaucoup moins mobile que celle de ces derniers. Il faut cependant faire exception pour la région du cou (*d*), qui, formée quelquefois de plus de vingt vertèbres, peut se replier et se dérouler au gré de l'animal, lui permettant de promener de tous côtés son bec en quête d'aliments. Les régions dorsale, lombaire et sacrée ont, au contraire, leurs vertèbres généralement soudées de manière à former, dans le plan de symétrie du corps, un solide point d'appui pour les muscles qui servent aux mouvements des ailes.

Chaque côte (*e*) est formée de deux parties articulées, dont la première porte en arrière un prolongement osseux, dit *apophyse uncinée*, qui la relie à la côte suivante. Le sternum (*f*), qui s'unit aux côtes par des pièces réellement osseuses et non plus par des cartilages, est bombé sur sa face antérieure et présente une crête saillante (*bréchet*, *g*), semblable à la quille d'un navire, sur laquelle s'attachent de part et d'autre les muscles de la poitrine ; ceux-ci, très développés, jouent un rôle considérable dans le mouvement des ailes. On ne doit point s'étonner de ne pas trouver de bréchet chez les Oiseaux qui ne volent pas ; exemples : l'Autruche, le Casoar.

Membres. — Mais c'est surtout l'étude des membres qui va nous permettre de bien caractériser le squelette des Oiseaux. Tandis que chez les Mammifères les quatre membres, sauf de très rares exceptions, reposent sur le sol et servent à la locomotion, les membres postérieurs seuls de l'Oiseau sont consacrés à cet usage : les membres antérieurs sont transformés en une paire d'*ailes*, qui sont les organes du vol. A cette transformation fondamentale correspond toute une série de modifications dans la structure du squelette de ces membres.

Ailes. — Les deux clavicules, au lieu de s'attacher séparément au sternum, se réunissent à la partie supérieure de la poitrine en une pièce de la forme d'un V (*fourchette*, *h*), qui s'unit au bréchet. De chaque épaule part un second os (*os coracoïde*, *i*), qui s'articule directement avec le sternum. Le bras (*k*) renferme un humérus ; l'avant-bras (*l*) est soutenu par un radius et un cubitus ; mais au carpe très réduit succède un métacarpe, formé généralement de deux os soudés par leurs extrémités, et sur lequel s'attachent trois doigts rudimentaires (*m*). Le premier (*pouce*) est formé d'une phalange unique partant de la base du métacarpe ; le doigt moyen, le plus volumineux, comprend deux phalanges ; le dernier est très réduit. Lorsque l'animal est au repos, les trois parties principales de l'aile (bras, avant-bras, main) sont repliées sur les deux côtés du corps : le bras et la main sont alors dirigés d'avant en arrière, l'avant-bras en sens inverse. En comparant cette structure de l'aile de l'Oiseau à celle du bras de l'Homme, on comprend combien la réduction ou la transformation de certaines parties peuvent modifier un organe : le bras de l'Homme, organe de préhension, est devenu l'aile de l'Oiseau, organe de la locomotion aérienne.

Pattes. — Les membres postérieurs sont beaucoup moins modifiés. A la région du bassin (*n*) qui, au lieu de former une ceinture osseuse complète, est ouvert à sa partie antérieure, succède de chaque côté un fémur court (*o*), auquel s'attache le tibia (*p*) : le péroné, très réduit, forme une sorte de stylet soudé au tibia dans presque toute son étendue. Le tarse, peu volumineux, semble s'être divisé en deux parties : l'astragale s'est soudé et confondu avec le tibia, dont il paraît former l'extrémité inférieure ; les autres pièces se sont, au contraire, soudées à celles du métatarse, qui se confondent elles-mêmes en un os unique, long et cylindrique, appelé le *canon* ou improprement le *tarse* (*q*).

La disposition des doigts (*r*) chez les Oiseaux est importante à étudier : elle varie, en effet, beaucoup avec le mode d'existence de l'animal. Chez les oiseaux qui, comme la Bécasse, la Cigogne, le Héron, sont portés sur de très longs tarses, et, lorsqu'ils ne volent pas, marchent à grandes enjambées, on trouve (*fig.* 110, *a*) un doigt dirigé en arrière (on peut l'appeler le pouce), et trois doigts dirigés en avant, dont la longueur augmente du plus interne au plus externe ; ajoutons que le nombre des phalanges y croît en propor-

150 NOTIONS DE ZOOLOGIE.

tion : le doigt postérieur en a deux, le suivant trois, le troisième quatre, et le dernier cinq. Telle est la disposition typique à laquelle on doit chercher à ramener toutes les autres. Considérons, par exemple, un oiseau qui, comme l'Autruche, passe la plus grande partie de son existence à courir, reposant dans sa course sur les extrémités de ses doigts : le doigt postérieur, qui n'a plus de raison d'être, disparaîtra, et les doigts antérieurs eux-mêmes se réduiront à deux (*fig*. 110, *e*). Chez le Canard, l'Oie, le Cygne, qui vivent le plus souvent dans l'eau, le doigt postérieur est très réduit, et on voit apparaître entre les doigts anté-

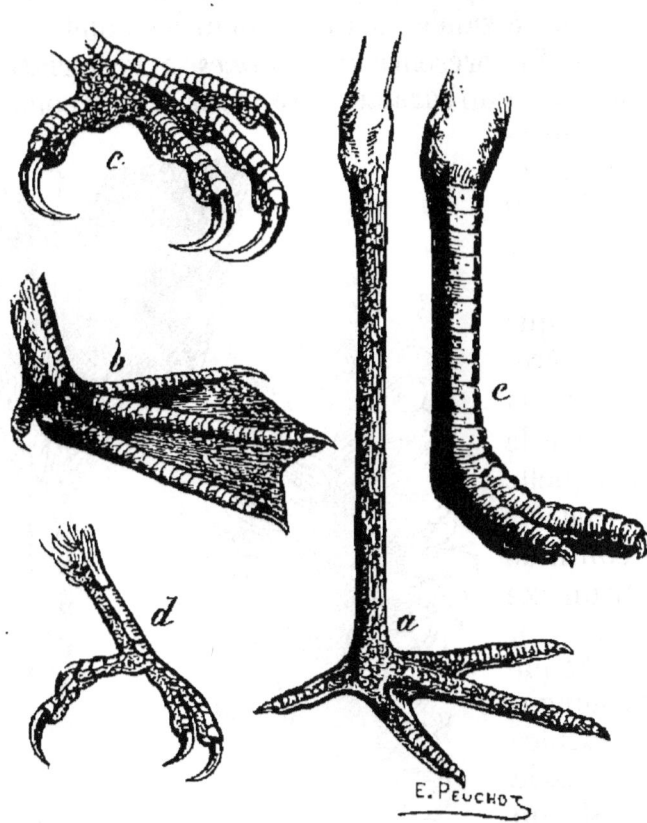

Fig. 110. — Pattes d'Oiseaux.

rieurs des membranes qui transforment la patte en une véritable rame ; on dit alors que la *patte* est *palmée* (*b*). Aux pattes du Coq, de la Perdrix, du Paon, on remarque trois doigts antérieurs assez longs, réunis vers leur base, et un doigt postérieur beaucoup plus court, se détachant du canon un peu plus haut que les premiers, et touchant à peine le sol. Chez l'Aigle, le Vautour, la Chouette, les doigts gardent leur disposition régulière; mais ils sont fortement courbés, et se terminent par des ongles puissants et crochus que l'animal enfonce dans la proie qu'il veut enlever (*serres*, c). Enfin, chez les Perroquets, dont la patte devient un véritable organe de préhension, le doigt antérieur le plus externe est rejeté en arrière comme le pouce, et s'oppose avec lui aux deux autres doigts, de manière à saisir plus fortement les objets (d).

Plumes. — La présence des *plumes* à la surface du corps des Oiseaux est un caractère frappant et très constant des animaux appartenant à cette classe. La plume de l'Oiseau est, en général, d'une structure beaucoup plus compliquée que le poil du Mammifère : elle s'enfonce dans la peau par une sorte de racine (a) à laquelle succède la *hampe* (b); celle-ci se continue elle-même par un axe appelé *rachis* (c), qui porte de chaque côté des prolongements fins et flexibles nommés *barbes* de la plume (d); si on cherche à séparer les barbes, on voit qu'el-

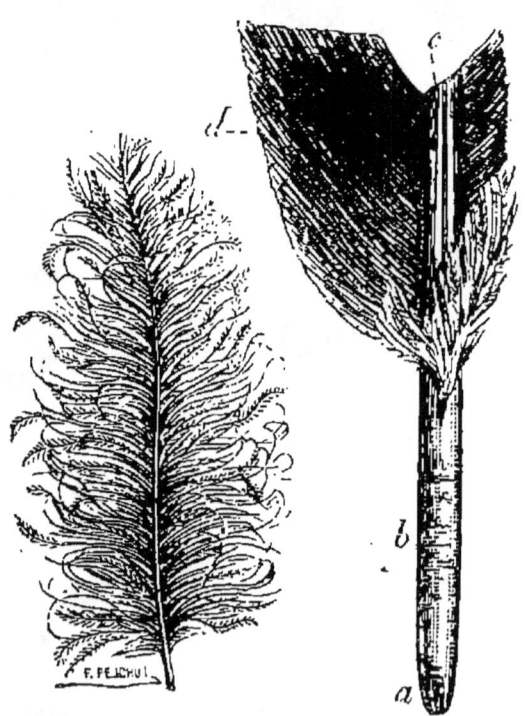

Fig. 111. — Plumes d'Autruche.

les adhèrent entre elles assez fortement, et on reconnaît, en les examinant de plus près, que chacune d'elles porte à son tour une double rangée de petits appendices, plus fins encore, appelés *barbules*, qui se terminent en forme de crochets et s'enchevêtrent par leurs extrémités, d'une barbe à la suivante; la partie gauche de la figure 111 représente une plume à barbules séparées.

Les plumes sont de deux sortes : il y a d'abord, sur toute la surface du corps, sauf certaines places qui, chez certains Oiseaux, restent nues, une couche de plumes courtes et fines, qui forment ce qu'on appelle le *duvet*. Il y a, en outre, sur des points particuliers, comme la queue et les ailes, des plumes de dimensions plus grandes, fortes et rigides, qu'on nomme les *pennes :* celles de la queue sont les *rectrices*, et par leurs mouvements jouent, pendant le vol de l'Oiseau, le rôle de gouvernail qu'indique leur nom. Celles de l'aile (*fig.* 112) ou *rémiges* sont recouvertes à leur base par une série de plumes plus courtes qui leur forment une sorte d'étui protecteur (*tectrices*); les *rémiges primaires* s'attachent aux

Fig. 112. — Aile d'Aigle.

phalanges, les *secondaires* à l'avant-bras, les *scapulaires* au bras ; enfin, on donne le nom de *bâtardes* à celles du pouce. Les rémiges sont très développées et l'aile tout entière se termine en pointe chez les oiseaux au vol puissant ou *bons voiliers ;* au contraire, les rémiges sont courtes et l'aile a un contour arrondi chez les oiseaux *mauvais voiliers ;* enfin, l'aile devient presque nulle chez ceux qui, comme l'Autruche, ne volent jamais et l'utilisent seulement pour la course en battant l'air de mouvements rapides, ou qui, comme le Pingouin, s'en servent de rames pour aider l'action des pattes dans la natation.

Chez les oiseaux qui passent leur vie dans l'eau, les plumes doivent protéger la peau contre le contact du liquide; il est nécessaire pour cela qu'elles soient constamment imprégnées d'une matière grasse qui les empêche de s'humecter elles-mêmes. Il existe, en effet, au-dessus du croupion, une glande spéciale sécrétant continuellement une substance huileuse que l'animal sait y trouver : tout le monde a vu les Canards, les Cygnes, etc., extraire avec leur bec le produit de cette glande et s'en servir ensuite pour lisser leurs plumes, qui deviennent ainsi, pour quelque temps, imperméables à l'eau.

RÉSUMÉ

Les *Oiseaux* forment la seconde classe des Vertébrés.

Ils possèdent la propriété de *voler* : tous leurs organes sont en rapport avec ce mode de locomotion.

Les os du crâne et ceux de la colonne vertébrale, sauf dans la région du cou, sont très intimement soudés.

Le sternum porte en avant une crête osseuse (*bréchet*) sur laquelle s'insèrent les muscles moteurs de l'aile.

Les membres antérieurs sont transformés en *ailes* : les deux clavicules sont réunies en une *fourchette*; la main ne renferme que trois doigts dont un seul bien développé

Aux membres postérieurs, les os du tarse et du métatarse se soudent en un *canon* plus ou moins long, qui se termine généralement par quatre doigts, dont un se tourne en arrière.

La peau est recouverte de *plumes*; il y en a de deux sortes : le *duvet* et les *pennes*; parmi celles-ci on distingue les *rectrices* ou plumes de la queue, et les *rémiges* ou plumes de l'aile.

DIX-HUITIÈME LEÇON

Les Oiseaux. — Leur organisation (*suite et fin*). **— Leur division en ordres.**

Nous avons étudié le squelette de l'Oiseau et les téguments qui recouvrent extérieurement son corps; il nous reste à passer en revue les différents organes renfermés dans cette enveloppe.

Bec. — L'appareil digestif diffère sensiblement de celui des Mammifères. La première différence qui doive nous arrêter est l'absence de dents; elles sont remplacées, nous le savons déjà, par deux étuis cornés recouvrant les maxillaires (*mandibules*) et dont la réunion forme le *bec*.

La forme du bec est très variable (*fig.* 113); elle se modifie, comme celle des pattes, avec le genre d'existence que mène l'animal, et l'étude de ces modifications nous sera d'un grand secours quand nous voudrons établir des groupes parmi les Oiseaux, c'est-à-dire les classer. Chez

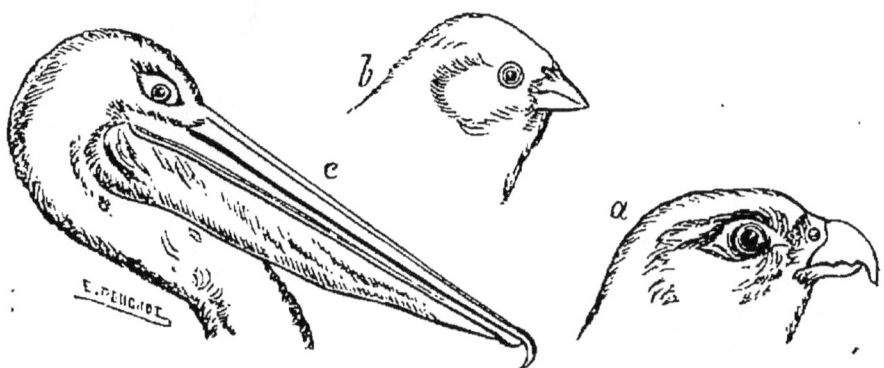

Fig. 113. — Becs d'Oiseaux.

les oiseaux de proie, par exemple, qui se nourrissent de chair, la mandibule supérieure, plus longue que l'inférieure, est recourbée vers elle en forme de crochet (*a*); chez ceux qui, comme les *Colibris*, les *Oiseaux-mouches*, les *Grimpereaux*, se nourrissent d'insectes qu'ils vont chercher jusque dans leurs retraites, le bec est long et mince, à mandibules à peu près égales; les *Moineaux*, les *Bouvreuils*, les *Pinsons*, et en général les oiseaux granivores, ont un bec court et conique (*b*); enfin, lorsque l'animal porté sur de longs tarses (*Cigogne*, *Héron*, etc.) doit aller chercher sa proie jusque sur le sol, le bec est très long (*c*), tantôt droit (*Bécasse*), tantôt recourbé (*Ibis*).

Tube digestif. — La langue, généralement sèche et dure, est plutôt un organe de préhension que de gustation; souvent des muscles spéciaux permettent à l'Oiseau de la projeter très vivement en avant, à la poursuite des insectes; c'est ce qui arrive par exemple chez le *Pic*.

Les glandes salivaires sont peu développées; il résulte

de ce fait et de l'absence des dents, que les aliments arrivent à peine modifiés dans l'estomac où la digestion tout entière est encore à faire; il ne faut donc pas s'étonner que cette cavité ne garde pas la simplicité qu'elle avait chez l'Homme et chez la plupart des Mammifères; elle se subdivise au contraire en trois poches successives (*fig.* 114) :

1° Le *jabot* (*j*), sorte de réservoir occupant la région du cou et s'ouvrant sur le côté de l'œsophage (*œ*);

2° Le *ventricule succenturié*, simple renflement de la partie inférieure de l'œsophage, dont les parois sécrètent un suc gastrique; on doit, par conséquent, le considérer comme l'estomac proprement dit;

3° Le *gésier* (*g*), poche volumineuse, dont les parois épaisses et musculaires peuvent se contracter de manière à broyer les matières alimentaires trop dures qu'elle renferme.

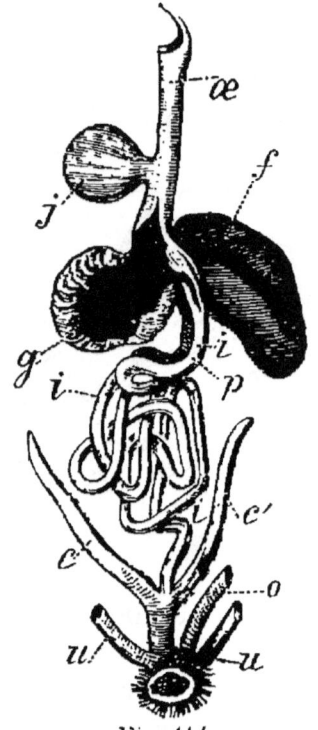

Fig. 114.
Tube digestif d'un Oiseau.

A l'intestin grêle (*i*), qui forme quelques circonvolutions et reçoit les sécrétions du foie (*f*) et du pancréas (*p*), succède un gros intestin assez court, terminé lui-même par un rectum; au point où l'intestin grêle fait place au gros intestin, on y voit déboucher de chaque côté un cœcum volumineux (*c, c'*). Enfin, à la partie inférieure, le rectum, au lieu de s'ouvrir directement à l'extérieur, communique avec une sorte de vestibule commun appelé *cloaque*, où s'ouvrent également les deux uretères (*u*), portant l'urine au dehors, et le canal par lequel s'échappent les œufs (*o*).

Appareil respiratoire. — Les Oiseaux respirent, comme les Mammifères, à l'aide de deux poumons; mais cet appareil présente des modifications remarquables. La trachée-artère se termine à chaque extrémité par un larynx; de sorte qu'au larynx ordinaire ou supérieur qu'on trouve chez les Mammifères, les Oiseaux ajoutent un larynx inférieur ou *syrinx;* c'est là que se produisent les notes musicales chez les oiseaux chanteurs, comme le Merle, le *Rossignol,* etc. Une modification beaucoup plus importante atteint le poumon même : on se souvient que, chez les Mammifères, les dernières ramifications des bronches se terminent, sans exception, par de petits réservoirs clos de toutes parts; chez les Oiseaux, au contraire, un certain nombre de ramifications, au lieu de finir de la sorte, traversent l'épaisseur du poumon et viennent s'ouvrir à la surface de cet organe dans des sacs à parois très fines et transparentes (sacs aériens, *fig.* 115) qui s'étendent entre les différents viscères de la poitrine et de l'abdomen, et, sur certains points,

Fig. 115. — Sacs aériens d'un Oiseau.

parviennent jusque sous la peau. Lorsque l'oiseau respire, qu'arrive-t-il ? L'air introduit dans le poumon se sépare en deux parties : l'une reste dans cet organe, entre en contact avec le sang noir auquel elle rend ses propriétés nutritives, et est ensuite rejetée au dehors; l'autre ne fait que traverser le poumon et s'accumule dans les sacs aériens, où elle forme une sorte de réserve respiratoire; la présence de cet air a encore pour effet d'alléger le corps de l'oiseau et de favoriser ainsi son vol. Mais il y a plus : si, prenant un oiseau vivant, un Coq par exemple, on lui coupe l'aile au niveau de l'humérus et qu'on plonge le membre blessé dans l'eau, on sera sans doute surpris de voir des bulles d'air se dégager de l'extrémité coupée à chaque mouvement d'inspiration que fera l'animal; c'est qu'en effet les sacs aériens eux-mêmes ne sont pas parfaitement clos, et que par toute leur surface ils communiquent avec des cavités qui pénètrent dans le corps entier de l'animal et jusque dans l'intérieur des os. Cette *pneumaticité* des organes de l'Oiseau est bien en rapport avec son existence essentiellement aérienne : on la caractérise souvent en disant que l'Oiseau a une *respiration double;* elle est simple au contraire chez les Mammifères.

Appareil circulatoire. — L'appareil circulatoire des Oiseaux est à peu près semblable à celui des Mammifères; cependant la crosse de l'aorte, au lieu de se recourber à gauche à sa sortie du cœur, se recourbe à droite.

L'Oiseau, avec son existence active et remuante, produit une quantité de chaleur plus considérable que le Mammifère; la température moyenne de son corps atteint 41° et même 42°.

Organes des sens. — Parmi les sens, la vue est celui qui paraît le mieux développé chez les Oiseaux; tout le monde sait combien la vue est perçante parmi les oiseaux de proie. Les yeux sont généralement placés de chaque côté de la tête; cependant chez le *Hibou*, la *Chouette*, etc., ils sont reportés à la partie antérieure de la face. L'organe de l'ouïe est peu apparent : c'est qu'en effet l'oreille externe manque, et le tympan se trouve à fleur de peau; on trouve cependant comme un rudiment de pavillon chez les Hiboux, où la peau se soulève autour du tympan en un bourrelet couvert de plumes. L'odorat et le goût sont peu développés; quant au toucher, ce n'est pas par les pattes, recouvertes généralement d'une peau épaisse et coriace, qu'il peut s'exercer; il a surtout pour organes la langue et quelquefois le bec; chez le Canard, par exemple, celui-ci est recouvert d'une peau molle renfermant un grand nombre de corpuscules tactiles.

Œufs. — Enfin une différence essentielle entre les Mammifères et les Oiseaux consiste dans leur mode de reproduction. Le jeune mammifère naît tout formé, semblable dès sa naissance à ce qu'il sera toute sa vie, et n'ayant plus qu'à se nourrir, s'accroître et se fortifier; le jeune oiseau, au contraire, est d'abord enfermé dans un *œuf*, à l'intérieur duquel il se forme et se développe jusqu'au moment où il en sort, pourvu de pattes, d'ailes naissantes, d'un bec, et couvert de plumes (*éclosion*). On dit que les Mammifères sont *vivipares;* les Oiseaux, au contraire, sont *ovipares*.

L'œuf, au moment où il est pondu (*fig.* 116), se compose d'une masse centrale, sphérique, le *jaune* ou *vitellus* (*j*),

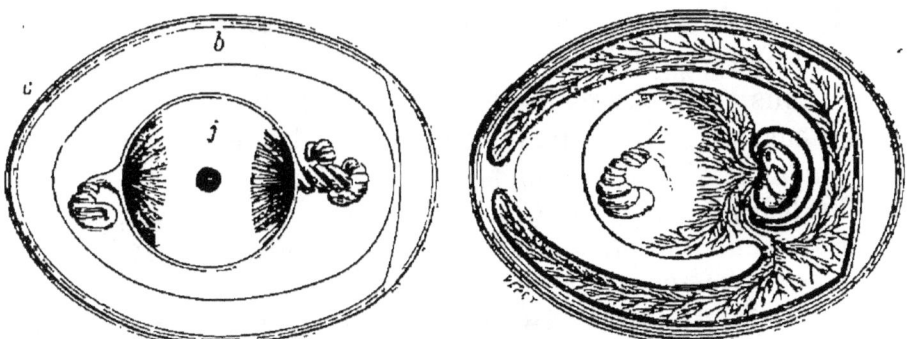

Fig. 116. — OEuf d'oiseau, d'abord frais, ensuite couvé.

plongé au milieu d'un liquide transparent, visqueux, qui devient opaque et solide par l'action de la chaleur, le *blanc* ou *albumen* (*b*); ce dernier est lui-même enveloppé dans une double membrane, très fine, la *membrane coquillière*, qui tapisse intérieurement la *coque* (*c*) de l'œuf; lorsque l'œuf a été pondu depuis quelque temps, les deux feuillets de la membrane coquillière se séparent vers le gros bout de l'œuf, en ménageant un espace rempli de gaz, dit *chambre à air;* des deux points de la surface du jaune les plus voisins des extrémités de l'œuf partent deux tortillons, appelés *chalazes*, qui semblent fixer le jaune vers le centre de l'albumen. Si l'on brise avec précaution une faible étendue de la coque, on aperçoit à la surface du vitellus une petite tache blanchâtre qui, grâce à la mobilité du jaune, se trouve toujours en haut lorsque l'œuf est couché sur le flanc; c'est la *cicatricule*.

Abandonné à lui-même, l'œuf pourrit rapidement; si, au contraire, on le laisse *couver* par la femelle qui l'a pondu, ou, ce qui revient au même, si on le soumet à une température voisine de 35° ou 40°, on voit bientôt la cicatricule s'étendre à la surface du jaune, puis se développer en absorbant successivement le jaune et le blanc, et se transformer insensiblement en un jeune oiseau; c'est donc la cicatricule qui est la partie fondamentale de l'œuf. Lorsqu'enfin le jeune oiseau est arrivé au terme de son développement, il commence à s'agiter à l'intérieur de la coque, et, à l'aide d'une sorte de dent que porte à ce moment sa mandibule supérieure, il brise les murs de sa prison.

Nous connaissons maintenant, au moins sommairement, les caractères principaux de l'Oiseau, et nous pouvons facilement le distinguer du Mammifère en disant que c'est *un Vertébré à sang chaud, ovipare, couvert de plumes, pourvu d'un cœur à quatre cavités et de poumons, et dont les membres antérieurs ont été transformés en ailes.*

Division des Oiseaux en ordres. — Notre tâche sera moins aisée si nous cherchons à tirer parti de ces connaissances pour classer les Oiseaux, et nous ne tarderons pas à reconnaître que, parmi eux, les différences sont beaucoup moins sensibles que chez les Mammifères. Cette difficulté aura bien ses inconvénients; mais elle nous ménage, en retour, une satisfaction : car lorsque, après avoir établi une *classe*, on éprouve tant de peine à la subdiviser en *ordres*, on peut être certain que cette classe forme bien un groupe naturel; son *homogénéité*, comme disent les naturalistes, nous en est un sûr garant.

Nous mettrons d'abord à part les oiseaux qui, comme l'*Autruche*, le *Casoar*, ne savent pas voler et se contentent de courir; nous savons déjà qu'à la petitesse de leurs ailes correspond l'absence du bréchet, et nous en ferons l'ordre des *Coureurs*.

Parmi ceux qui, à des degrés divers, sont capables de voler, nous pourrons faire un ordre, que nous appellerons des *Palmipèdes*, de ceux qui, passant la plus grande partie de leur existence à nager, ont les *doigts palmés*. Exemples : *Canard, Oie.*

Restent ceux dont les doigts sont plus ou moins libres. Ce sont les plus nombreux; mais nous nous rappelons que certains d'entre eux, aux tarses et au bec très longs, vivent dans les marais ou sur les rivages, où ils se nourrissent de poissons et de vers pêchés dans la vase; nous les réunirons en un ordre qui sera celui des *Echassiers*. Ex. : *Bécasse, Grue.*

Dans les nombreuses espèces qui sont encore à classer, prenons toutes celles chez qui la patte, formée de deux doigts en avant et de deux doigts en arrière, semble faite pour saisir; nous leur reconnaîtrons plus d'une autre ressemblance dans l'aspect général, les mœurs, etc.; ils formeront l'ordre des *Grimpeurs*, remarquables par leur intelligence. Ex. : *Pic vert, Perroquet.*

Un autre groupe naturel, qui comprend la plupart des oiseaux de basse-cour, sera celui des *Gallinacés;* leurs pattes courtes se terminent en avant par trois doigts, dont les deux externes sont souvent unis à la base, et en arrière par un pouce qui, partant d'un point plus élevé, touche à peine le sol; ils volent généralement mal et se nourrissent souvent de grains. Ex. : *Coq, Perdrix.*

On en sépare généralement les *Pigeons* (ordre des *Colombins*), dont le pouce touche le sol et qui, pourvus d'un bec plus faible, volent mieux que les Gallinacés.

Notre tâche est maintenant bien simplifiée; il ne nous reste plus à placer que les oiseaux de proie, au bec fort et crochu, aux serres puissantes, que nous désignerons du nom de *Rapaces* (ex. : *Aigle, Chouette*); — et cette légion innombrable d'oiseaux bruyants et vifs qui habitent en général sur les arbres, sautant plutôt qu'ils ne marchent, et dont le mode d'alimentation varie à l'infini; ce sont les *Passereaux* (ex. : *Corbeau, Moineau*).

RÉSUMÉ

Les mâchoires de l'Oiseau ne portent pas de dents; elles sont remplacées par le *bec*, dont la forme varie avec le régime alimentaire.

L'estomac se divise en trois poches successives : le *jabot*, le *ventricule succenturié* et le *gésier*. L'intestin est pourvu de deux cœcums.

Certaines bronches, au lieu de se terminer dans les poumons, les traversent, et s'ouvrent dans des *sacs aériens* qui se continuent jusque dans l'intérieur des os.

Le jeune, au lieu de naître tout formé, se développe à l'intérieur d'un *œuf*.

Les Oiseaux se partagent en huit ordres, indiqués sur le tableau suivant.

Pas de bréchet				*Coureurs.*	Autruche.
Bréchet	Doigts palmés			*Palmipèdes.*	Canard.
	Doigts non palmés.	Tarses très longs		*Échassiers.*	Grue.
		Tarses courts.	Un doigt en arrière { ongles	*Gallinacés.* *Colombins.* *Passereaux.*	Coq. Pigeons. Moineau.
			serres	*Rapaces.*	Aigle.
			Deux doigts en arrière	*Grimpeurs.*	Perroquets.

DIX-NEUVIÈME LEÇON

Les Oiseaux. — Principaux types.

Coureurs. — L'ordre des *Coureurs* est peu nombreux. L'*Autruche* (*fig.* 117), originaire de l'Afrique, est, de la part des Arabes, l'objet d'une chasse longue et difficile :

les plumes que porte le croupion sont, en effet, très recherchées pour la parure; il existe même, au Cap de Bonne-Espérance, de véritables parcs où, pour cette raison, on élève cet animal en captivité. Ses pattes, terminées par deux doigts, sont très puissantes et faites pour la course rapide : la vitesse de l'Autruche peut atteindre 43 kilomètres à l'heure.

Fig. 117. — Autruche.

Elle pond de quinze à trente œufs très volumineux qui demandent, pour éclore, une incubation d'environ un mois et demi.

L'*Autruche d'Amérique* a une taille à peu près moitié moindre; ses pattes se terminent par trois doigts. Il en est de même chez le *Casoar* d'Australie, dont la tête est surmontée d'une sorte d'excroissance en forme de casque, et qui ne pond que trois ou quatre œufs.

Fig. 118. — Aptéryx.

On range enfin parmi les Coureurs le curieux *Apteryx*, de la Nouvelle-Zélande (*fig.* 118), chez qui les ailes n'existent même plus, et qui ne dépasse pas la taille d'une forte poule; son bec est long et mince.

Palmipèdes. — L'ordre des *Palmipèdes* est beaucoup plus nombreux et renferme des oiseaux d'aspect très varié; le caractère qui permet de les réunir est la palmure des pattes.

Un premier type de Palmipèdes est le *Canard*: son bec, large et recouvert d'une peau molle, est garni sur ses bords de lamelles transversales qui lui permettent de laisser couler de son bec l'eau qu'il peut renfermer, en gardant les particules solides, produit de sa pêche. C'est un bon voilier. Originaire de la Laponie, de la Sibérie et du Groënland, le Canard sauvage a été fixé par la domestication et a fourni un grand nombre de variétés. Actuellement encore, les variétés sauvages sont sujettes à des migrations périodiques : on les voit au commencement de l'hiver traverser nos pays par longues bandes qui se disposent en forme de V, conduites par un chef de file qui en occupe le sommet.

Fig. 119. — Cygne à collier.

Le Canard est le type de la famille des *Lamellirostres*, qui comprend encore la *Sarcelle*, l'*Eider*, dont le duvet, très recherché, a donné son nom aux *édredons*, l'*Oie*, le *Cygne* (*fig.* 119), etc..., enfin le *Flamant*, assez répandu dans l'Afrique septentrionale. Son bec aplati sur les côtés et ses tarses très allongés lui donnent un aspect singulier.

La famille des *Totipalmes* comprend des oiseaux au bec allongé, à la palmure très développée, et bons voiliers. Ce sont, par exemple, le *Pélican*, chez qui la mandibule inférieure, séparée en deux branches, supporte une vaste poche où peuvent s'accumuler les aliments (*fig.* 113, *c*), le *Cormoran*, dont les instincts pêcheurs sont utilisés par les Chinois, la *Frégate* au vol puissant, qui s'aventure parfois jusqu'à cinquante lieues en mer, etc.

Les *Longipennes* sont encore de bons voiliers, aux ailes très longues, mais chez qui les trois doigts antérieurs sont seuls palmés, le pouce pouvant faire complètement défaut. Les *Goëlands*, les *Mouettes* (*fig.* 120), les *Hirondelles de mer*, les *Bec-en-ciseaux*, dont la mandibule inférieure très développée, dépasse la supérieure, appartiennent à ce groupe, ainsi que les *Pétrels*, des mers du Nord, et les *Albatros*, du cap de Bonne-Espérance.

Fig. 120. — Mouette.

Il est, au contraire, des Palmipèdes chez qui les ailes, peu développées, se prêtent difficilement au vol; elles servent alors généralement à la natation et fonctionnent comme de véritables rames. Les pattes sont en même temps rejetées à la partie postérieure du tronc, ce qui rend la marche difficile, en donnant au corps tout entier une direction à peu près verticale. Chez les *Grèbes* et les *Plongeons*, l'aile, bien que courte, peut encore fournir un vol peu prolongé; elle se raccourcit encore davantage chez le *Pingouin*,

le *Macareux*, etc., et se réduit chez le *Manchot* (*fig.* 121) à
un véritable moignon, dont les plumes ont pris la forme

Fig. 121. — Manchot.

d'écailles. Nous réunirons ces trois groupes dans la famille
des *Brachyptères*.

Echassiers. — Nous ne trouverons pas moins de variété dans l'ordre des *Echassiers*, et c'est encore la forme
du bec qui nous permettra d'y établir quelques groupes secondaires.

Voici la *Cigogne*, au corps lourd, au bec long et épais; la
Grue (*fig.* 122), au bec plus court, au vol puissant, qui, par
troupes de trois cents individus quelquefois, émigre en Asie
et en Afrique pendant la saison des froids, le *Héron* « au
long bec emmanché d'un long cou », le *Marabout*, des Indes
et des bords du Nil, dont le crâne chauve et cette large
poche cervicale communiquant avec l'œsophage, font un
être si étrange. Tous ont un bec fort et tranchant; nous
les réunirons dans la famille des *Cultrirostres*, à laquelle

10.

nous rattacherons encore l'*Ibis sacré* d'Egypte et la *Spatule* au bec aplati.

Voici au contraire des animaux dont le bec long et faible est généralement arqué et recouvert d'une peau molle : l'*Echasse*, avec ses tarses excessivement longs, l'*Avocette*, dont le bec se recourbe vers le haut, la *Bécasse*, la *Bécassine*, gibiers délicats; ils formeront une autre famille, celle des *Longirostres*.

Nous rangerons dans la famille des *Pressirostres* les *Vanneaux*, les *Pluviers*, qui font entendre, à l'approche de l'orage, un sifflement caractéristique, les *Outardes* : chez tous, le bec est aplati. Enfin la famille des *Macrodactyles* réunira ceux qui, avec le *Râle*, la *Poule d'eau*, le *Foulque*, ont des doigts très allongés, quelquefois ornés d'une membrane élégamment découpée, première ébauche d'une palmure, et dont le bec fort et court est généralement comprimé latéralement ; habitants des marais, où ils chassent la nuit, ils ont plus d'un trait de ressemblance avec les oiseaux de l'ordre des Palmipèdes.

Fig. 122. — Grue de Mandchourie.

Gallinacés. — Le type de l'ordre des *Gallinacés* est le *Coq*. Ses ailes courtes, arrondies, ne lui permettent pas un vol bien puissant ; son bec, court et légèrement bombé, est mou et membraneux à sa base. Ses pattes, fortes, se terminent par quatre doigts, dont le postérieur s'attache un peu plus haut que les autres et touche à peine la terre; les ongles qui les terminent sont aplatis et faits pour gratter le sol; enfin le tarse porte, chez le mâle, une saillie très dure (*ergot*) qui lui constitue une arme redoutable.

Dans cet ordre viennent se ranger la plupart de nos animaux de basse-cour : le *Dindon* (*fig.* 123), la *Pintade*, originaire d'Arabie, et qui, chassée une première fois de nos pays par l'invasion des Barbares, y fut ramenée des Indes par les Portugais. Chacun sait l'importance qu'ont prise les oiseaux de basse-cour dans l'alimentation de l'homme, au-

Fig. 123. — Dindons mâle et femelle.

tant par les qualités de leur chair que par celles de leurs œufs, très abondants pendant la période de la ponte : une bonne poule pondeuse peut fournir un œuf par jour depuis le mois de février jusqu'au début de l'automne.

Le gibier à plumes est aussi bien représenté chez les Gallinacés : les *Faisans*, les *Coqs de bruyère*, les *Perdrix*, les *Cailles* appartiennent à cet ordre, ainsi que le *Paon*, dont les couvertures de la queue présentent, chez le mâle, des couleurs si brillantes, et le *Talégalle*, de l'Australie, qui, pour faire éclore ses œufs, les enfouit dans un tas de feuillage que le soleil échauffe et livre à la fermentation.

Colombins. — On a longtemps réuni les *Pigeons* aux Gallinacés. Ils en diffèrent cependant : leur bec est plus long et plus faible, ainsi que leurs pattes; leurs ailes, au contraire, plus développées et moins arrondies du bout, sont mieux disposées pour le vol; enfin, le pouce s'attache au même niveau que les autres doigts. Tandis que le jeune poulet, aussitôt sorti de l'œuf, est capable de marcher, le jeune pigeon en est totalement incapable, et reçoit de ses parents une sorte d'éducation : la mère lui fournit en même temps sa nourriture sous forme d'un liquide d'aspect laiteux que sécrète son jabot.

Les principales espèces de Pigeons sont : le *Biset*, ou Pigeon de roche, duquel descendent toutes les variétés domestiques; le *Pigeon ramier*, le *Pigeon voyageur*, dont le merveilleux instinct a été tant de fois utilisé; la *Tourterelle*.

Passereaux. — Voici un groupe exceptionnellement nombreux et varié, difficile à définir; c'est, en quelque sorte, le rendez-vous des genres qui n'ont pu trouver place dans les ordres mieux caractérisés. La forme du bec nous permettra encore de les classer.

Les *Engoulevents*, les *Martinets*, dont les ailes sont si longues et les pattes si faibles que l'oiseau, posé à terre, éprouve des difficultés incroyables à prendre son essor, les *Hirondelles* au vol rapide (*fig.* 124), les *Salanganes*, dont les nids fournissent une préparation culinaire très recherchée dans l'Extrême-Orient (*potage aux nids d'hirondelles*), ont tous un bec aplati et très largement fendu, qu'ils tiennent ouvert en sillonnant l'air, s'emparant ainsi des insectes

Fig. 124. — Hirondelle de cheminée.

qu'ils rencontrent et dont ils font leur nourriture. On les réunit sous le nom de *Fissirostres*.

Chez la *Pie-grièche*, la *Bergeronnette*, la *Grive*, le *Merle*, chaque bord de la mandibule supérieure présente à son extrémité antérieure une sorte de dent suivie d'une échancrure; ce sont les *Dentirostres*.

Le *Corbeau* est le type de la famille des *Coracirostres*, dont le bec, de forme conique, se courbe un peu vers sa pointe sans être cependant crochu; la *Corneille*, le *Choucas*, la *Pie* (*fig. 125*), le *Geai*, l'*Etourneau*, le *Pique-bœuf*, qui va sur le dos des Mammifères se repaître des larves de mouches que renferment leurs téguments, sont des oiseaux de ce groupe; ils sont généralement insectivores ou carnassiers; certains d'entre eux se complaisent dans la charogne en putréfaction.

Fig. 125. — Pie.

Chez les *Conirostres*, comme la *Mésange*, l'*Alouette*, le *Pinson*, le *Moineau*, le *Bouvreuil*, le bec a une forme courte et conique; on rattache cependant à cette famille le *Bec-croisé*, dont les deux mandibules, un peu longues et recourbées, passent l'une sur l'autre.

Enfin les *Ténuirostres* et les *Lévirostres* ont un bec long et grêle; ce sont les *Huppes*, les *Oiseaux-mouches*, les *Grimpereaux*, les *Martins-pêcheurs*.

Cet ordre si nombreux des Passereaux ne mérite guère la haine acharnée que semblent lui avoir vouée les habitants de nos campagnes. Ils leur reprochent de ravager et de détruire les récoltes; mais si quelquefois, en effet, les

Passereaux sont granivores, combien de fois, au contraire, ne s'attaquent-ils pas aux insectes, à leurs larves et aux vers, qui causeraient à l'agriculture des dommages bien plus sensibles? Les services qu'ils rendent sous cette forme sont inappréciables et leur méritent en général une protection intelligente.

Rapaces. — Avec les *Rapaces*, nous arrivons aux véritables carnassiers : leur bec fort et crochu, leurs serres puissantes, leur vol rapide et soutenu, leurs yeux perçants, leur assurent la domination sur les autres ordres, faibles et généralement incapables de défense.

Il est facile de reconnaître parmi les Rapaces deux types principaux. Les uns, pourvus d'une tête ronde portée par un cou très court, ont les yeux dirigés en avant et entourés d'un cercle de plumes soyeuses; recouverts d'un plumage souple qui rend leur vol silencieux, ils craignent la lumière du jour et ne sortent de leurs gîtes que pendant la nuit; ce sont les *Rapaces nocturnes*. Les autres, au contraire, ont une tête allongée, un cou plus élancé, des yeux latéraux, et se livrent pendant le jour à la chasse et à la pêche; ce sont les *Rapaces diurnes*.

Fig. 126. — Chat-huant.

Les Rapaces nocturnes les plus connus sont l'*Effraie*, le *Chat-huant* (fig. 126), le *Hibou*, le *Grand-duc*; redoutables pendant la nuit aux animaux de faible taille, comme les souris, les mulots, les petits passereaux, ils sont impuissants pendant le jour.

Les *Vautours*, qui forment un premier groupe parmi les Rapaces diurnes, ne sont pas encore, si l'on peut ainsi parler, des Rapaces parfaits ; leurs doigts sont forts, mais les ongles qui les terminent sont mousses ; ce ne sont pas encore de véritables chasseurs, et, se nourrissant généralement de charogne, ils n'osent pas s'attaquer aux animaux vivants. Le *Vautour ordinaire*, le *Condor*, le *Gypaëte* appartiennent à ce groupe. Ils se distinguent généralement par leur tête et leur cou dépourvus de plumes.

Les *Aigles* (*fig.* 127) sont déjà de meilleurs chasseurs ; leur tête et leur cou sont emplumés, et leurs doigts se terminent par de véritables serres : il ne faudrait pas cependant

Fig. 127. — Aigle royal.

dant s'exagérer leurs qualités, et, quoi qu'on ait pu raconter sur leur compte, les Aigles joignent la voracité à la lâcheté : ils ne dédaignent pas les charognes et n'attaquent jamais que des êtres plus faibles qu'eux.

C'est parmi les *Faucons*, tels que l'*Epervier*, le *Faucon commun*, la *Crécerelle*, l'*Emerillon*, qu'il faut chercher le modèle de la rapacité : vivant par couples dans des *aires* qu'ils construisent sur les rochers, ils ne s'attaquent jamais qu'à des proies vivantes. On sait quel parti la chasse a tiré de ces animaux au moyen âge : la *fauconnerie* était encore la distraction favorite de Louis XIII.

Grimpeurs. — Si les Rapaces sont les plus redoutables des Oiseaux, les *Grimpeurs* en sont certainement les plus intelligents. Mauvais voiliers, et se nourrissant soit de graines, soit d'insectes, ils sont caractérisés par la disposition de leurs doigts qui leur permet de grimper aux arbres pour rechercher leur proie.

La forme de leur bec sert à établir parmi eux une division importante : chez les Grimpeurs proprement dits, le bec est droit ou faiblement recourbé ; chez les *Perroquets*, il est épais et recourbé en crochet ; ces derniers se distinguent, en outre, par la forme de leur langue, épaisse et charnue, et par l'usage qu'ils font de leurs pattes, véritables instruments de préhension.

Dans le premier groupe, on range le *Coucou*, qui dépose ses œufs dans les nids des autres oiseaux pour s'éviter la peine de les couver, et les *Pics* (*fig.* 128), dont la langue mince et dure va chercher les insectes jusque dans les cavités des troncs d'arbres.

Fig. 128. — Pic épeiche.

Parmi les Perroquets, on remarque les *Perruches*, à la queue longue, les *Cacatoës*, au plumage blanc et à l'aigrette jaune, enfin les véritables *Perroquets*, reconnaissables à leur queue courte et carrée : leur intelligence et leur instinct d'imitation sont réellement étonnants et faisaient dire à de Blainville que c'étaient des « *singes ailés* » ; ils tiennent bien, parmi les Oiseaux, la place des Primates parmi les Mammifères.

RÉSUMÉ

Les *Coureurs* sont peu nombreux (*Autruche, Casoar*).
Les *Palmipèdes* comprennent les *Lamellirostres* (*Canard, Oie,*

Cygne), — les *Totipalmes* (*Pélican, Cormoran*),— les *Longipennes* (*Goëland, Albatros*), — les *Brachyptères* (*Grèbe, Pingouin, Manchot*).

Les *Echassiers* comprennent les *Cultrirostres* (*Cigogne, Grue*), — les *Longirostres* (*Bécasse*), — les *Pressirostres* (*Vanneau*), — les *Macrodactyles* (*Râle*).

Les *Gallinacés* renferment le *Coq*, le *Dindon*, le *Faisan*, la *Perdrix*.

Les *Colombins* sont les *Pigeons*.

Les *Passereaux* comprennent les *Fissirostres* (*Martinet, Hirondelle*), — les *Dentirostres* (*Pie-grièche, Merle*), les *Coracirostres* (*Corbeau, Corneille*), — les *Conirostres* (*Alouette, Moineau*),— les *Ténuirostres* (*Huppe*), — les *Lévirostres* (*Martin-pêcheur*).

Les *Rapaces* comprennent les *Nocturnes* (*Hibou*), — les *Diurnes* (*Vautour, Aigle, Faucon*).

Les *Grimpeurs* renferment les *Pics* et les *Perroquets*.

VINGTIÈME LEÇON

Les Reptiles.

Les Reptiles. — A la classe des *Reptiles*, qui suit celle des Oiseaux, se rattachent des animaux de formes assez variées, comme la *Tortue*, le *Crocodile*, le *Lézard*, la *Vipère*, mais qui présentent cependant bien des caractères communs.

Caractères généraux des Reptiles.— Comme les Oiseaux, les Reptiles pondent des œufs, dont l'enveloppe, il est vrai, est souvent molle et flexible. Comme eux aussi, ils respirent l'air atmosphérique à l'aide de poumons ; mais, au lieu d'être creusés de canaux nombreux, ramifiés et enchevêtrés, qui leur donnent une structure spongieuse, ces poumons sont souvent de simples sacs (*fig.* 129) dans lesquels débouchent les bronches primaires ; leur surface interne présente seulement des cloisons plus ou moins rapprochées, ayant pour effet de multiplier les points de contact entre le sang et l'atmosphère : plus ces cloisons se compliquent, plus la structure du poumon le rapproche de celui des Oiseaux.

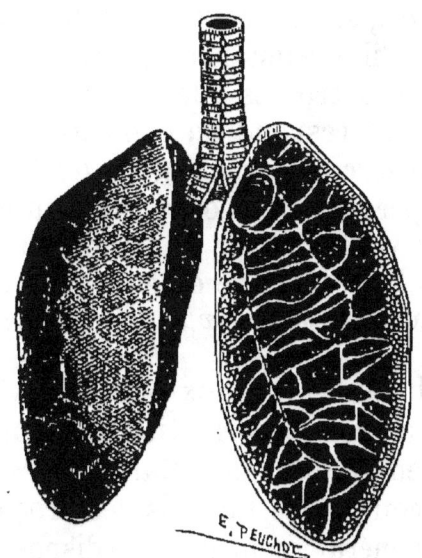

Fig. 129. — Poumons d'un Lézard.

La conformation du cœur (*fig.* 130) nous montre une différence beaucoup plus importante : le cœur des Oiseaux et des Mammifères possédait quatre cavités internes communiquant entre elles deux à deux ; celui de presque tous les Reptiles n'en présente plus que trois : les deux ventricules se sont réunis en un seul (*c*), qui reçoit par conséquent à la fois le sang artériel de l'oreillette gauche (*b*) et le sang veineux de l'oreillette droite (*a*) : il résulte de cette disposition que l'aorte (*n*), pourvue d'ailleurs d'une crosse droite (*d*) et d'une crosse gauche (*e*), et l'artère pulmonaire (*f*, *g*), qui partent du ventricule commun, renferment un mélange de sang rouge et de sang noir, de sorte qu'aucun organe ne reçoit de sang complètement oxygéné. Chez les Crocodiles seuls, le cœur est pourvu de quatre cavités ; mais, comme on trouve encore chez eux deux crosses de l'aorte et que chacune d'elles part d'un ventricule différent, le sang est encore mélangé dans l'aorte, après leur réunion. Cependant les régions supérieures du

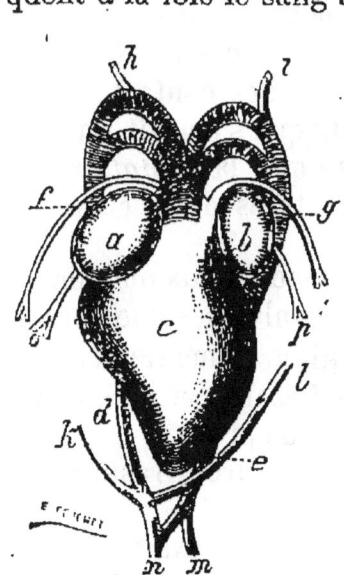

Fig. 130.
Cœur d'un Lézard.

corps reçoivent des artères qui partent de la crosse droite, issue du ventricule gauche, et par conséquent auraient du sang véritablement artériel, s'il n'existait un petit orifice de communication entre les deux crosses à leur origine.

A cette disposition du cœur correspond un bon caractère de la classe des Reptiles ; la circulation étant en quelque sorte moins active, la température du corps, au lieu de demeurer constante, suit les variations de la température extérieure : elle s'abaisse en hiver, s'élève en été, et, pour cette raison, les Reptiles sont dits *animaux à température variable* ou *à sang froid*.

Si les Reptiles se rapprochent des Oiseaux par leur oviparité, ils s'en éloignent par la conformation de leurs membres, qui les rapprochent plutôt des Mammifères : quand ils ont des membres, comme les Lézards, les Crocodiles, les Tortues, ils en ont généralement quatre, disposés pour la marche ; quand ils en sont dépourvus, comme les Serpents, ils s'avancent sur le sol, en y prenant des points d'appui et contournant leur corps pour en suivre les aspérités, en *rampant*, en un mot ; chez ceux mêmes qui possèdent des membres, il y a toujours contact entre le sol et la face ventrale de l'animal, qui s'en fait un auxiliaire pour la progression, de sorte que la *reptation* peut être considérée comme un des caractères de la classe des Reptiles.

Pourvus de dents généralement soudées aux maxillaires, et qui n'y sont implantées dans des alvéoles que chez les Crocodiles, les Reptiles ont un régime généralement carnassier : à l'exception de certains Lézards et de quelques genres de Tortues, ils se nourrissent de proie.

Leur peau est couverte de parties dures, résultant de l'épaississement de l'épiderme (*écailles*).

Classification des Reptiles. — Cet examen rapide des caractères généraux de la classe des Reptiles va nous permettre en même temps d'établir la division de cette classe en ordres : le nombre des membres, la présence bien connue chez les Tortues d'une carapace protectrice du corps, et la structure du cœur nous suffiront pour y reconnaître quatre ordres, résumés dans le tableau suivant :

REPTILES	pourvus de quatre membres	ayant une carapace	.... *Chéloniens.*	Tortue.
		dépourvus de carapace.	cœur à quatre cavités. *Crocodiliens.*	Crocodile.
			cœur à trois cavités... *Sauriens.*	Lézard.
	dépourvus de membres	....	*Ophidiens.*	Vipère.

Les Chéloniens.—Tout le monde peut remarquer l'enveloppe solide qui recouvre le corps des *Chéloniens :* la partie dorsale, souvent très bombée (*carapace* proprement dite), est tapissée de plaques disposées comme les pièces d'une marqueterie, formées d'une substance dure susceptible d'être polie par le frottement, et que le commerce utilise (*écaille*);

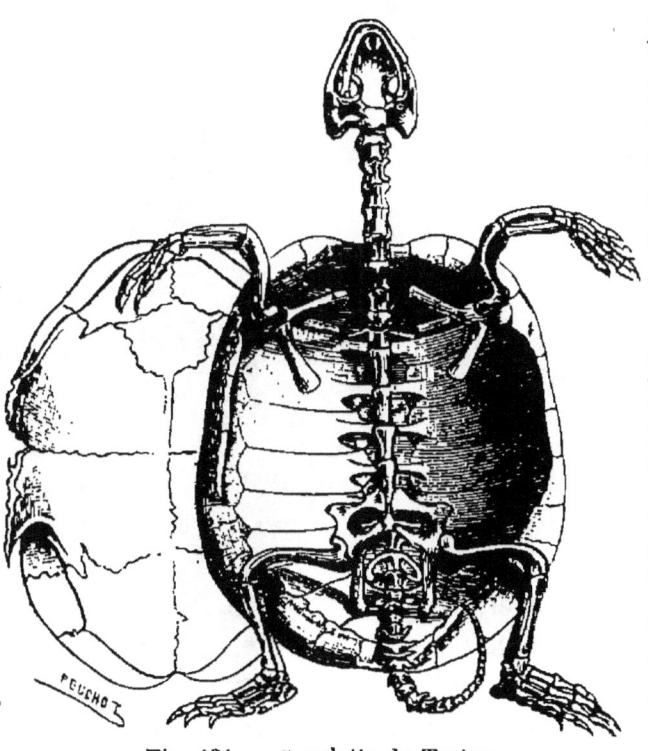

Fig. 131. — Squelette de Tortue.

la partie ventrale, toujours plus aplatie, forme le *plastron;* aux deux extrémités de la boîte ainsi constituée sont des orifices par lesquels l'animal peut sortir sa tête, sa queue et ses quatre membres. Si nous examinons ensuite le squelette de la Tortue (*fig.* 131), les vertèbres dorsales et les côtes, aplaties elles-mêmes, apparaîtront soudées à des plaques osseuses qui servent de support à la carapace écailleuse ; l'étude du développement de ces plaques montrerait qu'elles ont leur origine dans la couche profonde de la peau, ou derme, qui s'est épaissie et ossifiée ; il y a donc dans la carapace d'une Tortue deux couches différentes et superposées : la couche osseuse ou profonde, d'origine dermique, et la couche écailleuse ou superficielle, qui a son origine dans l'épiderme.

Avec leur carapace si caractéristique, les Tortues se reconnaissent encore à la présence d'un *bec* corné, qui remplace les dents comme chez les Oiseaux et recouvre les deux maxillaires.

Les mœurs et l'habitat des Tortues sont assez divers. On distingue les *Tortues terrestres*, aux doigts courts et peu mobiles, soudés entre eux et terminés par des ongles bien développés, et dont la tête et le cou peuvent se retirer complètement à l'intérieur de la carapace, comme la *Tortue grecque;* les *Tortues palustres* ou de marais, qui, ainsi que toutes les tortues aquatiques, ont la carapace beaucoup plus aplatie que les premières, et dont les doigts, longs, mobiles, sont réunis par une membrane palmée, exemple : la *Cistude d'Europe;* les *Tortues fluviales*, habitantes des grands fleuves de l'Asie, de l'Afrique et de l'Amérique, exemple : les *Trionyx;* enfin les *Tortues marines* (*fig.* 132), dont les doigts dépourvus d'ongles sont complètement enfouis dans les tissus de la patte, transformée en nageoire, exemples : la *Tortue franche*, la *Tortue caret*.

Fig. 132. — Tortue de mer.

Les Crocodiliens. — Parmi les *Crocodiliens*, animaux aux mœurs aquatiques, on distingue trois genres : le *Crocodile* proprement dit (*fig.* 133), qui habite le Nil ;

Fig. 133. — Crocodile.

le *Gavial*, qu'on trouve dans le Gange ; le *Caïman*, d'Amérique. Le Gavial se distingue des deux autres genres par son museau grêle, allongé et dont l'extrémité se renfle et s'aplatit. Chez le Crocodile, la mâchoire supérieure est échancrée de chaque côté pour laisser passer deux dents volumineuses du maxillaire inférieur. Tous ont les pattes palmées, une queue aplatie et pouvant servir d'organe de natation ; leurs dents nombreuses, coniques et acérées, leur grande taille, en font des animaux très redoutables, même pour l'Homme.

Les Sauriens. — Les *Sauriens*, dont le type est le Lézard (*fig.* 134), forment un groupe de Reptiles beaucoup plus nombreux : les écailles volumineuses qu'ils portent sur la tête (*plaques céphaliques*), leur langue ordinairement allongée, bifurquée à son extrémité (*langue bifide*) et susceptible d'être projetée vivement au dehors, permettent, quelle que soit leur taille, de les distinguer des Crocodiliens. Menant généralement une existence aérienne, ils se nourrissent surtout de proie vivante, d'insectes le plus souvent, quelquefois même d'oiseaux ou de petits mammifères.

Les *Lézards* proprement dits (*fig.* 134) sont assez répandus dans nos pays ; ils appartiennent à quatre espèces principales : le *Lézard gris* ou des murailles ; le *Lézard des souches ;* le *Lézard vert*, qui habite dans les bois ou le long

Fig. 134. — Lézard.

des haies ; le *Lézard ocellé*, vert aussi, mais dont les deux côtés du corps portent une rangée de taches bleues bordées de brun. Les *Varans* ne sont, en somme, que de grands lézards, abondants surtout en Afrique ; une espèce, le *Monitor* ou *Sauvegarde*, se nourrit d'œufs de Crocodile, et est, à ce titre, un précieux auxiliaire de l'homme.

Les *Geckos* et les *Iguanes* diffèrent des Lézards par la forme de leur langue, grosse et courte comme celle des Crocodiliens. Les premiers, avec leur peau recouverte d'écailles rugueuses, ont un aspect repoussant : leurs doigts aplatis se terminent par des sortes de pelotes, qui, à la manière de ventouses, peuvent adhérer aux murailles et leur permettent de se déplacer avec aisance sur les surfaces verticales ou même sur le plafond d'une chambre. Les doigts des *Iguanes* rappellent davantage ceux des Lézards : c'est à ce groupe qu'appartient le *Dragon volant*, reptile dont les côtes, très longues, percent les parois du thorax et apparaissent au dehors, supportant une membrane qui lui permet de se soutenir dans ses sauts de branche en branche.

Le *Caméléon* est connu de tout le monde pour la singulière propriété qu'il possède de modifier la couleur de sa peau suivant le milieu où il se trouve ; ses doigts, au nombre de cinq, sont distribués en deux groupes, un antérieur (trois doigts), un postérieur (deux doigts), qui font de la patte un véritable organe de préhension, et du Caméléon lui-même, un excellent grimpeur ; sa queue prenante augmente encore son agilité qui, en réalité, lui sert peu pour la chasse aux insectes, à laquelle il se livre activement : c'est immobile, en effet, qu'il attend sa proie, et lance sur elle, à l'instant favorable, une langue extrêmement longue, terminée par une sorte de tampon qui fixe l'insecte et le ramène à l'intérieur de la bouche.

Mais les plus intéressants, parmi les Sauriens, sont peut-être les *Seps*, les *Pseudopes*, les *Amphisbènes* et les *Orvets*, chez lesquels on voit en quelque sorte les quatre membres caractéristiques de l'ordre s'atrophier successivement, au point que l'aspect extérieur d'un Orvet rappelle, à s'y méprendre, celui d'un Serpent. Les *Seps* ont bien quatre membres ; mais ils sont très courts et servent à peine à la marche, qui est remplacée par une véritable reptation. Les *Pseudopes* n'ont plus que les membres postérieurs. Enfin, les *Amphisbènes* et les *Orvets* n'ont plus aucun membre. Comment alors reconnaître en eux des Sauriens ? L'étude du squelette nous montrera toujours, sous la peau, des rudiments osseux de membres, qu'un arrêt de développement semble avoir retenus à l'intérieur du corps.

Les Ophidiens. — Ces membres internes et rudimentaires ont eux-mêmes disparu chez les *Ophidiens* ou Serpents ; il faut cependant faire exception pour les *Boas* et les *Pythons*, chez qui on trouve, au voisinage de l'anus, deux moignons représentant des membres postérieurs. Dépourvus de membres, les Ophidiens n'ont d'autre moyen de transport que la reptation : la variété de mouvements qu'exige ce mode de progression entraîne, dans leur squelette, la disparition du sternum dont la présence pourrait s'opposer au libre jeu de la colonne vertébrale et des côtes : ces dernières, du reste, se prolongent sur presque toute la longueur du tronc.

Éminemment carnassiers, les Serpents s'attaquent souvent à des proies très volumineuses qui ne pourraient pénétrer dans leur tube digestif, si l'entrée de celui-ci n'avait la faculté de s'élargir considérablement : les pièces osseuses qui servent d'intermédiaires entre le crâne et le maxillaire inférieur, loin d'être soudées, sont en effet séparées les unes des autres, et, par leur mobilité, permettent à la bouche, au moment de l'introduction des aliments, de présenter une énorme ouverture. Les mâchoires sont d'ailleurs garnies de dents nombreuses et acérées, recourbées en arrière. A ces dents normales s'ajoutent, chez certains Ophidiens, des dents plus longues, plus aiguës, portées par le maxillaire supérieur ; à leur base, des glandes spéciales produisent un liquide venimeux ; elles constituent une arme souvent terrible de défense et d'attaque (*crochets*). Quelquefois, ce sont des dents fixes comme toutes les autres et creusées simplement sur une de leurs faces d'un sillon servant à l'écoulement du venin ; elles peuvent alors occuper soit la partie postérieure, soit la partie antérieure du maxillaire. Dans d'autres cas, elles sont mobiles autour de leur base, creusées d'un canal interne correspondant à la glande du venin ; le mouvement qui produit l'ouverture des mâchoires

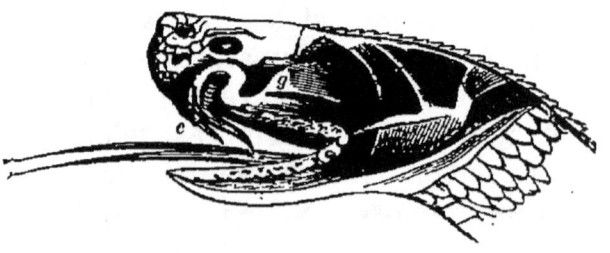

Fig. 135. — Tête de Vipère.

entraîne en même temps le redressement des crochets, qui portent leur pointe en avant, et la sécrétion du liquide venimeux (*fig.* 135).

C'est un fait digne de remarque que l'absence ou les différentes dispositions des crochets, dans l'ordre qui vient d'être énuméré, marquent la gradation que l'on peut observer dans les dangers que les Serpents font courir à l'homme et aux animaux.

Parmi les Serpents pourvus de crochets mobiles et creux, on range les *Vipères* de nos pays, animaux vivipares, et les *Crotales* ou Serpents à sonnettes, de l'Amérique du Nord, dont la queue se termine par un appareil produisant un bruit de crécelle.

Les crochets immobiles et simplement cannelés se présentent à la partie antérieure de la mâchoire chez les *Najas*, par exemple le Serpent à lunettes, et à la partie postérieure chez la *Couleuvre de Montpellier*.

Fig. 136. — Boa.

Enfin, les crochets sont complètement pleins et dépourvus de glandes à venin chez les *Couleuvres* ordinaires, ainsi que chez les *Boas* (*fig.* 136) et les *Pythons*, qui rachètent cette infériorité par leur force musculaire; ayant souvent plus de dix mètres de long, ils peuvent s'attaquer à des animaux de la taille du bœuf, les entourer de leurs replis, les étouffer et leur briser les os, avant de les introduire dans leur tube digestif : il est vrai de dire que la digestion est ensuite assez longue et assez pénible pour que le Boa tombe dans un état de prostration qui lui ôte tout moyen de défense.

Pour résumer les notions que nous avons acquises sur les Reptiles, nous pouvons dire que ce sont *des Vertébrés à sang froid, ovipares, couverts d'écailles, pourvus d'un cœur à trois cavités en général, et de poumons, et dont la reptation est le moyen de progression le plus général.*

RÉSUMÉ

Les *Reptiles* forment la troisième classe des Vertébrés.

Ce sont des Vertébrés ovipares, respirant l'air atmosphérique à l'aide de poumons simples, pourvus généralement d'un cœur à trois cavités, et à température variable ; dépourvus de membres ou pourvus de quatre membres, ils rampent ou marchent, et suivent le plus souvent un régime carnassier.

On divise la classe des Reptiles en quatre ordres :

Les *Chéloniens*, pourvus de quatre membres et d'une carapace, d'un bec corné, et comprenant les *Tortues terrestres* (*T. grecque*), *palustres* (*Cistude d'Europe*), *fluviales* (*Trionyx*), et *marines* (*T. franche*, *Caret*).

Les *Crocodiliens*, pourvus de quatre membres et d'un cœur à quatre cavités (*Crocodile, Gavial, Caïman*).

Les *Sauriens*, pourvus de quatre membres et d'un cœur à trois cavités (*Lézard, Varan, Gecko, Iguane, Caméléon, Orvet*).

Les *Ophidiens*, dépourvus de membres et de sternum, pourvus généralement de crochets venimeux (*Vipère, Crotale, Couleuvre, Boa*).

VINGT ET UNIÈME LEÇON

Les Batraciens.

Les Batraciens. — Le groupe des *Batraciens*, dont la Grenouille (*fig.* 137) est le type, semble se rapprocher beaucoup de celui des Reptiles, avec lequel il a été longtemps confondu, formant simplement un ordre dans cette classe. Comme la Tortue, le Lézard ou la Couleuvre, la Grenouille est, en effet, un Vertébré ovipare, à température variable, dont le cœur se montre formé de trois cavités, et qui respire l'air atmosphérique à l'aide de poumons..

Peau nue; respiration cutanée. — Il est cependant une première différence qui, dès longtemps, avait frappé les naturalistes : tandis que la peau des Reptiles est toujours couverte d'écailles plus ou moins nombreuses, plus ou moins épaisses, la peau de la Grenouille est parfaitement nue et recouverte constamment d'un enduit visqueux sécrété par elle. Ce caractère avait fait donner aux Batraciens le nom de *Reptiles à peau nue;* il a plus d'importance qu'on ne pourrait le croire : l'absence d'écailles à la surface de la peau permet en effet au sang renfermé dans les petits vaisseaux qui la parcourent, d'effectuer, à travers la faible épaisseur qui le sépare de l'atmosphère, les échanges gazeux dont le poumon est en général le

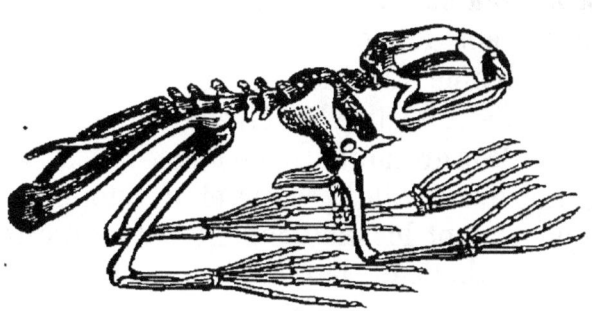

Fig. 137. — Squelette de Grenouille.

siège, de prendre à l'air de l'oxygène, de lui rendre de l'acide carbonique, en un mot, de *respirer*. Cette respiration par la peau est ce qu'on appelle la *respiration cutanée :* très faible chez les Mammifères, les Oiseaux et les Reptiles, où les poils, les plumes et les écailles lui constituent un obstacle, mais où il ne faut pas croire qu'elle fasse absolument défaut, elle devient assez active chez les Batraciens, pour qu'une Grenouille, privée de ses poumons, puisse vivre longtemps encore, à la condition qu'elle soit plongée dans une atmosphère normalement chargée d'oxygène.

Développement. — Nous trouverons chez les Batraciens un caractère beaucoup plus important si nous étudions leur développement.

Le têtard. — Qui n'a vu, au printemps, sur le bord

des ruisseaux et des marais, ces masses gélatineuses, transparentes, renfermant une quantité innombrable de petits corps arrondis, incolores, dont le centre est occupé par un point noir? Ce sont des œufs de grenouille (*fig.* 138). Abandonnés à eux-mêmes au sein de l'eau, ils ne tarderont pas à changer d'aspect : la tache noire centrale augmentera; la substance incolore qui l'entoure diminuera, comme si elle servait à l'alimentation de la première; la masse

Fig. 138. — OEufs de Grenouille.

gélatineuse dans laquelle les œufs sont plongés se détruira peu à peu, absorbée à son tour; et si, à ce moment, nous suivons attentivement la marche du phénomène, nous pourrons avoir la bonne fortune d'assister à l'éclosion des œufs : de chacun d'eux sortira un être de dimensions bien inférieures à celles de la grenouille et de forme très différente: c'est la tache noire centrale grossie et développée. Muni d'une longue queue, dont les mouvements lui permettent de se déplacer au sein de l'eau, le *têtard* (c'est le nom qu'on

Fig. 139. — Métamorphoses de la Grenouille.

lui donne) (*fig.* 139) est totalement dépourvu de pattes; de chaque côté de la tête, et sur les bords d'une série de fentes, sont des houppes de filaments plongeant dans l'eau; chacun de ces filaments est une sorte de tube, fermé à son extrémité, recouvert d'une fine membrane, et à l'intérieur duquel cheminent des vaisseaux sanguins : une petite artère, apportant du sang veineux, une petite veine, emportant du sang artériel, et un système de capillaires établissant la communication entre l'une et l'autre. Un organe, dans lequel le sang impropre à la nutrition reprend ses qualités nutritives, est un organe respiratoire; quand sa structure est telle que le sang, apporté par des vaisseaux, attende, en quelque sorte, à la surface d'une cavité creusée dans le corps, le contact de l'air atmosphérique qui vient au-devant de lui, cet organe est un *poumon;* quand, au contraire, le sang, amené dans des saillies de la surface du corps, semble aller au-devant de l'air dissous dans l'eau, on donne à cet organe le nom de *branchie :* le têtard, au sortir de l'œuf, a donc des *branchies externes.*

Mais ces deux groupes de branchies, si facilement visibles au début, ne tardent pas à disparaître : à la base de chacun d'eux se forme un bourrelet de la peau qui, se développant d'avant en arrière, finit par le recouvrir et l'envelopper dans une cavité, ne laissant plus à celle-ci qu'un orifice de communication avec l'extérieur. En même temps, les branchies ainsi recouvertes se flétrissent et sont remplacées par d'autres, qui, protégées par les replis de la peau, sont dites *branchies internes.* C'est vers cette époque qu'est apparue, à l'extrémité antérieure du corps, une bouche petite et arrondie : le têtard l'ouvre et la ferme sans cesse, introduisant dans son tube digestif l'eau chargée de particules alimentaires. Mais ces mouvements de la bouche ont aussi un autre but : un grossissement peu considérable nous permettra en effet de constater que l'eau sort continuellement par chacun des orifices qui, placés des deux côtés de la tête, donnent accès dans les cavités branchiales; il suffira de jeter dans l'eau quelques grains très fins d'une poudre colorée qu'elle tiendra en suspension, pour apercevoir ce mouvement. L'eau introduite par la bouche a donc pénétré dans les cavités branchiales, où l'air qu'elle tient en dissolution a servi à la respiration de l'animal, et est sortie ensuite par les deux orifices (*spiracles*) visibles extérieurement.

Ses transformations. — Suivons le développement du têtard arrivé à ce point : placé dans des conditions favorables de chaleur et de lumière, nous le verrons se nourrir et s'accroître; mais en même temps sa forme va se changer. Vers la base de la queue, qui semble en même temps se réduire, apparaissent bientôt deux bourgeons qui s'allongent peu à peu et prennent l'aspect d'une paire de pattes dont chacune est pourvue de cinq doigts. Puis une seconde paire de pattes se forme par le même procédé à la partie antérieure du corps : plus tardive que la première, elle la suit à distance dans son développement, et reste toujours moins volumineuse.

Cependant la queue, diminuant progressivement de volume, comme si les substances qui la forment étaient utilisées pour l'accroissement des parties nouvelles, *se résorbant*, en un mot, finit par se flétrir et disparaître complètement : l'animal a pris l'aspect d'une grenouille adulte (*fig.* 140). Il en possède aussi l'organisation interne; car au développement des deux paires de pattes et à la disparition de la queue correspond la destruction de l'appareil branchial qui servait à la respiration du têtard : mais, en même temps, se développe sur la partie antérieure du tube digestif, auquel il est de la sorte greffé, un double sac qui s'étend peu à peu dans la cavité générale du corps, et dans lequel il est facile de reconnaître un appareil pulmonaire. Les mouvements de déglutition, auxquels la grenouille adulte continue à se livrer, comme le têtard, ont dès lors pour effet d'introduire l'air dans de véritables poumons.

Fig. 140. — Grenouille adulte.

Caractère général des métamorphoses. — Ainsi la Grenouille, avant d'atteindre sa forme définitive, passe par une série de formes intermédiaires : elle présente des *métamorphoses*. Il en est de même de tous les animaux de la classe des Batraciens, à cela près que, possédant tous des branchies au début de leur existence, ils ne les perdent pas toujours : les uns gardent des branchies pendant toute leur vie (*Protée*) et ne possèdent jamais de poumons ; d'autres, au contraire, subissent normalement toutes les transformations auxquelles la Grenouille nous a fait assister (*Salamandre terrestre*). Mais, chose curieuse, il n'existe pas de limite tranchée entre ces deux groupes. Certains Batraciens, qui généralement conservent leurs branchies pendant toute leur vie, peuvent exceptionnellement les perdre et se munir de poumons ; c'est ainsi que deux espèces, que l'on croyait autrefois distinctes, l'*Axolotl* du Mexique et l'*Amblystome*, dont la première est pourvue de branchies, et la seconde de poumons, ne sont que deux formes successives d'une même espèce : l'Axolotl peut, dans certaines conditions, perdre sa respiration aquatique, et se métamorphoser en Amblystome. De même, les *Tritons* ou Salamandres aquatiques de nos pays peuvent quelquefois garder jusqu'à l'état adulte les branchies de leur jeune âge.

La présence presque constante de métamorphoses, et les variations mêmes que l'influence du milieu peut imprimer à ces métamorphoses dans une même espèce, nous montrent clairement que les Batraciens forment, dans le groupe des Vertébrés, une véritable classe intermédiaire entre celles dont la respiration est constamment aérienne (Mammifères, Oiseaux, Reptiles), et celle dont la respiration est constamment aquatique et qui devra nous occuper en dernier lieu (Poissons).

Classification. — Les Batraciens peuvent être rapportés à trois types principaux : la *Grenouille*, pourvue de quatre membres et dépourvue de queue, type des *Anoures ;* — le *Triton*, ayant quatre membres et une queue, type des *Urodèles ;* — la *Cécilie*, dont le corps dépourvu de membres a l'aspect de celui des Serpents, type des *Apodes*.

Les Anoures. — Au groupe des Anoures appartiennent les *Grenouilles*, dont nos pays renferment trois espèces : la *verte*, la *rousse* et l'*agile*.

Il faut en rapprocher les *Crapauds*, dépourvus de dents, qui doivent un aspect repoussant à leur démarche lourde et à leur peau rugueuse. Très utiles à l'agriculture pour la chasse active qu'ils font aux insectes, aux limaces, hôtes nuisibles des jardins, ils sont considérés très souvent et bien à tort comme des animaux dangereux : ils possèdent en effet, à la partie postérieure de la tête, des glandes dites *parotides*, et sécrétant un venin dont quelques gouttes inoculées à un chien ne tardent pas à amener la mort ; mais ce venin n'est jamais projeté au dehors.

Plus près encore des Grenouilles (car, comme elles, ils sont pourvus de dents), viennent se placer le *Sonneur à ventre de feu*, animal aquatique, et l'*Alyte accoucheur*, dont le mâle a la singulière habitude de coller les œufs sur ses pattes de derrière, ce qui lui permet de les transporter partout avec lui, jusqu'au jour où, s'approchant de l'eau, il abandonne les jeunes têtards formés à leur élément naturel.

Les *Rainettes*, dont une espèce (*Rainette verte*) est assez répandue dans nos pays, se distinguent à la forme de leurs doigts, terminés par de petites pelotes dont l'animal se sert, comme de ventouses, pour se fixer aux supports.

Le *Pipa*, que caractérise l'absence de langue dans la cavité buccale, est remarquable par le soin qu'il apporte au développement des œufs : le mâle les place sur le dos de la femelle, où ils s'incrustent en quelque sorte dans la peau, pour y parcourir toutes les phases de leur développement ; les jeunes n'en sortent qu'à l'état adulte, pourvus de quatre pattes et de poumons.

Les Urodèles. — Les *Urodèles* sont pourvus toujours d'une queue et généralement de quatre pattes ; leurs œufs, au lieu d'être pondus par masses d'aspect gélatineux, comme chez les Anoures, sont abandonnés isolément.

C'est à ce groupe qu'appartient la *Salamandre terrestre*, dont la queue est arrondie, et à laquelle une fable ridicule attribue la propriété de pouvoir résister impunément à l'action du feu ; la seule particularité curieuse qu'elle présente est de mettre au monde des petits presque complètement formés, et déjà munis de poumons : non pas qu'elle soit dépourvue d'œufs, mais ceux-ci subissent la plus grande partie de leur développement à l'intérieur du corps de la mère ; on dit qu'elle est *ovovivipare*. Le *Triton* ou Sa-

Fig. 141. — Tritons.

lamandre aquatique (*fig.* 141) a la queue aplatie et disposée comme une rame verticale pour la natation ; son dos présente, en outre, une crête très développée. Au même groupe se rattachent l'*Amblystome* et l'*Axolotl*.

La *Sirène lacertine*, de la Caroline du Sud, et le *Protée*, des lacs souterrains de la Carniole et de la Dalmatie, sont aussi des Urodèles ; mais ils conservent leurs branchies pendant toute leur vie : ce sont des *pérennibranches*. Le Protée possède encore quatre membres, comme la plupart des Urodèles ; la Sirène lacertine, au contraire, n'en possède plus que deux, ceux de la paire antérieure ; elle établit par conséquent le passage au groupe des Apodes.

Les Apodes. — Celui-ci, peu nombreux, renferme des animaux totalement dépourvus de membres et dont l'aspect général, jusqu'à la présence de très petites écailles dans la peau, rappelle tout à fait celui des Ophidiens; ce sont en quelque sorte les serpents des Batraciens ; les principaux sont les *Siphonops* et les *Cécilies*, ces dernières ovovivipares comme les Salamandres.

RÉSUMÉ

Les *Batraciens* forment la quatrième classe des Vertébrés.

Ils se distinguent des Reptiles par leur *peau nue*, permettant la *respiration cutanée*, et par leurs *métamorphoses*. Le développement de l'œuf aboutit à la formation d'un *têtard*, pourvu d'une queue, dépourvu de membres, et respirant l'air dissous dans l'eau à l'aide de *branchies*. Ces branchies, d'abord externes, deviennent ensuite internes, puis sont remplacées par des poumons. En même temps la queue se résorbe et les membres apparaissent, paire par paire, pour constituer le Batracien adulte.

On distingue trois groupes parmi les Batraciens :

Les *Anoures*, dépourvus de queue, mais ayant quatre membres (*Grenouilles, Crapaud*, etc.).

Les *Urodèles*, ayant quatre membres et une queue (*Salamandre, Triton, Protée*, etc.).

Les *Apodes*, n'ayant pas de membres (*Siphonops, Cécilie*).

VINGT-DEUXIÈME LEÇON

Les Poissons.

Les Poissons. — Nous voici arrivés à la dernière classe des Vertébrés, celle des *Poissons;* c'est elle qui comprend, à proprement parler, l'immense majorité des Vertébrés vivant dans l'eau, au point que, dans le langage vulgaire, le mot de « poisson » est devenu à tort synonyme d'animal aquatique.

L'organisation entière des Poissons est en harmonie avec leur mode d'existence : la forme du corps, son revêtement externe, la nature des membres, la structure de l'appareil respiratoire, tout en eux indique une adaptation complète à la vie aquatique.

Écailles. — Généralement allongé en forme de fuseau, et aplati sur les flancs (*fig.* 142), le corps du Poisson est éminemment propre à la natation ; il est, d'ailleurs, presque toujours protégé contre les atteintes directes de l'eau, par une couche d'écailles disposées comme les tuiles d'un toit, et qui proviennent d'un épaississement local du derme (*fig.* 144). Chez la plupart des Poissons, ces écailles ont la forme de quadrilatères aux bords légèrement courbes (*b*), souvent festonnés, quelquefois bordés sur un côté de prolongements semblables aux dents d'un peigne (*a*); c'est ce qui arrive par exemple chez la Perche.

Fig. 142. — Perche.

Nageoires. — Les membres, chacun le sait, au lieu d'être disposés, comme chez les Vertébrés des classes précédentes, pour la marche, le saut, la reptation ou le vol, sont faits pour nager : ils sont réduits à l'état de *nageoires*, par une transformation dont l'étude du squelette (*fig.* 143) facilite l'intelligence. Rattaché aux os de la tête (*a*), dont le nombre et la complication font une des principales difficultés de l'étude des Poissons, chaque membre de la première paire, ou nageoire pectorale (*b*), se termine par une série d'osselets qui forment des rayons disposés comme les pièces d'un éventail; sur l'animal vivant, tous ces osselets sont recouverts par les téguments et donnent à l'extrémité des membres l'aspect d'une palette. Les membres de la

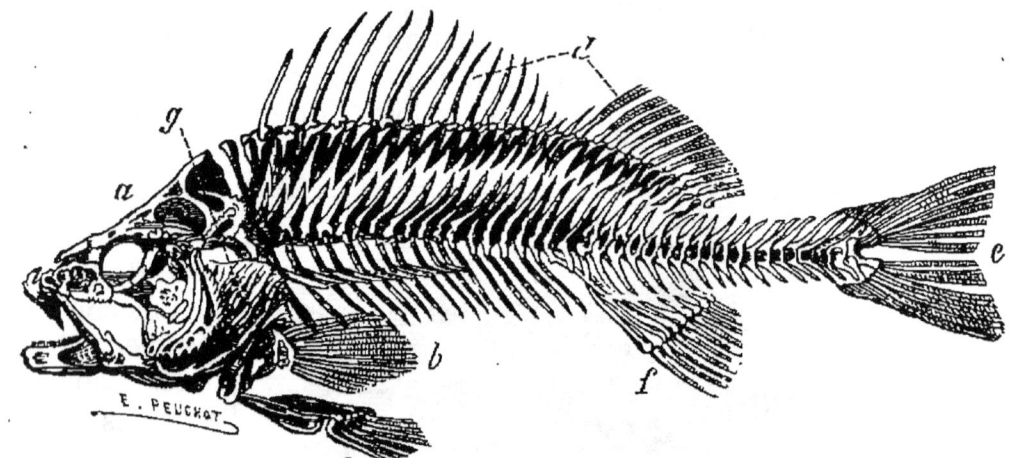

Fig. 143. — Squelette de la Perche.

seconde paire ont des extrémités semblables, mais leur position n'est pas aussi constante; placées tantôt à l'extrémité postérieure du corps, comme chez la *Carpe*, tantôt au voisinage et même en avant des nageoires pectorales, comme chez la *Perche*, les *nageoires abdominales* (*c*) manquent quelquefois, chez l'*Anguille* par exemple, réduisant ainsi à deux le nombre des *nageoires paires*.

Mais il existe aussi, chez tous les Poissons, une seconde série de nageoires qui, placées dans le plan de symétrie de l'animal, ne se répètent pas en double sur chaque moitié du corps; ce sont les *nageoires impaires* : l'une occupe le dos, où elle se partage souvent en plusieurs faisceaux, portant parfois des épines plus ou moins saillantes (*nageoire dorsale*, *d*); une autre, divisée généralement en deux parties égales, termine le corps du Poisson, où elle lui sert en quelque sorte de gouvernail (*nageoire caudale*, *e*); enfin la troisième, ordinairement petite, est placée immédiatement derrière l'orifice postérieur du tube digestif (*nageoire anale, f*).

Appareil digestif. — L'appareil digestif, assez simple, dépourvu de glandes salivaires, muni cependant d'un foie volumineux (*fig.* 145, *f*), est surtout remarquable par le nombre des dents situées dans la partie antérieure : on n'en trouve pas seulement sur les maxillaires, comme chez les autres Vertébrés, mais aussi sur la langue, sur le palais, sur le vomer, dans l'arrière-bouche et jusque sur les os qui soutiennent l'appareil respiratoire. Jamais elles ne sont fixées dans des alvéoles ; toujours soudées à l'os qui les supporte, elles forment corps avec lui, elles se présentent à sa surface comme de simples saillies.

Branchies. — L'appareil respiratoire est celui qui convient à une existence uniformément aquatique ; c'est dire que pendant toute leur vie les Poissons respirent à l'aide de *branchies*.

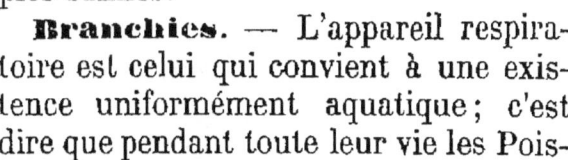

Fig. 144.

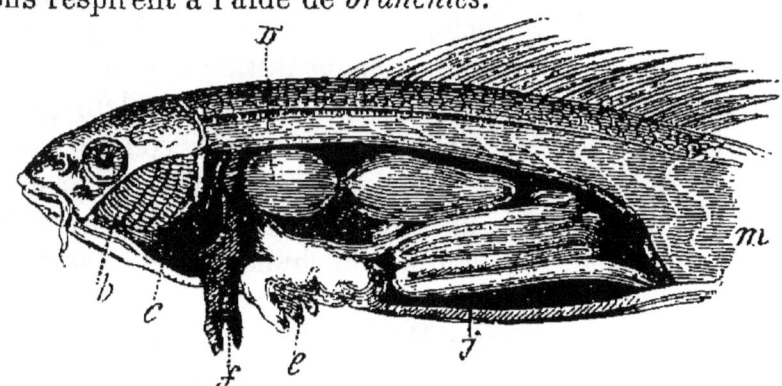

Fig. 145. — Organes internes d'un Poisson.

Rappelons-nous la respiration de la jeune Grenouille

pourvue de branchies internes : une série de fentes, séparées par une série d'arceaux comparables aux barreaux d'une grille, et situées de chaque côté de l'arrière-bouche, faisait communiquer cette partie du tube digestif avec deux cavités latérales, placées symétriquement derrière la tête, et s'ouvrant elles-mêmes à l'extérieur; l'eau, introduite par la déglutition, traversait ces fentes dont les bords étaient garnis de branchies, et s'échappait au dehors par les orifices latéraux, après avoir cédé au sang l'oxygène qu'elle tient en dissolution.

Cet état, qui n'était que passager chez la Grenouille, est définitif chez le Poisson. De chaque côté de la tête, il est facile, en effet, de remarquer deux plaques (*opercules*) (*fig.* 143, *g*) qui se soulèvent et s'abaissent alternativement, de manière à ouvrir et à fermer deux fentes latérales (*ouïes*) par lesquelles s'échappe l'eau que l'animal, dont la bouche ne cesse de s'ouvrir et de se fermer, a introduite à l'aide de mouvements de déglutition. En levant ces opercules, nous trouverons au-dessous d'eux une masse de lamelles, d'une belle couleur rouge (*branchies*, *fig.* 145, *b*); elles sont disposées comme les dents d'un peigne sur quatre arcs osseux, dits *arcs branchiaux*, séparés par des fentes, et dont chacun porte une double rangée de branchies; un premier arc, placé en avant et dépourvu de branchies, porte une série de longues épines osseuses, perpendiculaires à la direction des arcs branchiaux, et leur formant un premier appareil protecteur (*rayons branchiostèges*); un dernier arc, très réduit et placé en arrière, est également dépourvu de branchies. N'avons-nous pas là, comme chez le têtard de la Grenouille, une chambre branchiale, protégée contre l'extérieur par l'opercule, communiquant avec l'arrière-bouche par les fentes branchiales, et s'ouvrant au dehors par les ouïes?

Vessie natatoire. — Mais, de même que chez l'Oiseau, fait pour la vie aérienne, l'appareil pulmonaire se compliquait de sacs aériens pénétrant entre les différents viscères, ainsi la vie aquatique, à laquelle les Poissons semblent si complètement adaptés, entraîne chez beaucoup d'entre eux la présence d'un organe supplémentaire qu'on peut rattacher à l'appareil respiratoire : une poche quelquefois très volumineuse, dite *vessie natatoire* (*fig.* 145, D), est placée au-dessus du tube digestif, avec lequel elle communique fréquemment. Toujours remplie de gaz et renfermant dans ses parois un grand nombre de vaisseaux sanguins, cette poche pourrait être, sans hésitation, comparée à un poumon, si le sang que lui apportent ces vaisseaux n'était du sang rouge, ayant déjà respiré ; elle paraît du moins avoir pour effet de modifier la densité du corps de l'animal, et de faciliter par suite son déplacement au sein de l'eau.

Appareil circulatoire. — L'appareil circulatoire est très simple : le cœur (*fig.* 145, *c*), placé au voisinage de la face ventrale, dans la région qui suit immédiatement la tête, et qu'on pourrait appeler région de la gorge, ne comprend que deux cavités principales : une *oreillette* et un *ventricule*, qui se continue immédiatement par une sorte de renflement à parois musculaires dit *bulbe aortique*. Le sang, que l'oreillette reçoit d'une poche où tombent deux veines dites *canaux de Cuvier*, est celui qui revient des diverses parties du corps après avoir servi à la nutrition ; le ventricule, par l'intermédiaire du bulbe aortique, le lance dans quatre paires de vaisseaux en forme de crosses, qui le distribuent aux branchies ; quand il a repris, au contact de l'air dissous dans l'eau, ses qualités nutritives, il se rassemble dans une série de veines qui gagnent la région dorsale du corps et s'y réunissent en une *aorte descendante :* celle-ci, par ses différentes branches, envoie le sang rouge à tous les organes, où il redevient veineux et reprend son parcours. Il résulte de là que le cœur du Poisson ne renferme jamais que du sang noir ; ne comprenant d'ailleurs qu'une oreillette et qu'un ventricule, on peut dire qu'il représente uniquement la partie droite du cœur de l'Homme ou des Vertébrés supérieurs.

Les Poissons présentent un dernier caractère qu'ils possèdent en commun avec les trois classes précédentes de

Vertébrés : ils pondent des *œufs*. De sorte que nous pourrons leur appliquer la définition suivante : *Vertébrés à sang froid, ovipares, couverts d'écailles, pourvus d'un cœur à deux cavités et de branchies, et dont les membres sont transformés en nageoires.*

Classification. — Autant la classe des Oiseaux nous a paru homogène, et par suite difficile à séparer en ordres, autant celle des Poissons présente de variété et se prête aux divisions naturelles.

Téléostéens. — Il existe cependant un premier groupe, excessivement nombreux, de Poissons dont l'organisation tout entière est conforme au type que nous venons d'étudier, à celui de la Perche, par exemple, et qu'il est, par conséquent, assez difficile de décomposer. Rien ne s'oppose à ce que nous en fassions un ordre unique, celui des *Téléostéens*.

On peut toutefois y distinguer deux formes principales : tantôt, comme dans la *Carpe*, les nageoires abdominales sont rejetées vers la partie postérieure du corps; tantôt, comme chez la *Perche*, elles sont reportées au voisinage des nageoires pectorales. A cette différence d'ordre extérieur en correspond une autre dans l'organisation interne : la vessie natatoire de la Carpe s'ouvre dans le tube digestif; celle de la Perche en est complètement distincte. Ce double caractère est la base d'une division des Téléostéens en *Physostomes* et *Physoclistes*.

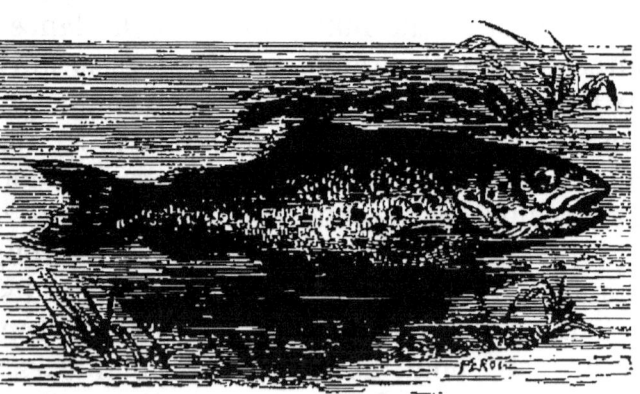

Fig. 146. — Truite.

Parmi les Physostomes viendront se ranger les *Goujons*,

les *Carpes*, les *Tanches*, les *Cyprins* (auxquels appartiennent les poissons rouges qui font l'ornement des pièces d'eau dans les jardins), les *Truites* (*fig.* 146), les *Saumons*, poissons marins, qu'un instinct curieux conduit à remonter les fleuves à l'époque de la ponte des œufs (époque du *frai*) : les jeunes, éclos dans l'eau douce, y passent les trois premières années de leur existence, puis redescendent vers la mer, et remontent tous les ans, à leur tour, jusqu'au point qui les a vus naître, pour y déposer leurs œufs. Le *Brochet*, le *Hareng*, la *Sardine*, l'*Anchois*, l'*Alose*, anadrome comme le Saumon, sont encore des Physostomes. Il faut rattacher

Fig. 147. — Anguille.

au même groupe l'*Anguille* (*fig.* 147) au corps cylindrique et serpentiforme, bien qu'elle soit totalement dépourvue de nageoires abdominales ; un instinct contraire à celui du Saumon pousse ce poisson d'eau douce à descendre vers la mer à l'époque du frai.

Les Physostomes sont tous *Malacoptérygiens*, c'est-à-dire que les rayons qui forment leur nageoire dorsale sont divisés en un grand nombre d'articles mous, qui la rendent flexible.

Chez les Physoclistes, au contraire, on trouve des Malacoptérygiens, comme la *Morue* (*fig.* 148), le *Merlan*, les *Pleuronectes* (Sole, Limande, Turbot, etc.) qui nagent au fond de l'eau, couchés sur le flanc, — et des *Acanthoptéry-*

giens, c'est-à-dire des poissons dont la nageoire dorsale est hérissée de rayons d'une seule pièce, durs et terminés en pointe aiguë. Ce sont : la *Perche* (*fig.* 142), le *Maquereau*, le *Thon*, le *Rouget*, l'*Epinoche*, si remarquable par le nid qu'elle se construit pour servir de protection à ses œufs, le *Dacty-*

Fig. 148. — Morue.

loptère ou Poisson volant, dont les nageoires pectorales, très développées, font office de parachutes quand l'animal s'élance hors de l'eau, l'*Anabas*, dont les branchies peuvent accumuler une quantité notable d'eau, lui permettant ainsi de quitter sans danger son élément naturel et de s'élever jusque sur les arbres.

Plus singuliers encore sont les *Hippocampes* ou Chevaux marins et les *Syngnathes;* leur appareil branchial très simple, composé d'une petite houppe de filaments, leur a fait donner le nom de *Lophobranches*.

Enfin le *Coffre*, le *Tétrodon*, le *Môle*, dont le corps tout entier est recouvert d'une sorte de cuirasse inflexible, et dont la mâchoire supérieure, soudée au crâne, a perdu la mobilité qu'elle avait conservée chez les autres Poissons, terminent, sous le nom de *Plectognathes*, la série des Téléostéens.

Dipneustes. — Parmi les Poissons qui ne peuvent être rangés dans cette série, il en est dont l'organisation est plus élevée et semble les rapprocher des classes précédentes, de celle des Batraciens en particulier. Le *Ceratodus* d'Australie, le *Lepidosiren* du Brésil et le *Protoptère* de l'Afrique tropicale, sont des êtres bien singuliers. L'aspect général de leur corps, les écailles qui le couvrent, leurs membres aplatis en forme de nageoires, en font de véritables Poissons; et cependant, lorsque l'eau vient à leur manquer, ils continuent à vivre dans la boue desséchée : c'est qu'en effet, aux branchies, qui assurent leur existence dans l'eau, ils ajoutent un appareil pulmonaire (un poumon chez le Ceratodus, deux poumons chez le Lepidosiren et le Protoptère), qui leur permet la vie aérienne. N'y a-t-il pas là une bien grande ressemblance avec l'organisation d'un Batracien qui aurait encore ses branchies et dont les poumons seraient déjà développés? Cette analogie se retrouve jusque dans l'appareil circulatoire : le cœur, au lieu de rester simple, est formé de trois cavités.

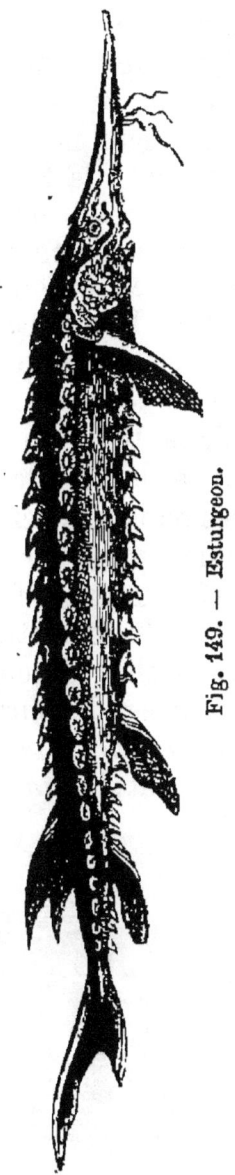

Fig. 149. — Esturgeon.

Ganoïdes. — Tous les autres ordres de la classe des Poissons renferment, au contraire, des animaux d'organisation inférieure à celle des Téléostéens. Le squelette de ces derniers était osseux dans toutes ses parties; celui de l'*Esturgeon* (*fig.* 149), type du groupe des *Ganoïdes*, reste toujours à l'état cartilagineux. Il est vrai que tous les animaux de ce groupe ne présentent pas ce caractère, que, par exemple, le *Lépidostée* et le *Polyptère*, qui sont pourtant des Ganoïdes, ont un squelette osseux; mais ils offrent avec l'Esturgeon tant de ressemblances naturelles qu'il est impossible de les en séparer. Leur queue, au lieu de se terminer par deux branches égales (*queue homocerque*), comme celle des Téléostéens, porte deux prolongements inégaux, dont le plus long est le prolongement supérieur (*queue hétérocerque*). Leur intestin porte, à sa surface interne, un repli saillant, disposé en spirale comme un escalier (*valvule spirale*); et le bulbe aortique qui succède au ventricule du cœur contient plusieurs rangées de valvules. Enfin la peau est pourvue d'écailles de forme losangique, de consistance osseuse, recouvertes d'une substance identique à l'émail : la présence de ces écailles, dites *ganoïdes*, est le principal caractère du groupe, auquel elles ont donné leur nom.

Sélaciens. — L'ordre des *Sélaciens* (ex. : la Raie, le Requin, etc.) offre certaines analogies avec celui des Ganoïdes (valvule spirale dans l'intestin, valvules nombreuses au bulbe aortique, queue hétérocerque). Il en diffère par deux caractères principaux : 1° la bouche, au lieu d'occuper l'extrémité antérieure du museau, forme une fente ouverte transversalement à la face inférieure de la tête; — 2° au lieu d'être contenues de chaque côté de la tête dans une cavité commune que protège un opercule, les branchies, groupées deux à deux, y sont renfermées dans une série de cinq cavités distinctes qui s'ouvrent d'une part dans l'arrière-bouche, d'autre part à l'extérieur, par autant de fentes séparées dites *fentes branchiales*. D'ailleurs le squelette est toujours cartilagineux, et la peau, chagrinée chez le Requin, est couverte, chez la Raie, d'écailles osseuses, dépourvues d'émail, souvent bouclées (*écailles en boucle*) (*fig.* 144, *c*).

C'est à l'ordre des Sélaciens qu'appartiennent : les *Squales*, au corps allongé et cylindrique, et dont les fentes branchiales sont placées en avant des nageoires pectorales, comme les *Requins*, les *Chiens de mer* (*fig.* 150), etc. ; — et les *Raies*, dont le corps est aplati de haut en bas et les fentes branchiales placées au niveau des

Fig. 150. — Chien de mer.

nageoires pectorales ; ex. : les *Raies* proprement dites, les *Torpilles*, les *Scies*.

Cyclostomes. — Les *Lamproies* (*fig.* 151) sont encore des Poissons à squelette cartilagineux ; mais ce squelette est encore plus simple que celui des Sélaciens, et la colonne vertébrale, au lieu d'être formée de vertèbres distinctes, s'y réduit souvent à une sorte de tige transparente et flexible, placée au-dessous de la moelle épinière : c'est la

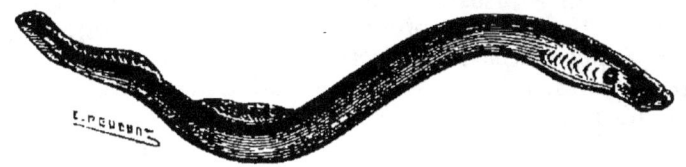

Fig. 151. — Lamproie.

corde dorsale. Nulle trace de nageoires paires. L'appareil respiratoire, analogue à celui des Sélaciens, est formé de poches distinctes, généralement au nombre de sept, qui s'ouvrent librement au dehors, et communiquent avec l'œsophage par une série d'orifices ou par un canal commun. La bouche, de forme circulaire, fonctionne, à la manière d'une ventouse, comme un organe de succion ; de cette forme vient le nom de *Cyclostomes*, donné à l'ordre des Lamproies.

Amphioxus. — Le plus simple des Poissons et des Vertébrés est un animal de petite taille, au corps aplati en forme de lancette, dépourvu de sang rouge et de cerveau : l'*Amphioxus*. S'il n'a pas de cerveau, il a du moins une moelle épinière, légèrement renflée à son extrémité antérieure, ainsi qu'un tube digestif placé tout entier au-dessous d'elle et séparé de la moelle épinière par une corde dorsale très simple ; la partie antérieure de ce tube, dilatée en forme de sac, a des parois percées de fentes nombreuses qui laissent passer l'eau de la bouche dans une poche extérieure ouverte au dehors ; c'est un appareil branchial. Ces rapports entre la moelle épinière et le tube digestif, entre le tube digestif et l'appareil respiratoire, ont valu à l'Amphioxus une place, la dernière, dans l'embranchement des Vertébrés.

RÉSUMÉ

Les *Poissons* forment une classe de Vertébrés à sang froid, ovipares, au corps couvert d'écailles dermiques, dont les membres sont transformés en nageoires, qui respirent à l'aide de branchies, et dont le cœur est formé de deux cavités principales.

On peut y distinguer six ordres :

Les *Téléostéens*, poissons à squelette osseux, dont les branchies sont réunies dans une cavité commune de chaque côté de la tête; ils se divisent en *Physostomes* (*Carpe, Saumon, Brochet, Hareng, Anguille*), — *Physoclistes* (*Morue, Sole, Perche, Thon*), — *Lophobranches* (*Hippocampe*), — *Plectognathes* (*Coffre*).

Les *Dipneustes*, qui possèdent un ou deux poumons, ajoutés aux branchies (*Ceratodus, Lépidosiren*).

Les *Ganoïdes*, dont le squelette est souvent cartilagineux, et chez qui la peau est couverte d'écailles émaillées (*Esturgeon, Lépidostée*).

Les *Sélaciens*, dont le squelette est toujours cartilagineux, et dont les poches branchiales s'ouvrent au dehors par des orifices séparés (*Squales, Raies*).

Les *Cyclostomes* (*Lamproies*), à bouche circulaire, pourvus d'une corde dorsale, et dépourvus de membres.

L'*Amphioxus*, le dernier des Vertébrés.

Classification des Vertébrés.

Le tableau suivant résume les notions que nous avons acquises maintenant sur l'organisation et la classification des Vertébrés, en négligeant les exceptions que nous avons signalées au passage :

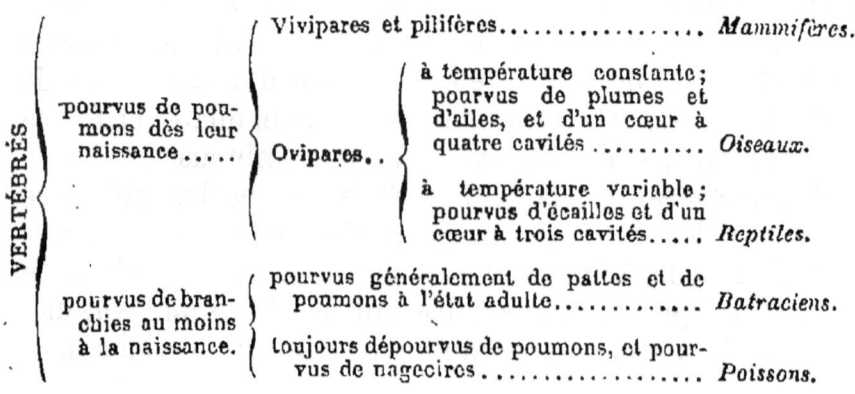

VINGT-TROISIÈME LEÇON

Organisation des Insectes.

Les Arthropodes. — Le second type du règne animal est celui des *Arthropodes;* on se souvient qu'il comprend des animaux à symétrie bilatérale, dépourvus de squelette intérieur, mais recouverts d'une carapace dure, et dont le corps, partagé dans le sens de la longueur en une série d'anneaux, porte des pattes articulées.

Les Insectes. — Quatre classes contribuent à former cet embranchement : la première est celle des *Insectes*, animaux aériens dont le *Carabe*, la *Sauterelle*, la *Mouche* ordinaire, les *Papillons*, peuvent nous servir d'exemples. L'étude des caractères généraux du groupe doit nous retenir en premier lieu : elle nous permettra de le mieux définir.

Organes extérieurs. — Le corps d'un Insecte, de la Sauterelle par exemple (*fig.* 152), se partage en trois parties: la *tête* (*a*), le *thorax* (*d, e, f*), l'*abdomen* (*m*).

Au premier abord, la *tête* paraît formée d'un anneau unique ; de chaque côté sont placés les *yeux* (*c*); au bord antérieur s'attachent deux tiges très fines et mobiles, formées chacune d'une série de pièces articulées entre elles : ce sont les *antennes* (*b*), si facilement visibles chez le Hanneton, où elles se terminent par un groupe de petites lamelles disposées en éventail.

Dans le *thorax*, au contraire, il est aisé de distinguer trois anneaux successifs (*d, e, f*). Chacun d'eux porte une paire de *pattes* (*g, h, i*); chaque patte se décompose, comme chez tous les Arthropodes, en une série d'articles de forme et de dimensions variées auxquels on a donné, par analogie avec les membres des Vertébrés, les noms de *hanche*, *trochanter*, *cuisse*, *jambe*, *tarse*. On peut remarquer que chez la Sauterelle, faite pour le saut, la troisième paire de pattes est beaucoup plus développée que les deux premières. Les deux derniers anneaux du thorax portent, en outre,

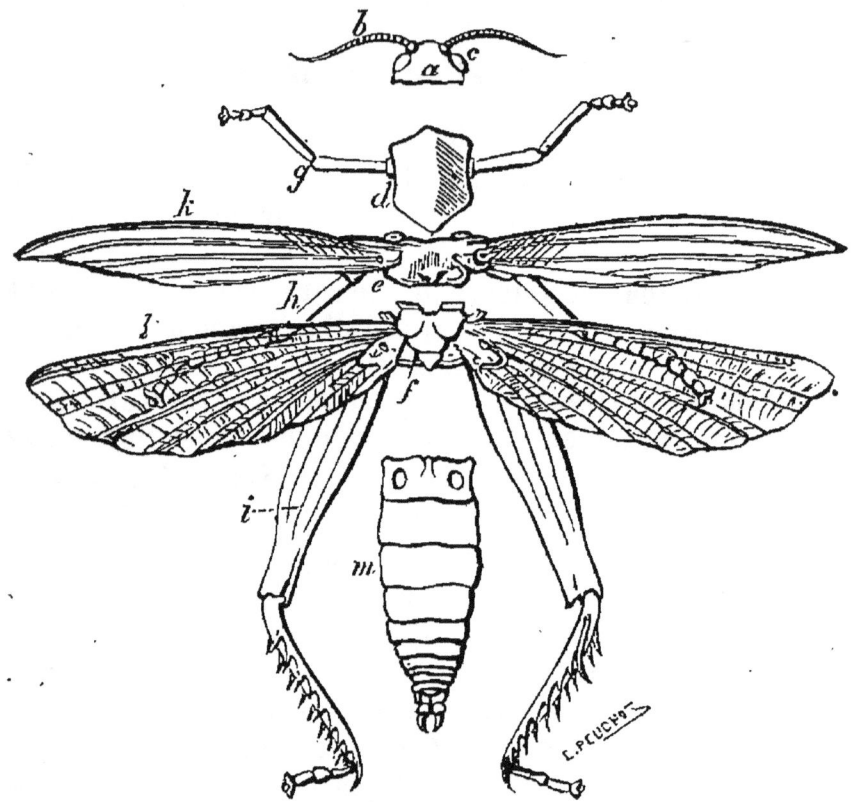

Fig. 152. — Corps de la Sauterelle désarticulé.

chacun une paire d'*ailes* (*k*, *l*); ce sont des appendices aplatis, généralement minces et transparents, parcourus par des lignes saillantes et ramifiées (*nervures*), et dont les mouvements rapides permettent les déplacements de l'animal dans l'atmosphère. Il est nécessaire d'ajouter que certains Insectes ne possèdent qu'une paire d'ailes ; on peut alors les qualifier d'insectes *diptères*, réservant le nom d'*aptères* à ceux qui en sont totalement dépourvus.

L'abdomen, enfin, se compose de neuf ou dix anneaux dépourvus d'appendices.

Mais revenons à la tête et examinons-la par sa face inférieure; nous verrons alors aisément qu'aux antennes et aux yeux, portés par la face supérieure, s'ajoutent de nombreux appendices disposés autour de la bouche (*fig.* 153), et dont l'étude aurait pu accompagner celle du tube digestif. C'est d'abord, au-dessus de la bouche, une pièce transversale, dite *lèvre supérieure* (*a*), qu'une crête médiane semble partager en deux parties. Puis vient de chaque côté un appendice simple, crochu, souvent dentelé sur son bord libre, la *mandibule* (*b*); se déplaçant de gauche à droite ou de droite à gauche, et saisissant les objets comme feraient les mors d'une pince, les mandibules constituent un premier appareil de mastication. Un second appareil, disposé de même, est formé par les *mâchoires* (*c*); moins simple que la mandibule,

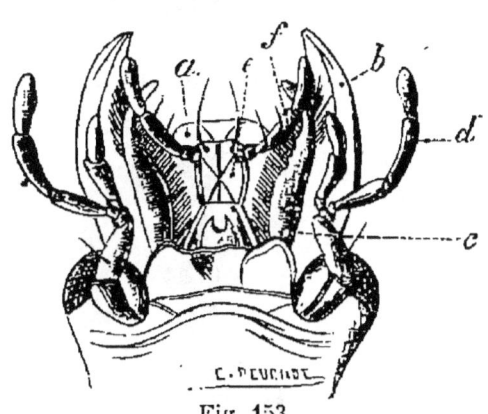

Fig. 153.
Appendices de la bouche du Carabe.

la mâchoire se compose d'une série de pièces articulées : un article basilaire, suivi d'une tige, qui supporte elle-même un lobe interne, un lobe externe et un *palpe maxillaire* (*d*), dont l'aspect rappelle celui de l'antenne ; c'est le rapprochement des lobes internes qui permet la mastication. Enfin, le dernier appendice de la bouche est la *lèvre inférieure* (*e*), dans laquelle il est facile de retrouver deux parties symétriques imparfaitement soudées et homologues des deux mâchoires qui les précèdent; on y voit jusqu'à des *palpes labiaux* (*f*), qui représentent les palpes maxillaires.

De tout ceci que faut-il conclure, sinon que la tête des Insectes, simple en apparence, est en réalité formée de quatre segments au moins, ce qui porte à dix-sept le nombre total des anneaux du corps.

Appareil digestif. — Nous connaissons maintenant assez l'aspect extérieur du corps de l'Insecte, pour chercher à pénétrer son organisation interne ; après l'avoir tué, dépouillé de ses ailes et fixé au fond d'une cuvette pleine d'eau, sur une planchette de liège, il nous suffira de faire, avec des ciseaux fins, deux incisions parallèles de chaque côté de sa face dorsale, et de détacher avec des pinces, tout le long du corps, la lanière de peau ainsi limitée : nous verrons apparaître alors, dans la cavité générale, les différentes parties de l'*appareil digestif* (*fig.* 154).

Commençant à la *bouche* (*a*), que nous avons suffisamment décrite, le tube digestif se continue par un *œsophage* étroit (*b*), qui se jette dans l'*estomac*. Celui-ci présente de nombreuses variations : chez les Insectes carnassiers comme le Carabe, où il atteint sa plus grande complication, il se compose de trois poches successives : le *jabot* (*c*), simple réservoir où les aliments attendent leur digestion ; le *gésier* (*d*), cavité à parois musculaires très puissantes ; le *ventricule chylifique* (*e*), où des glandes spéciales sécrètent un suc gastrique qui rend solubles et assimilables les substances alimentaires : c'est le véritable estomac. A l'estomac succède l'*intestin* (*f*), dans lequel on distingue quelquefois un intestin grêle, un gros intestin et un rectum, et qui se termine par l'anus.

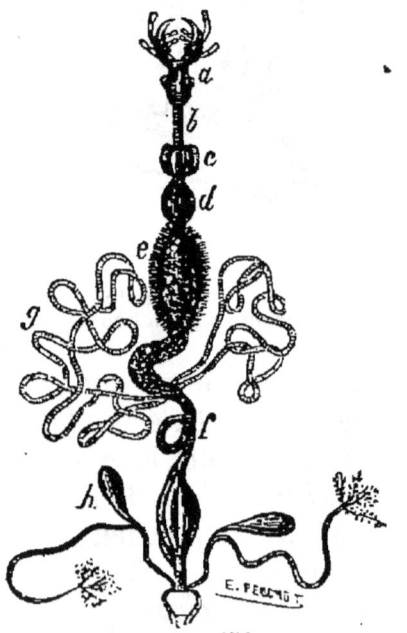

Fig. 154.
Appareil digestif du Carabe.

Parmi les annexes du tube digestif viennent en premier lieu les appendices de la bouche. Nous avons vu sommairement leurs formes et leur disposition chez le Carabe ; elles sont à peu près les mêmes chez tous les Insectes vraiment carnassiers. Au contraire, chez ceux qui se nourrissent du sang de leurs victimes ou du nectar des fleurs, et n'ont par conséquent qu'à sucer ou lécher leurs aliments, les appendices de la bouche se modifient de manière à déterminer au-devant

Fig. 155. — Trompe de la Mouche.

d'elle une sorte de *trompe :* celle de la Mouche (*fig.* 155) est constituée par la lèvre inférieure, repliée sur elle-même en forme de canal, tandis que les mandibules et les mâchoires s'allongent à l'intérieur de la trompe, en stylets propres à percer la peau; chez les Papillons (*fig.* 156), les deux lobes internes des mâchoires, très développés, se recourbent de manière à former deux gouttières dont la juxtaposition donne naissance à un long cylindre creux, que l'animal recourbe en spirale à l'état de repos, ou développe quand il veut chercher des aliments dans les corolles des fleurs.

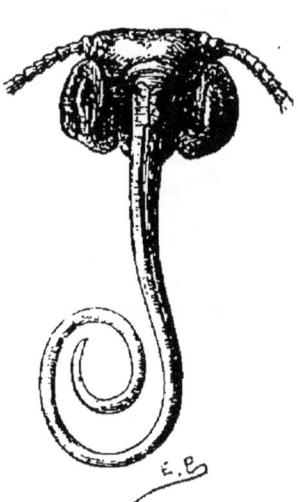

Fig. 156.
Trompe de Papillon.

Des *glandes salivaires*, placées au voisinage de la partie antérieure du tube digestif, versent leurs produits dans l'œsophage. Au point où le ventricule chylifique de l'estomac fait place à l'intestin, on voit déboucher un certain nombre de canaux, de couleur jaunâtre, repliés sur eux-mêmes, souvent enchevêtrés les uns dans les autres, et terminés généralement en cul-de-sac (*g*) : ce sont les *tubes de Malpighi*, qui paraissent représenter chez les Insectes le foie et les reins des Vertébrés. Enfin, des *glandes anales* (*h*) sont quelquefois annexées à la dernière partie de l'intestin.

Appareil respiratoire. — En mettant à nu les différentes parties de l'appareil digestif, nous avons pu remarquer que tous les tissus internes sont recouverts et comme pénétrés par une multitude de tubes très ténus, d'un éclat argentin : ce sont les organes de la respiration ou *trachées* ; formés d'une double membrane, dont la couche interne présente un épaississement en spirale, ces tubes se divisent à l'infini et vont, par leurs extrémités les plus fines, porter dans tous les points du corps l'air nécessaire à l'entretien de la vie.

Comment ces tubes entrent-ils en communication avec l'extérieur ? Quelles relations ont-ils entre eux (*fig.* 157) ?

Fig. 157. — Trachées du Hanneton.

De chaque côté de l'abdomen, on remarque une série d'orifices régulièrement disposés par paires sur chacun des anneaux, et fermés par un système de paupières membraneuses tendues sur un cadre épais et consistant : ce sont les *stigmates*. A chacun d'eux aboutit une trachée principale, dite *trachée d'origine*, qui s'enfonce dans l'intérieur du corps, et, par ses ramifications successives, donne naissance aux *trachées de distribution*, répandues dans tous les organes. Les trachées d'origine de chaque côté sont reliées entre elles par un long tube courant d'une extrémité à l'autre du corps (*trachée latérale*); ces deux tubes eux-mêmes présentent de distance en distance des anastomoses transversales. Enfin, on voit sur certains points les trachées se dilater, de manière à former des poches plus ou moins vastes, dites *vésicules trachéennes;* elles sont surtout développées chez les Insectes bons voiliers. L'air, que laisse pénétrer l'entrebâillement des stigmates, circule dans les trachées, et, par elles, arrive jusqu'aux tissus; ainsi se trouve constitué un appareil de respiration aérienne bien différent de l'appareil pulmonaire, puisque le gaz nutritif, au lieu de s'accumuler en un point déterminé du corps, où le sang vient à son contact, se répand ici dans la totalité des organes et vient, au contraire, au-devant du sang.

Appareil circulatoire. — Organisé comme il l'est pour la respiration, quel besoin l'Insecte aurait-il d'un *appareil circulatoire* compliqué? Ne nous étonnons pas de ne trouver chez lui ni artères, ni veines; un cœur suffit à régler le cours du sang, généralement incolore. Situé dans la région du dos, où il est accolé aux téguments qui le laissent souvent voir par transparence, le cœur doit à sa forme allongée le nom de *vaisseau dorsal*, qu'on lui donne fréquemment. Il se compose d'une série de poches renflées, ou *ventricules*, placées à la suite les unes des autres, et communiquant entre elles par des orifices pourvus de valvules. Chacun de ces ventricules est, en outre, muni de deux ouvertures latérales, susceptibles d'être fermées par des appareils valvulaires, et par lesquelles le sang peut pénétrer de l'extérieur dans le vaisseau dorsal. Fermé à son extrémité postérieure, celui-ci se continue en avant par un long tube ouvert, l'*aorte :* le sang qui, par les orifices latéraux, a rempli les ventricules, et que les contractions de ces derniers ont chassé de proche en proche jusqu'à l'extrémité antérieure, s'échappe par l'aorte et tombe dans la cavité générale, où aucun vaisseau ne le retient. Il y suit cependant des voies déterminées : quatre courants principaux, l'un dorsal, immédiatement au-dessous du cœur, un autre ventral, et deux latéraux, le ramènent d'avant en arrière, et, sur leur trajet, le distribuent aux divers organes, aux pattes, aux ailes, etc. Après avoir accompli son œuvre de nutrition, il rentre dans les ventricules du cœur et reprend son cycle ; chemin faisant, les trachées lui ont apporté l'air nécessaire à son hématose, les parois du tube digestif lui ont transmis la partie utile des aliments.

Système nerveux. — Le *système nerveux* des Insectes (*fig.* 158), comme celui de tous les Arthropodes, se compose de deux parties distinctes : l'une située au-dessus du tube digestif, dans la tête, et représentant le cerveau des Vertébrés, se compose de deux petites masses nerveuses reliées par un cordon transversal (*ganglions cérébroïdes, a*) ; l'autre, rattachée à celle-ci par une sorte de collier nerveux entourant le tube digestif (*d*), forme au-dessous de ce dernier, au voisinage de la face ventrale de l'Insecte, une longue *chaîne* de ganglions qu'on ne peut apercevoir qu'après avoir débarrassé la cavité générale de tous les organes qu'elle renferme. Les ganglions cérébroïdes envoient des nerfs aux yeux (*b*) et aux antennes ; le *ganglion sous-œsophagien* (*c*), le premier de la chaîne, innerve les annexes de la bouche (lèvres, mandibules, mâchoires) ; les trois ganglions suivants (*e, f, g*) correspondent aux trois anneaux du thorax et innervent les pattes et les ailes ; les autres sont des ganglions abdominaux (*h*). En examinant de près la chaîne et ses ganglions, on reconnaît qu'elle est formée en réalité de deux chaînes, l'une droite,

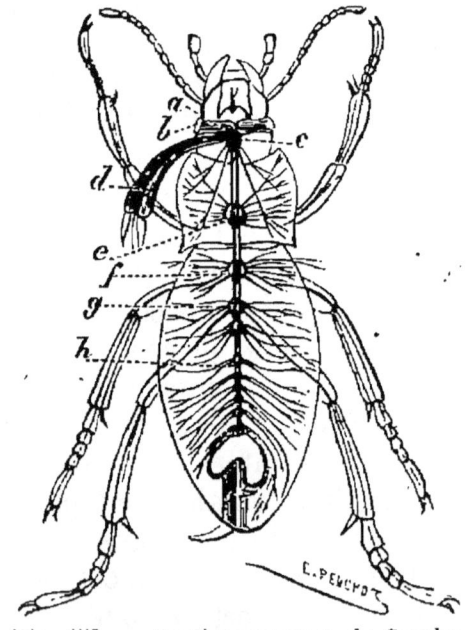

Fig. 158. — Système nerveux du Carabe.

l'autre gauche, confondues et soudées par le rapprochement.

Organes des sens. — Les *organes des sens* paraissent fort développés chez les Insectes. De chaque côté de la tête de la Sauterelle ou du Carabe nous avons pu remarquer un œil volumineux : c'est une sorte de bouton saillant dont la surface, au lieu d'être arrondie, porte une multitude de facettes planes et brillantes ; chaque facette correspond à un œil distinct ; de sorte qu'en réalité chaque côté de la tête est pourvu d'un grand nombre d'yeux simples, rapprochés et confondus en un œil multiple ou *œil composé*, dont la forme bombée permet à l'insecte de porter ses regards dans toutes les directions. Il existe d'ailleurs aussi chez certains Insectes des yeux simples.

Les Insectes entendent certainement ; mais il est assez difficile de fixer chez eux le siège de l'audition. Leurs antennes sont, à coup sûr, des organes de tact, qu'ils meuvent sans cesse pour palper les objets extérieurs ; peut-être même leur servent-elles pour l'odorat, qu'on ne saurait leur refuser.

Métamorphoses. — Les femelles des Insectes pondent des *œufs* ; mais il ne faudrait pas croire que l'éclosion de ces œufs mette immédiatement en liberté des êtres semblables à ceux qui les ont produits : ce qui sort d'un œuf d'Insecte, ce n'est pas un Insecte parfait ; c'est une sorte de ver au corps mou et flexible, pourvu de trois paires de pattes lui permettant de se mouvoir librement, d'un tube digestif lui permettant de se nourrir ; c'est, en un mot, une *larve* qui, par une série souvent longue de *métamorphoses*, se transforme lentement en un Insecte pareil à celui qui lui a donné le jour.

Prenons un exemple. Il n'est personne qui n'ait entendu parler des ravages qu'exercent parfois les *vers blancs* ; vivant sous terre, ils s'attaquent aux racines qu'ils rencontrent et, pour peu qu'ils soient nombreux, il leur est facile de compromettre toute une récolte. Ces vers blancs, bien mal nommés, car ce ne sont pas des Vers, ne sont autre chose que les larves du Hanneton (*fig.* 159, A) ; apparus vers la fin de juillet, ils continuent pendant plus de deux ans à détruire les racines dont ils se nourrissent, augmentant sans cesse de volume (B), et subissant, à intervalles réguliers, des *mues* qui permettent à leur peau de suivre l'accroissement des parties molles qu'elle recouvre. Enfin, vers le début de la troisième année, on les voit ralentir leurs mou-

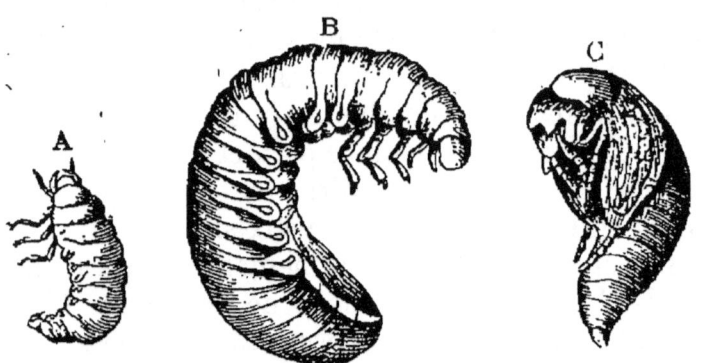

Fig. 159. — Métamorphoses du Hanneton.

vements, et une dernière mue met en liberté des êtres recouverts d'une enveloppe opaque ou transparente sous laquelle se devinent les pattes et les ailes de l'insecte futur (C); incapables de se nourrir ni de faire aucun mouvement, ces *nymphes* ne pourraient être mieux comparées qu'à des momies, enveloppées dans leurs bandelettes : d'ailleurs on leur en donne quelquefois le nom. On conçoit qu'un tel état ne saurait durer; en effet, vers les mois d'avril ou de mai de la troisième année, on voit se fendre l'enveloppe de la nymphe et sortir un Hanneton pourvu de six pattes, de quatre ailes, constitué en un mot comme celui duquel provenait l'œuf; c'est l'*insecte parfait*.

Telles sont les trois formes que parcourent successivement la plupart des Insectes : de telles *métamorphoses* sont dites *complètes*. Quand la larve se transforme directement en insecte parfait sans traverser la phase de repos qui caractérise la nymphe, les métamorphoses sont *incomplètes*: il peut arriver qu'elles soient nulles, et que l'œuf produise directement un insecte parfait.

RÉSUMÉ

Les *Insectes* sont des Arthropodes dont le corps se partage extérieurement en trois régions : la *tête*, le *thorax*, l'*abdomen*.

La tête porte les *yeux*, les *antennes* et les annexes de la bouche, qui, chez les insectes broyeurs, comprennent : une *lèvre supérieure*, deux *mandibules*, deux *mâchoires* et une *lèvre inférieure*.

Le thorax est formé de trois anneaux dont chacun porte une paire de *pattes* articulées; les deux derniers portent, en outre, chacun une paire d'*ailes*.

L'appareil digestif comprend : un *œsophage*, un estomac décomposé en *jabot*, *gésier* et *ventricule chylifique*, et un *intestin* dans lequel débouchent des *tubes de Malpighi*.

Les insectes respirent à l'aide de *trachées*. Les mouvements du sang sont réglés par un *vaisseau dorsal* contractile.

Le système nerveux se compose d'une *masse cérébroïde*, reliée à une *chaîne ventrale* par un *collier œsophagien*. Les *sens* sont très développés.

Les insectes subissent des *métamorphoses :* des œufs sortent généralement des *larves* qui, après plusieurs mues, se transforment en *nymphes*, desquelles sortent les *insectes parfaits*.

VINGT-QUATRIÈME LEÇON

Classification des Insectes.

Division des Insectes en ordres. — Pour diviser la classe innombrable des Insectes, on a eu recours à plusieurs sortes de caractères : le nombre et la nature des ailes, la disposition des annexes de la bouche, la plus ou moins grande complication des métamorphoses sont les principaux. Ceux dont la constatation est la plus facile sont fournis par les ailes.

Certains Insectes, comme la Mouche, l'Abeille, la Phrygane, ont des ailes minces et transparentes, traversées par des nervures. Mais il nous est facile de voir que le nombre de ces ailes se réduit à deux chez la Mouche, par suite d'une diminution considérable de la paire postérieure, tandis qu'il est de quatre chez l'Abeille et la Phrygane; enfin les nervures, grosses et rares chez l'Abeille, forment, chez la Phrygane, un réseau fin et abondant. De là trois ordres, dont ces animaux seront pour nous les trois types : *Diptères*, *Hyménoptères*, *Névroptères*.

Chez la Punaise, on voit les ailes antérieures perdre la transparence qu'elles avaient dans les trois ordres précédents; leur pointe seule garde sa minceur : elles deviennent épaisses et opaques à la base. Chez la Sauterelle, cette modification envahit les ailes antérieures tout entières qui, au repos, recouvrent les postérieures pliées en éventail; enfin chez le Hanneton, les ailes antérieures, complètement coriaces (*élytres*), forment une sorte d'étui pour les ailes postérieures, froissées sous cet abri quand elles demeurent au repos. La Punaise sera le type des *Hémiptères*, la Sauterelle celui des *Orthoptères*, et le Hanneton celui des *Coléoptères*.

Enfin un dernier ordre, celui des *Lépidoptères* ou Papillons, réunit des Insectes dont les ailes sont tapissées par de fines écailles, colorées souvent des plus riches couleurs.

L'étude des annexes qui entourent la bouche permet de ranger ces sept ordres en trois séries distinctes : les *Insectes broyeurs*, dont l'appareil buccal est fait pour broyer et mâcher les aliments (Coléoptères, Orthoptères, Névroptères); — les *Insectes suceurs*, pourvus d'une trompe (Lépidoptères, Hémiptères, Diptères); — les *Insectes lécheurs*, dont l'appareil buccal, comme l'indique leur nom, est fait pour lécher les matières semi-fluides dont se nourrit l'animal (Hyménoptères).

Chose remarquable, l'étude des métamorphoses dans les différents groupes d'Insectes contredit rarement cette division. Complètes chez les Coléoptères, les Lépidoptères, les Diptères et les Hyménoptères, elles sont incomplètes chez les Orthoptères et les Hémiptères, où elles disparaissent parfois absolument; le seul ordre des Névroptères échappe à cette loi : les métamorphoses y sont tantôt complètes, tantôt incomplètes. Une classification que tant de caractères différents concordent à établir, peut être, à bon droit, considérée comme naturelle.

Coléoptères. — Caractères principaux : annexes de la bouche faits pour broyer; — deux paires d'ailes, dont la première constitue des élytres; — métamorphoses complètes, dont celles du Hanneton nous ont donné la notion.

Les *Coccinelles* ou Bêtes à Bon Dieu sont des Coléoptères pourvus de trois articles bien visibles au tarse. On en distingue nettement quatre chez les *Chrysomèles;* — les *Criocères*, dont une espèce, habitant le Lis, possède, à l'état larvaire, la singulière habitude de s'envelopper dans ses excréments; — le *Doryphora* de la Pomme de terre; — les *Capricornes*, aux longues antennes, repliées sur le dos à l'état de repos; — les *Scolytes*, qui attaquent et détruisent le bois; — les *Charançons* (*fig.* 160), qui se nourrissent de grains de blé, de graines de pois, etc.

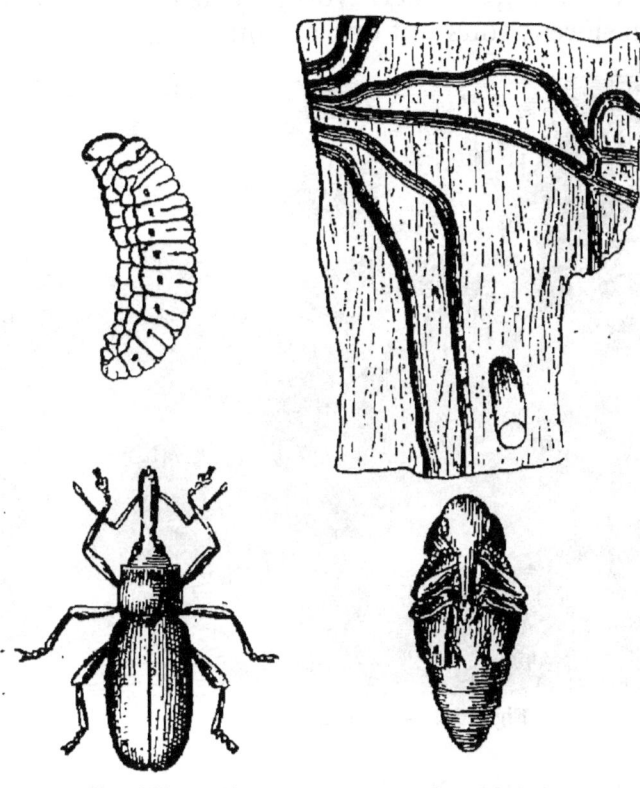

Fig. 160. — Charançon et ses métamorphoses.

Les deux premières paires de pattes possèdent cinq articles tarsiens chez les *Cantharides*, dont le corps, desséché et pulvérisé, fournit une matière vésicante. Toutes les pattes en possèdent ce nombre chez le reste des Coléoptères. Ce sont : les *Vers luisants*, dont les femelles, dépourvues d'ailes et présentant un aspect vermiforme, sont lumineuses dans l'obscurité ; — les *Taupins*, qui, renversés sur le dos, se relèvent spontanément en sautant à une assez grande hauteur. Ce sont les *Scarabées*, les *Bousiers*, les *Géotrupes*, dont la nourriture se compose d'excréments ; les *Hannetons*, au régime herbivore, et les *Cétoines*, de mœurs carnassières ; tous ont des antennes terminées par

Fig. 161. — Lucane.

des faisceaux de lamelles, d'où leur nom de *Lamellicornes*. Ce sont les *Lucanes* ou Cerfs-volants (*fig.* 161), chez qui les mâles sont pourvus de mandibules énormes ; — les *Dermestes*, qui s'attaquent aux peaux et aux fourrures ; — les *Nécrophores* ou Fossoyeurs qui enterrent les cadavres des petits animaux pour y enfouir leurs œufs, assurant ainsi aux larves, dès leur éclosion, la nourriture qui leur convient; — les *Staphylins*, qu'on trouve fréquemment sur les routes : leurs élytres, très écourtées, laissent à découvert la plus grande partie de l'abdomen, que l'animal relève à la moindre attaque et dont l'extrémité contient des glandes à sécrétion odorante. Ce sont encore des animaux aquatiques, comme les *Hydrophiles*, herbivores à l'état adulte, — les *Dytiques*, féroces carnassiers, — les *Gyrins*, de petite taille, désignés souvent du nom de Tourniquets pour l'habitude qu'ils ont de tourbillonner à la surface de l'eau. C'est aussi parmi les Coléoptères carnassiers qu'on peut ranger les *Carabes*, chez qui les ailes postérieures disparaissent complètement, avec la faculté de voler; et les *Cicindèles*, si féroces que Linné les appelait des Tigres parmi les Insectes.

Orthoptères. — Caractères principaux : bouche disposée pour broyer; — deux paires d'ailes, dont la première est épaisse et coriace; — métamorphoses incomplètes.

Exemples :

Les *Forficules* ou Perce-oreilles portent, à l'extrémité de l'abdomen, deux prolongements dont la réunion forme une sorte de pince; ils doivent peut-être leur nom à la ressemblance que présente cet appareil avec l'instrument dont les bijoutiers se servaient pour percer les oreilles avant d'y fixer des anneaux. — Les *Blattes* ou Cancrelats, nombreux dans les boulangeries, sont la plaie des habitations et des vaisseaux dans les pays de l'Orient; ils répandent une odeur très désagréable. — Les *Mantes* sont remarquables par la forme de leurs pattes antérieures, longues et relevées comme dans l'attitude de la prière (*pattes ravisseuses*); lorsqu'un Insecte passe à portée de la Mante, immobile à l'affût, ses pattes se détendent brusquement pour le saisir. — Les *Phasmes*, au corps grêle et desséché, rappellent absolument par leur aspect les branches où les feuilles au milieu desquelles ils vivent; rien de plus propre à tromper les animaux dont ils font leur proie.

C'est encore parmi les Orthoptères que se placent ces

animaux si répandus dans nos campagnes, les *Criquets* (*fig.* 162), les *Sauterelles* et les *Grillons*. Tous se font remarquer par les bruits plus ou moins stridents qu'ils produisent, les Criquets par le frottement des longues cuisses de

Fig. 162. — Criquet.

leurs pattes postérieures contre une nervure des ailes supérieures, les autres par le frottement réciproque des deux élytres.

Une espèce de Grillon, la *Courtilière*, pourvue de pattes antérieures courtes et puissantes, rivalise avec la Taupe, dont on lui applique quelquefois le nom, pour la construction de ses galeries souterraines ; bien que carnassière, elle cause de grands dommages à l'agriculture en détruisant les racines qu'elle rencontre sur sa voie. Plus funestes encore sont les *Criquets* d'Afrique ; voyageant par bandes innombrables qui voilent l'éclat du soleil, ils détruisent toute trace de végétation sur leur passage ; c'est un terrible fléau, contre lequel toute résistance est impossible.

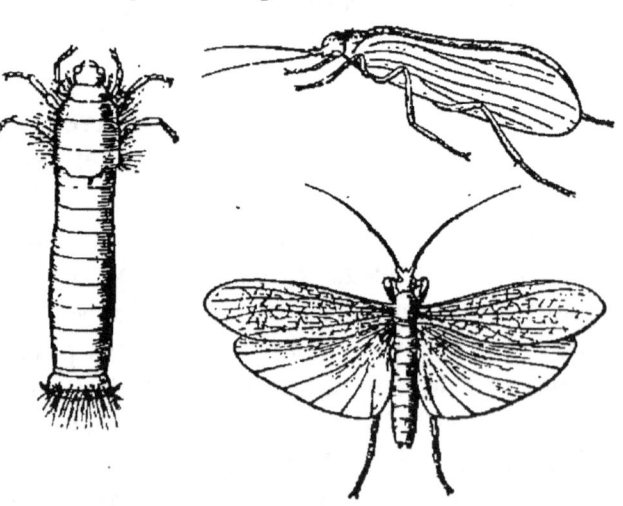

Fig. 163. — Phryganes.

Névroptères. — Caractères principaux : bouche disposée pour broyer ; — deux paires d'ailes, minces et transparentes ; — métamorphoses complètes ou incomplètes.

Les *Phryganes* (*fig.* 163), qui volent pendant les soirs d'été au voisinage des cours d'eau, y pondent leurs œufs par paquets d'aspect hyalin ; les larves qui en sortent se font des tubes protecteurs à l'aide de grains de sable, de débris de coquilles ou de légers fragments de bois, réunis par une sorte de ciment ; après un séjour d'environ un an dans ces tubes, les larves se transforment en insectes par-

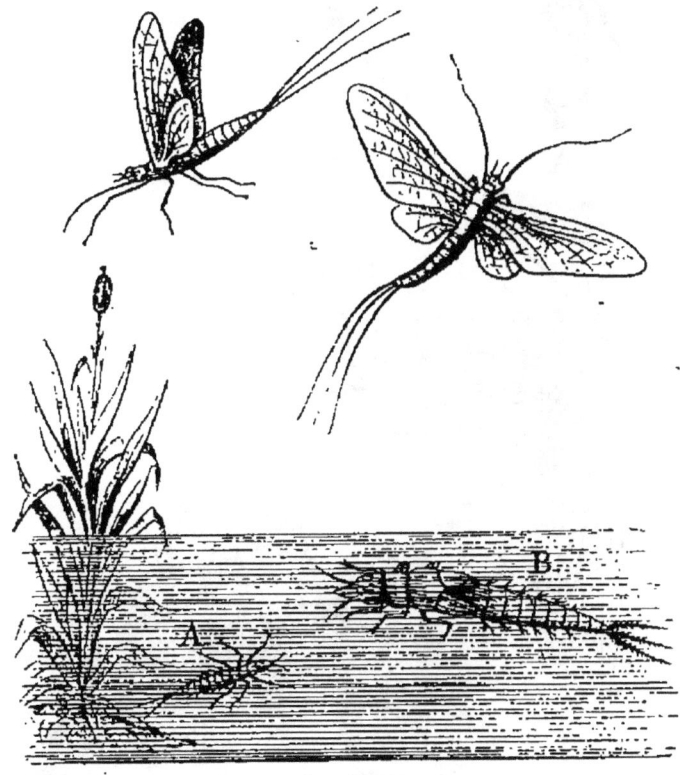

Fig. 164. — Ephémères.

faits en passant par une courte phase de repos qui caractérise l'état de nymphe. Les Phryganes sont donc des Névroptères à métamorphoses complètes. On peut en dire autant des *Panorpes* et des *Fourmilions*, dont les larves habitent la terre; celles de ces derniers se creusent dans le sol une sorte de nid au fond duquel, dissimulées dans le sable, elles attendent patiemment une proie : aussitôt qu'un insecte a roulé au fond de ce piège, le Fourmilion achève sa perte en lui lançant, de toute la force de sa tête, une nuée de grains de sable, et le saisit à l'aide de ses longues mandibules.

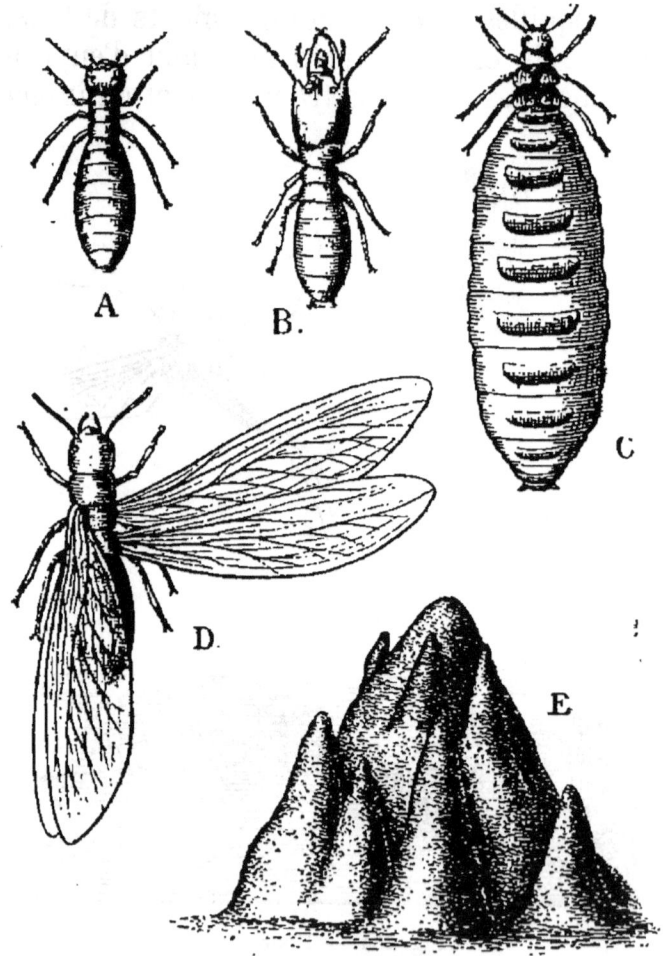

Fig. 165. — Termites.

D'autres Névroptères ont des métamorphoses incomplètes, ce qui contribue à les rapprocher de l'ordre des

Orthoptères. Ce sont, par exemple, les *Ephémères* (*fig.* 164), dont les larves aquatiques respirent à l'aide d'appareils flottants disposés de chaque côté de l'abdomen (*branchies trachéennes*), et vivent plusieurs mois; au bout de ce temps, on voit apparaître des rudiments d'ailes, qui bientôt se développent, et, après une dernière mue, l'Insecte revêt sa forme parfaite; à cet état, il vit à peine un jour et ne prend plus aucune nourriture, exclusivement occupé de la ponte des œufs qui doivent assurer la reproduction de l'espèce. Ce sont encore les *Libellules*, vulgairement appelées Demoiselles, dont les larves aquatiques respirent en introduisant de l'eau dans leur rectum. Les *Termites* (*fig.* 165), vivant en sociétés très nombreuses, s'établissent souvent dans les boiseries des habitations, qu'ils minent sourdement. Dans certains pays chauds, ils élèvent de véritables monticules (E), dont quelques-uns peuvent supporter le poids d'un buffle; ils se partagent les fonctions que nécessite l'entretien de la communauté : les uns (A), dépourvus d'ailes, construisent le nid ou élèvent les larves; d'autres (B), aptères comme eux, la défendent; les mâles (D) sont pourvus d'ailes très bien développées, et les femelles (C), gonflées par les œufs au moment de la ponte, atteignent alors des dimensions énormes.

Hémiptères. — Caractères principaux : bouche disposée pour la succion et allongée en forme de bec; — quatre ailes, dont les deux premières sont souvent épaisses et opaques vers leur base; — métamorphoses incomplètes ou nulles.

Les Hémiptères qui réunissent au plus haut degré ces différents caractères sont les *Punaises*. Une espèce, la *Punaise des lits*, se trouve dans les habitations; le *Réduve masqué* partage ses goûts, mais lui fait une guerre acharnée : ses larves se dissimulent, pour la mieux atteindre, en se couvrant de poussière et de débris. Certaines Punaises s'attaquent aux végétaux. D'autres enfin, comme les *Hydromètres*, au corps grêle, aux pattes allongées, courent rapidement à la surface de l'eau sans s'y enfoncer jamais.

Les *Notonectes* s'enfoncent, au contraire, et nagent renversées sur le dos. Les *Nèpes*, au corps plat, et les *Ranatres*,

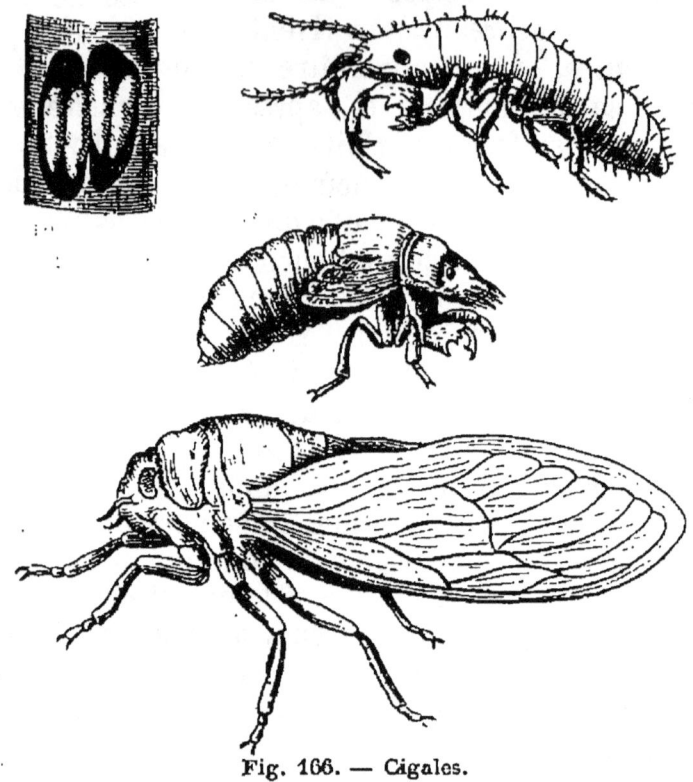

Fig. 166. — Cigales.

allongées comme des bâtonnets, portent deux longs appendices respiratoires à l'extrémité de l'abdomen.

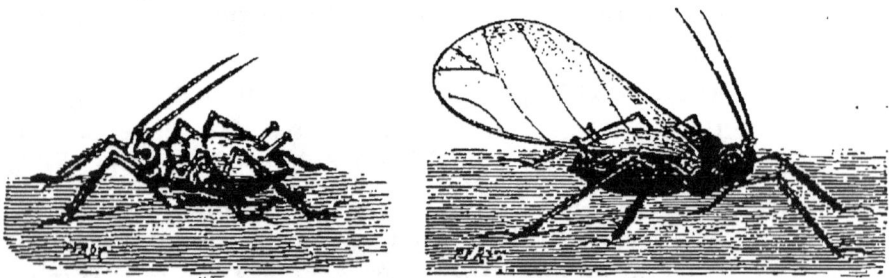

Fig. 167. — Puceron du rosier.

Les caractères de l'ordre des Hémiptères sont moins nets chez les *Cigales* (*fig.* 166), les *Pucerons* (*fig.* 167) et

224   NOTIONS DE ZOOLOGIE.

les *Cochenilles;* leurs ailes sont, en général, uniformément membraneuses.

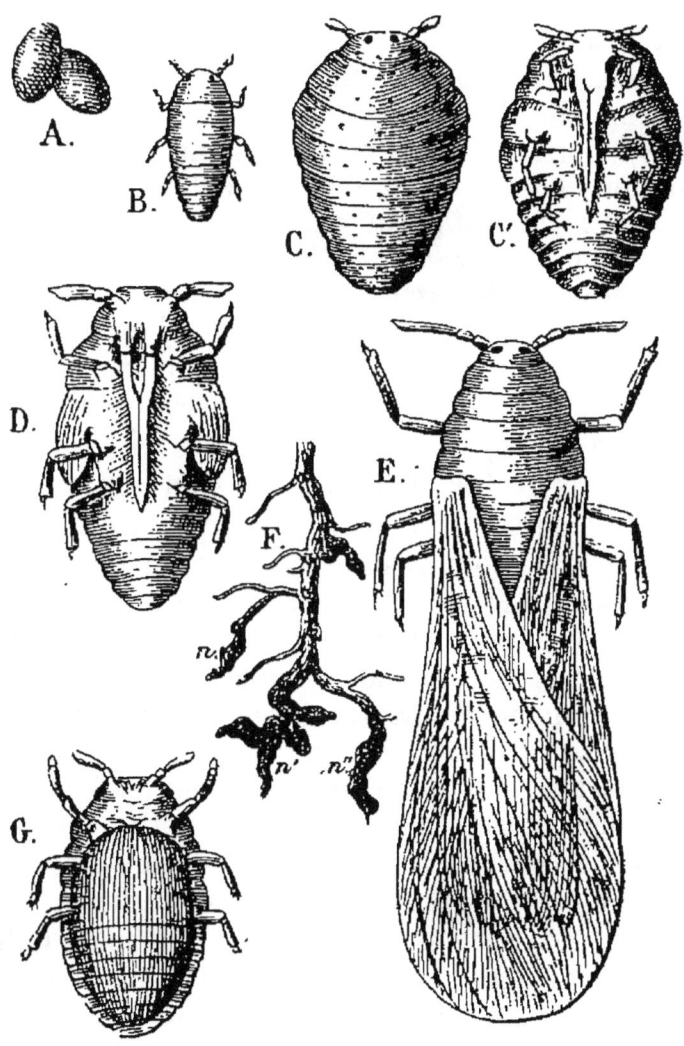

Fig. 168. — Phylloxera.

Les *Cigales*, avec qui on a souvent le tort de confondre les Sauterelles, sont pourvues, comme celles-ci, d'un organe musical; mais il est absolument indépendant des membres et contenu tout entier, de chaque côté du corps, dans la base de l'abdomen.

Les *Pucerons* se nourrissent des sucs des végétaux auxquels ils s'attaquent. Une de leurs nombreuses espèces s'est acquis, dans ces dernières années, une triste célébrité; je veux parler du *Phylloxera*, le fléau de nos vignobles (*fig.* 168). Dans ses métamorphoses, nombreuses comme celles de tous les Pucerons, il se présente sous trois formes successives. D'un œuf pondu par une femelle vers la fin de l'automne et qui a passé tout l'hiver (*œuf d'hiver*), sort au mois de mars un être aptère, sans sexe, vivant sous terre aux dépens des racines de la vigne qu'il épuise pour sa propre nourriture (C, C'); au bout d'une quinzaine de jours, il pond environ soixante œufs (A), desquels sortent des êtres semblables à lui (B), et capables, comme lui, de pondre de nouveaux œufs; cette multiplication continue quelquefois pendant plusieurs mois, pour le plus grand dommage du pied de la vigne, dont ces milliards de pucerons aptères, issus d'un seul œuf primitif, ont bientôt envahi toutes les racines (F). De temps en temps, il arrive qu'un des individus ainsi produits prend, au bout de quelques mues, les caractères d'une nymphe (D), puis se développe en insecte asexué, mais capable, grâce à ses ailes, de porter au loin les ravages du Phylloxera (E); il va se fixer sur des feuilles de vigne et y pond deux sortes d'œufs, les uns petits et longs, les autres gros et courts. Des premiers sortent des individus mâles, des autres sortent des femelles; aucun ne possède d'ailes : celles-ci paraissent réservées aux seuls individus qui doivent propager l'espèce. Chaque femelle (G) pond un œuf d'hiver, qu'elle dépose sous l'écorce du cep de vigne, préparant ainsi de nouveaux ravages pour l'année à venir.

Enfin, n'oublions pas de rattacher aux Hémiptères les *Poux*, qui ne possèdent jamais d'ailes, mais que la présence d'un rostre buccal et l'absence totale de métamorphoses placent incontestablement dans cet ordre.

RÉSUMÉ

La division de la classe des Insectes en ordres peut être résumée par le tableau suivant :

INSECTES	broyeurs	ailes supérieures transformées en élytres	Coléoptères.	Hanneton.
		ailes supérieures parcheminées.	Orthoptères.	Sauterelle.
		les quatre ailes membraneuses.	Névroptères.	Phrygane.
	suceurs	ailes supérieures transformées en demi-élytres	Hémiptères.	Punaise.
		ailes couvertes d'écailles colorées.	Lépidoptères.	Papillon.
		deux ailes seulement	Diptères.	Mouche.
	lécheurs ; ailes membraneuses		Hyménoptères.	Abeille.

Parmi les *Coléoptères*, on remarque : les *Coccinelles*, les *Charançons*, les *Hannetons*, les *Lucanes*, les *Hydrophiles*, les *Dytiques*, les *Carabes*.

Aux *Orthoptères* appartiennent les *Forficules*, les *Blattes*, les *Sauterelles*, les *Grillons*.

Les *Phryganes*, les *Fourmilions*, les *Éphémères*, les *Termites* sont des *Névroptères*.

Exemples d'*Hémiptères* : la *Punaise des lits*, les *Punaises d'eau*, les *Cigales*, les *Pucerons*, les *Poux*.

VINGT-CINQUIÈME LEÇON

Classification des Insectes (*suite et fin*).

Diptères. — Caractères principaux : bouche munie d'une trompe disposée pour la succion ; — une seule paire d'ailes bien développée, la paire antérieure, les ailes postérieures se réduisant à de petits filaments dont les extrémités se renflent en forme de boutons (*balanciers*) ; — métamorphoses complètes.

La *Mouche domestique* (*fig.* 169) est l'exemple le plus connu de l'ordre des Diptères ; le *Cousin* (*fig.* 170) en est un autre type. Parmi les Diptères au corps effilé comme celui du Cousin, se trouvent les *Tipules*, assez répandus dans les jardins potagers, et les nombreux *Moustiques*, dont la piqûre irritante rend si pénible le séjour des pays chauds.

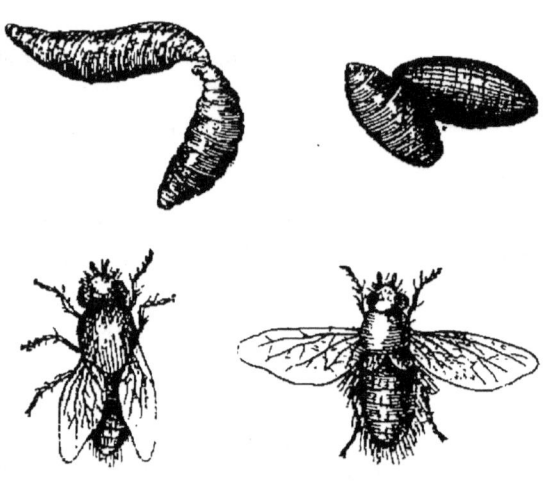

Fig. 169. — La Mouche et ses métamorphoses.

Les Diptères voisins de la Mouche domestique sont, en général, moins dangereux pour l'homme ; la plupart sont, par contre, des ennemis redoutables de plusieurs animaux domestiques. La femelle du *Taon* tourmente cruellement les bestiaux qu'elle pique de sa trompe. Les larves des *Céphalomyes* pénètrent dans les cavités de la face du Mouton, et jusque dans l'intérieur de son os frontal. Les *Gastres* pondent leurs œufs parmi les poils du Cheval qui, en se léchant, les avale ; ils éclosent dans son estomac et mettent en liberté des larves qui sont ensuite expulsées avec les excréments. Les *Hypodermes* se logent, à l'état larvaire, sous la peau des Bœufs où ils produisent de grosses tumeurs, etc. Mais aucun Diptère ne saurait être comparé à la fameuse *Mouche tsé-tsé*, de l'Afrique centrale, dont une seule piqûre suffirait, paraît-il, à tuer un Bœuf.

Certains Insectes, se rattachant à l'ordre des Diptères par le reste de leur organisation, sont entièrement privés d'ailes ; ce sont en particulier de nombreuses espèces auxquelles on donne improprement le nom de Poux (exemple : le *Mélophage du Mouton*), et la *Puce* (*fig.* 171), parasite du corps humain.

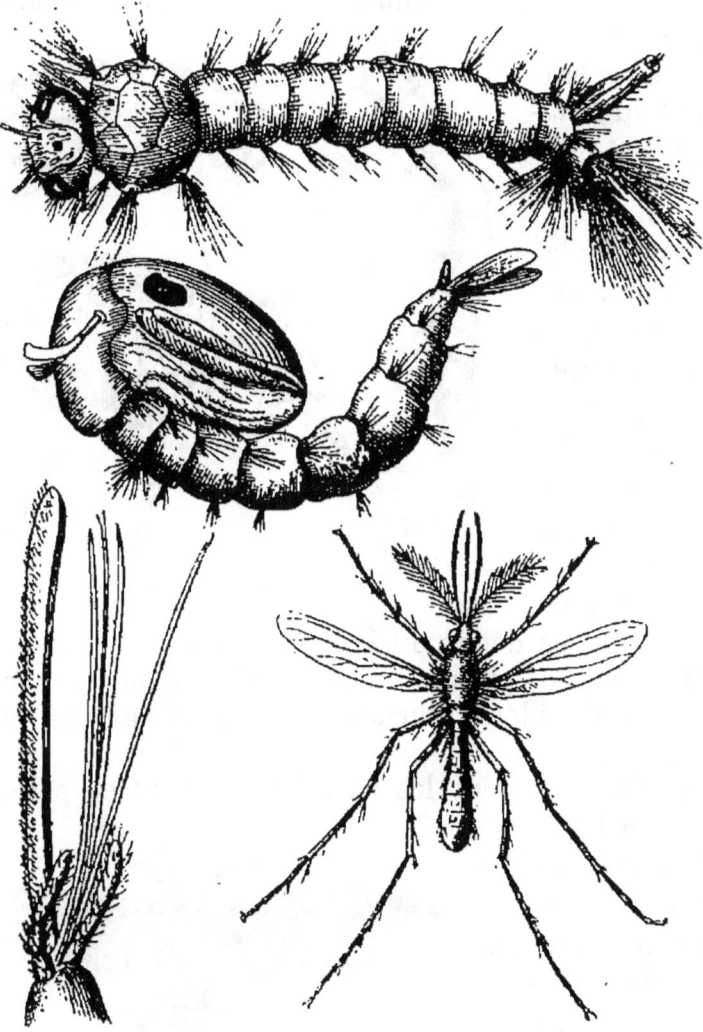

Fig. 170. — Le Cousin et ses métamorphoses.

Lépidoptères. — Caractères principaux : bouche disposée en trompe pour la succion ; — deux paires d'ailes, recouvertes d'écailles fines et colorées, formant une poussière

LÉPIDOPTÈRES. 229

impalpable qui adhère aux doigts quand on saisit un Papillon par les ailes; — métamorphoses complètes.

Les larves des Lépidoptères ou Papillons ont reçu le nom particulier de *Chenilles;* elles possèdent deux sortes de pattes : les pattes articulées ou *vraies pattes,* attachées au thorax, et les pattes membraneuses ou *fausses pattes,* qui dépendent de l'abdomen.

On peut, d'après leur mode d'existence, diviser les Papillons en trois groupes : les *Nocturnes,* qui ne volent que la nuit; les *Crépusculaires,*

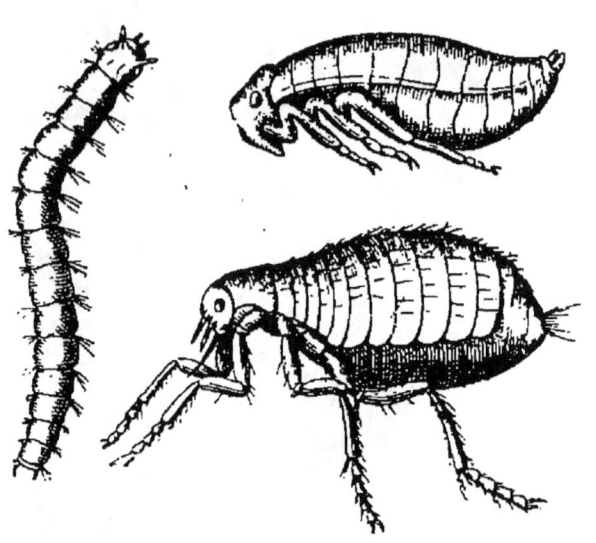

Fig. 171. — La Puce et ses métamorphoses.

qui sortent au déclin du jour; les *Diurnes,* qui volent en plein jour. Les premiers ont des ailes généralement sombres; les Papillons diurnes ont le privilège des couleurs éclatantes.

Les *Teignes,* dont les chenilles rongent et percent les étoffes et les tapisseries, sont des Papillons nocturnes; leur aspect rappelle celui des Phryganes. Au même groupe appartiennent l'*Alucite des céréales* (*fig.* 172);

Fig. 172. — Alucite des céréales.

la *Pyrale de la Vigne,* dont les chenilles savent tordre et enrouler les feuilles pour s'en faire des abris; les *Phalènes,*

230   NOTIONS DE ZOOLOGIE.

dont les chenilles ne portent de fausses pattes qu'à l'extrémité de l'abdomen, ce qui les force, pour la marche, à se replier et à se détendre alternativement, d'où leur nom de *Chenilles arpenteuses;* les *Bombyx*, dont les larves, exces-

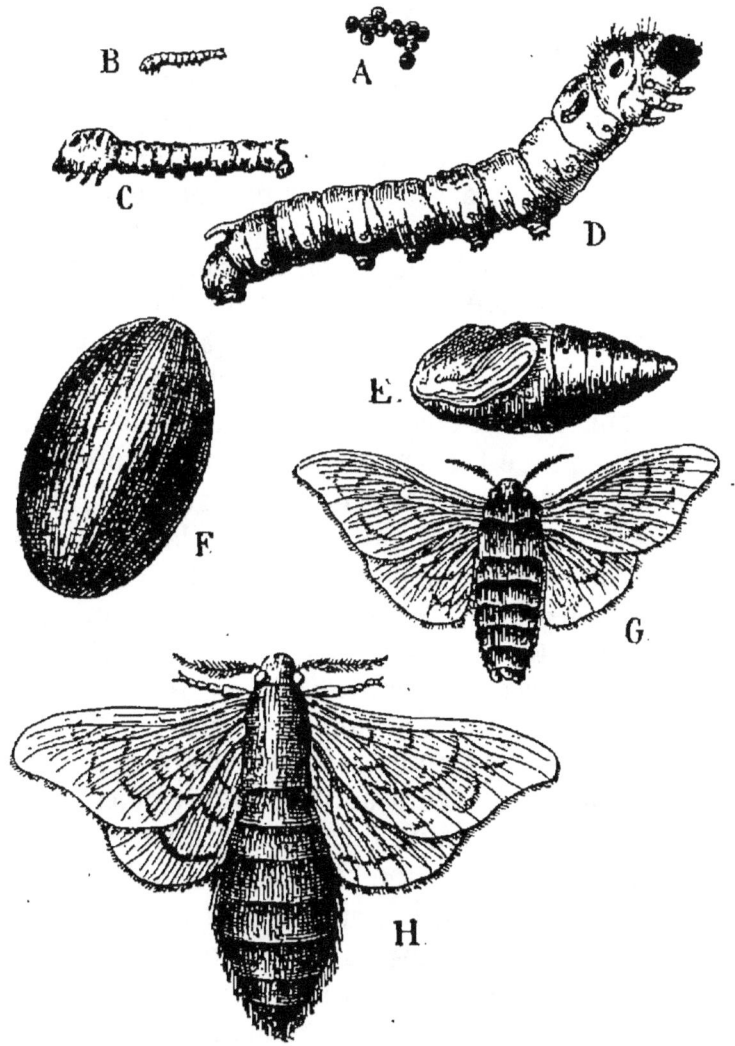

Fig. 173. — Ver à soie du mûrier et ses métamorphoses

sivement nombreuses et voraces, détruisent les feuilles des arbres de nos pays. Il existe cependant une espèce de Bombyx fort utile à l'homme, et dont l'élevage fait l'objet d'une industrie spéciale, c'est le *Bombyx du Mûrier* (*fig.* 173) : sa larve n'est autre chose que le *Ver à soie*.

Au sortir de l'œuf (A), le jeune ver à soie n'a guère que trois millimètres de long : son corps est noir et velu. Pendant le premier mois de son existence, il subit quatre mues successives, dans l'intervalle desquelles il ne cesse de se nourrir et de s'accroître ; chaque mue est elle-même suivie d'une augmentation sensible de volume, comme si la chenille donnait un libre essor à ses organes gonflés et retenus avec peine dans leur étroite prison ; mais aucune de ces mues n'enlève au Ver à soie ses caractères de larve (B, C, D). Au début du deuxième mois, la chenille, blanche depuis sa première mue, cesse de se nourrir ; elle jaunit, devient transparente, et s'agite avec inquiétude ; elle choisit bientôt un point d'appui, s'y fixe et s'entoure de fils de soie étroitement enchevêtrés, qui ne tardent pas à lui former une enveloppe protectrice ovoïde, appelée *cocon* (F). C'est dans l'intérieur du cocon que se produit la cinquième mue ; le Ver à soie abandonne définitivement sa peau molle, et se transforme en nymphe ou *chrysalide* (E), être allongé, de couleur brune, dépourvu de pattes et sensiblement immobile. Enfin, quinze jours environ après la formation du cocon, on voit celui-ci se percer vers sa pointe, et de l'ouverture ainsi formée sort un Insecte parfait, le Papillon (G, H). Les Vers à soie, élevés dans les *magnaneries*, sont pour plusieurs départements du Midi une source abondante de richesse ; on a cherché vainement, jusqu'à ce jour, une soie plus fine et plus éclatante que celle dont le Bombyx du mûrier forme son cocon.

Citons encore, parmi les Papillons nocturnes, les *Cossus*, dont les larves détruisent le bois du Saule, et les *Noctuelles*, dont les nombreuses espèces ont l'habitude de se poser sur le tronc des arbres : la couleur grise de leurs ailes supérieures se confond alors avec celle du support et les soustrait aux recherches.

Au groupe des *Crépusculaires* appartiennent les *Zygènes*, dont les ailes, d'un bleu foncé, portent des taches rouge vif, et les *Sphynx*, papillons de forte taille, dont une espèce, le *Sphynx tête de mort*, porte sur le thorax des ornements justifiant à peu près son nom.

Les Papillons crépusculaires volent souvent en plein jour; mais ils ressemblent aux nocturnes par la disposition de leurs ailes, dont les deux paires sont liées l'une à l'autre par une sorte de frein et s'abaissent pendant le repos. Rien de semblable chez les *Papillons diurnes*, dont les deux paires

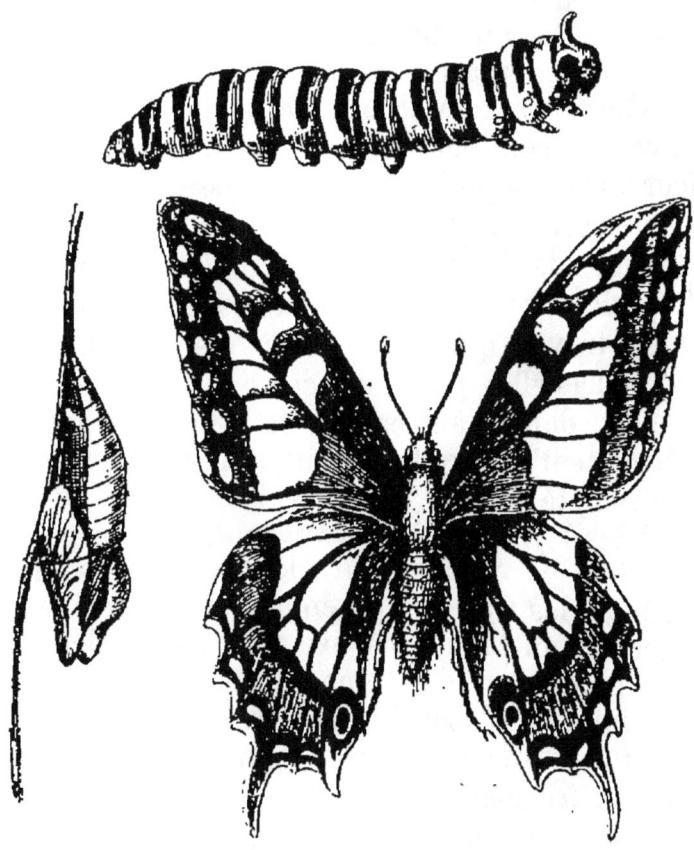

Fig. 174. — Papillon Machaon et ses métamorphoses.

d'ailes sont parfaitement indépendantes et redressées pendant le repos. Ce sont, par exemple, les *Polyommates*, petits papillons bleus qui parcourent nos campagnes en automne; les *Satyres*, chez qui la face inférieure des ailes porte des taches oculiformes ; les *Vanesses;* les *Piérides,* auxquels appartiennent le Papillon blanc du Chou, si commun en été ; enfin, les *Papillons* proprement dits (*fig.* 174).

Hyménoptères. — Caractères principaux : bouche disposée pour lécher ; — deux paires d'ailes transparentes, à grosses nervures ; — métamorphoses complètes.

Les Hyménoptères sont tous des Insectes lécheurs ; leur appareil buccal répond à ce régime alimentaire : la lèvre supérieure et les mandibules y subissent peu de modifications ; mais les mâchoires forment un tube imparfait, quelque chose comme une trompe fendue sur toute sa longueur ; celle-ci contient une languette dépendant de la lèvre inférieure, et qui a pour fonction de rassembler les matières dont se nourrit l'Insecte.

L'abdomen des femelles d'Hyménoptères porte des appendices spéciaux : ce sont quelquefois de puissants instruments de travail que l'on a comparés à des *tarières*, et à l'aide desquels elles peuvent percer le bois pour y déposer leurs œufs ; dans d'autres cas, ce sont des *aiguillons*, qui leur permettent d'introduire sous la peau de leurs ennemis le venin sécrété par une glande voisine.

Parmi les Hyménoptères *térébrants* ou porteurs de tarières, citons le *Sirex géant*, dont la larve se développe dans le bois ; les *Cynips*, qui en piquant les feuilles de certains arbres, du Chêne par exemple, pour y déposer leurs œufs, y produisent des tumeurs volumineuses et sphériques, à l'intérieur desquelles se développent les larves ; ces protubérances, auxquelles on a donné le nom de *galles*, se rencontrent fréquemment dans nos bois. Les *Pimples* déposent leurs œufs dans le corps des Chenilles, dont leurs larves dévorent ensuite tous les tissus et arrêtent le développement.

Le groupe des Hyménoptères *porte-aiguillon* est plus intéressant ; c'est lui en effet qui renferme les *Guêpes*, les *Bourdons*, les *Abeilles*, les *Fourmis*, ces animaux sociables dont les merveilleux instincts sont bien faits pour exciter sans cesse l'admiration et provoquer les études des naturalistes.

Il existe toutefois, dans ce groupe, quelques espèces dont les représentants vivent solitaires ; ce sont, par exemple, les *Bembex*, dont les larves se nourrissent de mouches que la mère leur apporte quotidiennement, après les avoir engourdies d'un coup de son aiguillon ; ou la *Xylocope violette*, qui creuse son nid dans le bois et y apporte à ses larves une nourriture composée de pollen enlevé aux fleurs et de cire qu'elle produit elle-même.

Tel est le mode d'alimentation généralement répandu dans la famille des Guêpes, des Bourdons et des Abeilles, qui vivent toujours en sociétés. Les *Guêpes* construisent leurs nids avec des débris de paille et de bois qu'elles agglutinent à la manière d'un feutre ; les *Bourdons* et les *Abeilles* se servent de la cire que leur fournissent des organes spéciaux situés à la face inférieure de l'abdomen.

Une colonie d'*Abeilles* (*fig.* 175) ou *ruche* comprend trois sortes d'individus : une seule femelle, la *reine* (E, F) ; des *mâles* (C), aussi volumineux qu'elle, mais plus élancés de forme ; des *ouvrières* (D) très nombreuses, petites de taille, dont le rôle est de produire la *cire* nécessaire à l'édification du nid, de recueillir le pollen et le nectar dont elles composent le *miel*, et de veiller à l'éducation des larves (A).

Les mâles n'ont d'autre rôle dans la colonie que d'assurer la conservation de l'espèce ; aussi voit-on, vers les mois de juillet et d'août, quand la reine a pondu un nombre suffisant d'œufs, les ouvrières attaquer les mâles et les tuer sans pitié comme des êtres devenus inutiles à la communauté. Les ouvrières, au contraire, redoublent alors d'activité. A l'aide d'*épines* que portent la jambe et le premier article tarsien, très volumineux, elles rassemblent les lamelles de cire produites sous l'abdomen et les transportent entre les mandibules ; celles-ci en font des boulettes qui viennent s'accumuler avec une précision mathématique, pour former les cellules hexagonales régulières (*alvéoles*) qui servent de demeures aux larves (G). Elles vont aussi butiner sur les fleurs pour y puiser, à l'aide de leur trompe, le nectar qui forme la partie principale du miel, et qu'elles tiennent en réserve dans leur jabot. Enfin, des *brosses* que portent les faces inférieures des premiers articles tarsiens recueillent le pollen que, dans cette visite aux fleurs, les poils de l'abdomen ont pu retenir, et le rassemblent dans

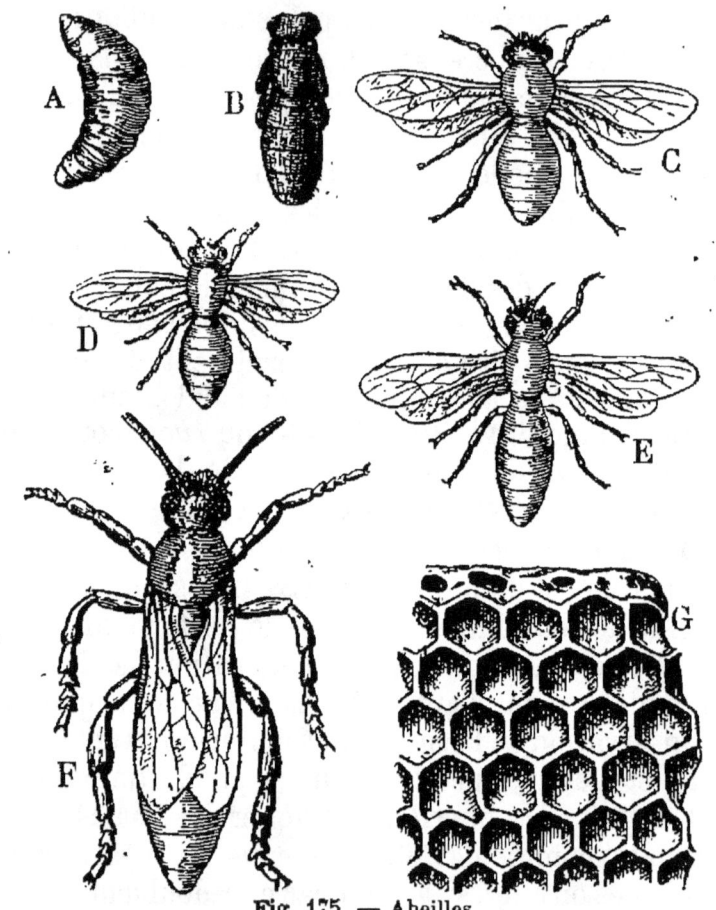

Fig. 175. — Abeilles.

des *corbeilles* situées sur les jambes ; mélangé au miel, ce pollen forme la pâtée dont les larves sont nourries. Les alvéoles qui doivent recevoir ces dernières sont construites avant la ponte des œufs, et présentent des dimensions ou même des formes assez différentes suivant qu'elles sont destinées à des larves d'ouvrières, de mâles ou de reines ; il semble donc, chose très curieuse, que la femelle puisse à volonté pondre des œufs de l'une ou de l'autre de ces catégories ; mais, fait plus remarquable encore, les ouvrières peuvent, en modifiant la forme d'une alvéole ou la nourriture de la larve qui l'habite, faire d'une ouvrière un mâle ou même une reine.

Il est bien évident que, sur les milliers d'œufs que pond la reine, un certain nombre doit donner naissance à des

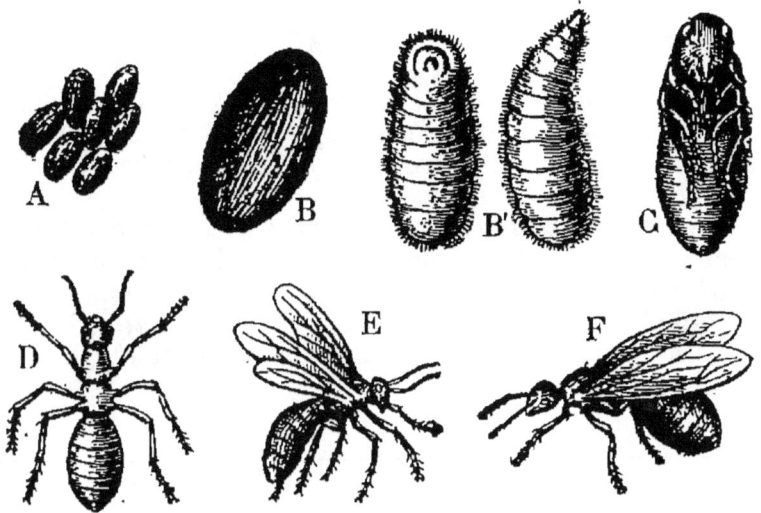

Fig. 176. — Fourmis.

larves de femelles ; la reine tue celles-ci d'un coup de son aiguillon, avant qu'elles n'aient eu le temps de devenir abeilles ; ainsi s'explique la présence d'une seule reine dans la ruche. Il arrive cependant quelquefois que plusieurs reines se trouvent en présence : une bataille acharnée décide alors de la possession de la ruche ; à moins que la vieille reine, suivie d'un certain nombre de mâles et d'ouvrières, n'aille chercher fortune ailleurs.

On sait quelle importance l'élevage des Abeilles et la récolte du miel ont prise dans diverses parties de la France.

Les *Fourmis* (*fig.* 176) ont peut-être des mœurs encore

plus curieuses que celles des Abeilles. Chez elles les mâles seuls sont ailés (E), ou du moins les femelles, qui d'abord possèdent des ailes (F), les perdent avant la ponte; les ouvrières (D) en sont toujours dépourvues. Il serait trop long de citer ici les nombreuses manifestations de l'instinct des Fourmis. Quand on songe aux mille difficultés, souvent imprévues, que surmontent le courage et la sagacité de ces petits animaux pour atteindre tel ou tel but dont ils paraissent avoir pleine connaissance, on se demande si cet instinct ne serait pas plutôt de l'intelligence

RÉSUMÉ

Parmi les *Diptères*, on peut citer : les *Cousins*, les *Tipules*, les *Moustiques*, — la *Mouche domestique*, le *Taon*, la *Céphalomyie du Mouton*, la *Gastre du Cheval*, l'*Hypoderme du Bœuf*, — le *Mélophage du Mouton*, la *Puce*.

Exemples de *Lépidoptères nocturnes* : les *Teignes*, les *Bombyx* (*Ver à soie*), les *Cossus*; — *Crépusculaires* : les *Zygènes*, les *Sphinx*; — *Diurnes* : les *Satyres*, les *Vanesses*, les *Piérides*, les *Papillons*.

Exemples d'*Hyménoptères* : les *Sirex*, les *Cynips*, les *Pimples*; — les *Bembex*, les *Guêpes*, les *Bourdons*, les *Abeilles*, les *Fourmis*.

VINGT-SIXIÈME LEÇON

Les Arachnides et les Myriapodes.

Les Arachnides. — La seconde classe de l'embranchement des Arthropodes est celle des *Arachnides*, dont le type est notre Araignée commune. Bien que différant des Insectes par beaucoup de points de détail, les Arachnides s'en rapprochent assez par l'ensemble de leur organisation pour qu'une comparaison rapide entre les deux types suffise à nous faire connaître celui qui doit nous occuper maintenant.

Organes extérieurs. — Le corps d'un Insecte se divise en trois parties : la tête, le thorax, l'abdomen ; celui de l'Araignée n'en comprend que deux : la tête et le thorax sont soudés de manière à former un *céphalothorax ;* l'abdomen, qui lui fait suite, et qui, chez l'Araignée commune, est dépourvu de toute segmentation, s'y rattache par une partie rétrécie.

L'Insecte possède trois paires de pattes ; l'Araignée en a quatre ; elles sont, bien entendu, fixées à la face inférieure du céphalothorax. La plupart des Insectes adultes possèdent deux paires d'ailes ; les Araignées en sont absolument privées, et, par suite, incapables de voler.

La disposition des annexes de la tête diffère aussi très sensiblement de ce que nous avons vu chez les Insectes. Les antennes, au lieu d'être formées d'une longue série d'articles courts, ne comprennent que deux segments : celui qui est fixé au céphalothorax, court et puissant, renferme une glande à venin avec son réservoir ; le second, aigu et grêle, renferme le canal excréteur de cette glande, qui s'ouvre vers sa pointe. Ainsi transformées, les antennes constituent pour l'animal une arme puissante ; on leur donne le nom de *chélicères*. Ensuite vient une paire unique de *mâchoires ;* chacune est formée de cinq articles, dont le premier seul sert à la mastication : il est situé au voisinage de la bouche ; les quatre autres constituent un *palpe maxillaire*. La face supérieure de la tête porte les *yeux*.

Appareil digestif. — L'*appareil digestif* de l'Araignée se distingue surtout de celui des Insectes par la forme de l'estomac, qui envoie des prolongements tubuleux jusque dans les pattes et dans les mâchoires, — et par l'aspect du foie, compact et volumineux. Deux tubes de Malpighi s'ouvrent dans l'intestin.

Appareil respiratoire. — L'*appareil respiratoire* est sensiblement différent du système trachéen des Insectes : on voit bien, sur la face inférieure de l'abdomen, une ou deux paires de stigmates ; mais chacun d'eux donne accès dans une sorte de vestibule que tapisse un repli de la peau ; au fond de ce vestibule s'ouvrent des poches aplaties et empilées comme les feuillets d'un livre. Ces appareils ont reçu, assez improprement, le nom de *poumons;* il serait bien plus juste, malgré la distance qui semble les en séparer, de les comparer aux trachées des Insectes : il arrive, en effet, chez certaines Araignées pourvues de deux paires de stigmates, que la première seule donne accès à des poumons ; la seconde correspond alors à un appareil respiratoire identique à celui des Insectes.

Appareil circulatoire. — La circulation a pour organe principal, comme chez ces derniers, un long vaisseau situé dans la partie dorsale de l'abdomen ; le sang y pénètre par trois paires d'orifices latéraux, pour en sortir par l'extrémité antérieure.

Production de la soie. — Un appareil important chez les Araignées est celui qui produit la *soie;* c'est une réunion de glandes dont la sécrétion s'échappe, sous forme de fils longs et flexibles, par des orifices que portent quatre prolongements ou *filières*, situés à l'extrémité de l'abdomen ; à l'aide de ces fils, l'animal tisse les *toiles* si élégantes qui lui servent à capturer les insectes dont il fait sa pâture.

Système nerveux. — Le *système nerveux* est construit sur le même plan que celui des Insectes ; toutefois la soudure de la tête avec le thorax, d'une part, et celle des différents anneaux de l'abdomen entre eux, de l'autre, entraînent deux modifications importantes : le ganglion sous-œsophagien et les ganglions thoraciques des Insectes sont remplacés par un unique *ganglion*, dit *céphalothoracique;* la chaîne abdominale subit une condensation analogue en un seul ganglion.

Organes des sens. — Parmi les organes des sens, les *yeux* sont particulièrement développés ; ils occupent toujours la face supérieure du céphalothorax.

Développement. — Enfin, s'il est vrai que les Araignées produisent des œufs comme les Insectes, du moins ce ne sont pas des larves, mais des Araignées parfaites qui sortent de ces œufs; elles ont, à peu de chose près, l'organisation de l'animal adulte. En un mot, *il n'y a pas de métamorphoses*.

Tels sont les caractères principaux qui distinguent les Araignées des Insectes; il en est — comme la réunion de la tête et du thorax, la présence de quatre paires de pattes, la substitution des chélicères aux antennes proprement dites, la réduction à une seule paire du nombre des mâchoires, — qui se rencontrent chez tous les Arachnides d'organisation élevée, et qui peuvent servir de définition à cette *classe*.

Classification.—Les Aranéides. — Les autres caractères sont spéciaux à l'*ordre* des *Aranéides*, dans lequel on comprend les animaux qui se rapprochent immédiatement de l'Araignée commune. A côté de celle-ci, dont la toile irrégulière est accompagnée d'un tube soyeux latéral servant de nid, signalons : l'*Epeire* (*fig.* 177) dont la toile est régulièrement arrondie; l'*Argyronète*, aquatique et se fabriquant un nid en forme de cloche à plongeur; la *Mygale pionnière* (*fig.* 178), qui se creuse dans le sable un puits fermé par un couvercle à l'abri duquel elle guette sa proie.

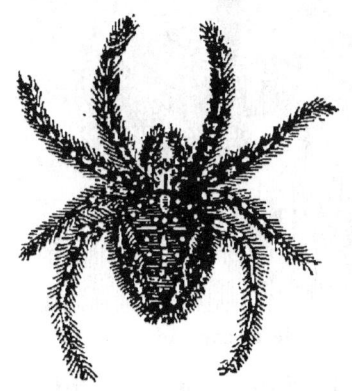

Fig. 177. — Araignée Epeire.

Les Phalangides. — Les *Faucheurs*, si voisins des Araignées proprement dites, appartiennent à l'ordre des *Phalangides*. Chez eux, l'abdomen, aussi large que le céphalothorax, n'y est plus uni par un étroit pédicule; il est, de plus, formé de six anneaux distincts. Les chélicères, au lieu de se terminer par un simple crochet, portent à leur extrémité une sorte de pince à deux branches. Enfin, la respiration a pour organes de véritables trachées.

Les Scorpionides. — La plupart de ces modifications nous conduisent, par degrés insensibles, à l'ordre des *Scorpionides* (*fig.* 179). Chez ces derniers, le corps paraît, au premier abord, composé de trois parties distinctes : le céphalothorax, qui porte les divers appendices, l'abdomen, formé de sept larges anneaux, et une queue de six anneaux étroits; mais il suffit d'examiner avec soin cette dernière partie pour y reconnaître la même constitution que dans l'abdomen proprement dit, dont elle n'est que le

Fig. 178. — Mygale et son nid.

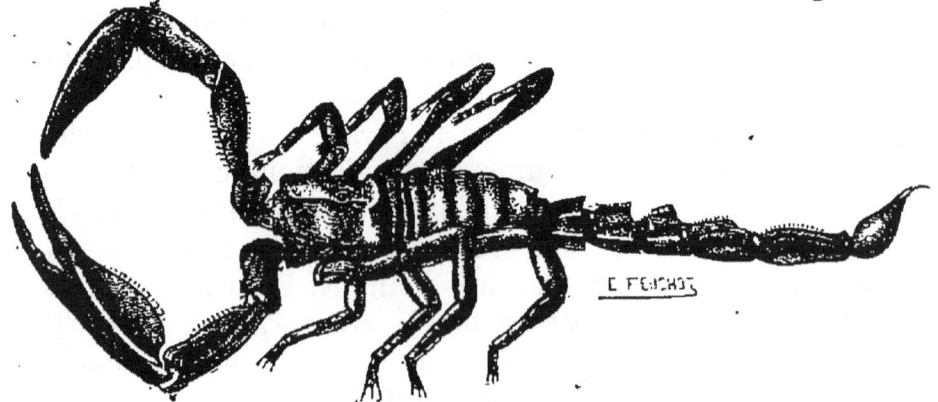

Fig. 179. — Scorpion.

prolongement. Les chélicères sont terminées par des

pinces, ainsi que les pattes-mâchoires, qui atteignent des dimensions énormes. L'appareil respiratoire est formé de quatre paires de sacs pulmonaires, s'ouvrant par quatre paires de stigmates. Un appareil venimeux est enfermé dans le dernier anneau de la queue, qui se termine par un aiguillon; une piqûre de cet aiguillon, suivie de l'introduction du venin, suffit à tuer les Insectes que chasse le Scorpion.

Les Pédipalpes. — Comme si la nature avait voulu diminuer encore la distance qui sépare les Aranéides des Scorpionides, il existe des Arachnides, les *Télyphones*, pourvus, comme les Scorpions, de chélicères venimeuses et d'un abdomen segmenté, mais chez qui le postabdomen, devenu très grêle, ne renferme plus aucun organe important; il disparaît complètement chez les *Phrynes*, qui, par là, se rapprochent davantage des Araignées. Ces deux groupes d'animaux composent l'ordre des *Pédipalpes*.

Les Galéodes. — L'allongement et la segmentation du corps, si sensibles chez les Scorpions, rapprochent un peu ces animaux des Insectes bien organisés. Les *Galéodes* établissent une transition encore plus évidente : leur première paire de pattes, au lieu de servir à la locomotion, devient un organe du tact ainsi que chez les Télyphones et les Phrynes; mais l'anneau duquel elle dépend se soude à ceux qui portent les yeux, les chélicères et les mâchoires, formant ainsi une tête assez distincte du thorax; une autre conséquence de cette soudure est que l'animal ne semble pourvu que de six pattes.

Les Acariens. — Tous les groupes d'Arachnides que nous venons d'étudier réunissent en eux les caractères fondamentaux de la classe; il n'en est pas de même d'une foule d'animaux de petite taille, parasites pour la plupart, et dont l'organisation rudimentaire reflète le mode d'existence. C'est dans l'ordre des *Acariens* que se place le *Sarcopte de la gale* (*fig.* 180), dont les œufs, déposés par la femelle dans l'épaisseur de la peau, y produisent, en se développant, la maladie dont cet animal porte le nom. Le corps du Sarcopte ne présente plus aucune trace de segmentation longitudinale; c'est à peine si des plissements onduleux se remarquent à la surface des téguments; mais la présence de trachées à l'intérieur, et, à l'extérieur, de huit pattes terminées par des griffes ou des ventouses, ne laisse aucun doute sur la parenté éloignée du Sarcopte et de l'Araignée. Au même ordre appartiennent les *Mites* du fromage, et le curieux animal qui habite les glandes sébacées de l'homme, distendues par leur contenu solidifié (*Demodex des Follicules*).

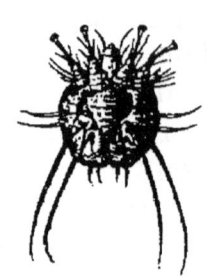

Fig. 180. Sarcopte de la Gale.

Les Tardigrades. — Les *Tardigrades* (*fig.* 181), qui habitent la mousse humide, sur les toits ou au pied des arbres, sont encore des Arachnides; ils possèdent la faculté de revenir à la vie quand, après les avoir desséchés, on les met au contact de l'eau : ce sont des animaux *réviviscents*.

Les Myriapodes. — Une troisième classe d'Arthropodes est celle des *Myriapodes* ou Mille-pieds; ex. : la *Scolopendre* (*fig.* 182), l'*Iule*, etc.

Les Insectes avaient trois paires de pattes; nous en avons trouvé quatre chez les Arachnides; les Myriapodes en possèdent un nombre très grand, qui peut atteindre cent cinquante. Le nombre des anneaux qui composent le corps est, par suite, considérable, et, s'il est facile de distinguer une tête à la région antérieure, il est impossible d'établir, parmi les segments qui la suivent et portent tous des pattes, une division en thorax et abdomen.

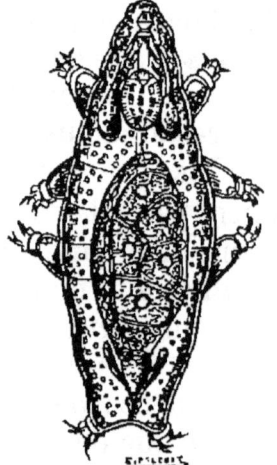

Fig. 181. — Tardigrade.

La tête de la Scolopendre porte des yeux, une paire d'antennes, longues et pluriarticulées, et les appendices de la bouche. Ce sont : une lèvre supérieure, une paire de mandibules, deux paires de mâchoires, et enfin une lèvre inférieure. Chaque patte de la première paire, courte et puissante, comprend une partie plate qui, soudée à celle du côté opposé, forme la lèvre inférieure, et une griffe terminale venimeuse ; c'est, à proprement parler, une patte-mâchoire, et nous voyons ici les organes de la locomotion se modifier pour prêter leur concours aux annexes du tube digestif ; ce nouvel exemple d'adaptation se reproduira chez d'autres animaux.

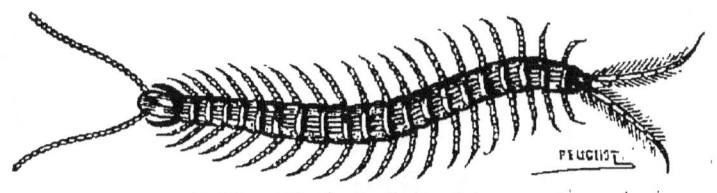

Fig. 182. — Scolopendre.

On a fait deux groupes parmi les Myriapodes : celui des *Iules*, qui se nourrissent de matières végétales décomposées et que l'on rencontre fréquemment sous l'écorce pourrie des arbres ; — et celui des *Scolopendres*, animaux carnassiers des pays chauds. Les Iules ont deux paires de pattes à chaque anneau et sont dépourvus de cette paire puissante de pattes-mâchoires que possèdent les Scolopendres : leur lèvre inférieure est formée par la seconde paire de mâchoires.

RÉSUMÉ

Les *Arachnides* sont des Arthropodes dont le corps se partage en deux parties : *céphalothorax* et *abdomen*. Ils sont munis de quatre paires de pattes et dépourvus d'ailes. Leurs antennes sont transformées en *chélicères*, et leurs mâchoires se réduisent à une paire. Ils respirent à l'aide de poumons ou de trachées, et possèdent un *vaisseau* sanguin *dorsal*. Leur développement ne présente *pas de métamorphoses*.

Les principaux ordres d'Arachnides sont indiqués par le tableau suivant :

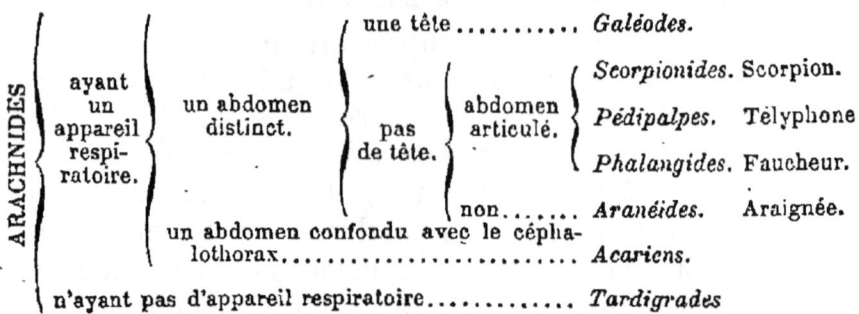

Les *Myriapodes* sont des Arthropodes pourvus d'un grand nombre d'anneaux et de pattes, ayant une tête distincte et respirant à l'aide de trachées. Exemples : la *Scolopendre*, l'*Iule*.

VINGT-SEPTIÈME LEÇON

Les Crustacés.

Les Crustacés. — Les Insectes, les Arachnides, les Myriapodes vivent à l'air libre, et possèdent des appareils respiratoires, trachées ou poumons, adaptés à ce mode d'existence. C'est au contraire dans l'eau que vivent les *Crustacés;* c'est à l'aide de *branchies* qu'ils respirent, quand ils ont un véritable appareil de respiration.

Organes extérieurs. — L'*Ecrevisse des ruisseaux* (*fig.* 183) pourra nous servir de type dans l'étude de cette nouvelle classe. Comme celui des Araignées, son corps se divise dans le sens de la longueur en deux parties : le *céphalothorax* et l'*abdomen;* ce dernier est formé de six anneaux, auxquels s'ajoute une dernière pièce (*telson*) entourée de deux lames latérales dont la réunion constitue la *nageoire caudale* (*fig.* 184, *p*).

Vu par sa face dorsale, le céphalothorax paraît indivis; mais il suffit d'en examiner l'extrémité antérieure et la face ventrale pour y trouver quatorze paires d'appendices, dont chacune répond évidemment à un des segments que leur soudure empêche de distinguer à la face opposée. Ce sont d'abord deux *yeux* à facettes (*a*), portés par une sorte de pied mobile, puis deux paires d'*antennes* (*b, c*), dont les premières, plus grêles (*antennules*), sont bifurquées. A ces pièces succèdent les annexes de la bouche : 1° *mandibules*, courtes et puissantes (*d*); — 2° *mâchoires*, plus déchiquetées, au nombre de deux paires (*e, f*); — 3° *pattes-mâchoires*, plus divisées encore, et rappelant, par certaines de leurs parties, des organes de locomotion; elles sont au nombre de trois paires (*g, h, i*). Viennent ensuite les véritables pattes dont le nombre est de cinq paires, ce qui vaut à l'Ecrevisse et aux Crustacés construits d'après le même plan le nom de *Décapodes* : la première paire constitue les *pinces* (*k*), organes de préhension et d'attaque; les quatre autres paires (*l*) sont, à proprement parler, des *pattes ambulatoires*.

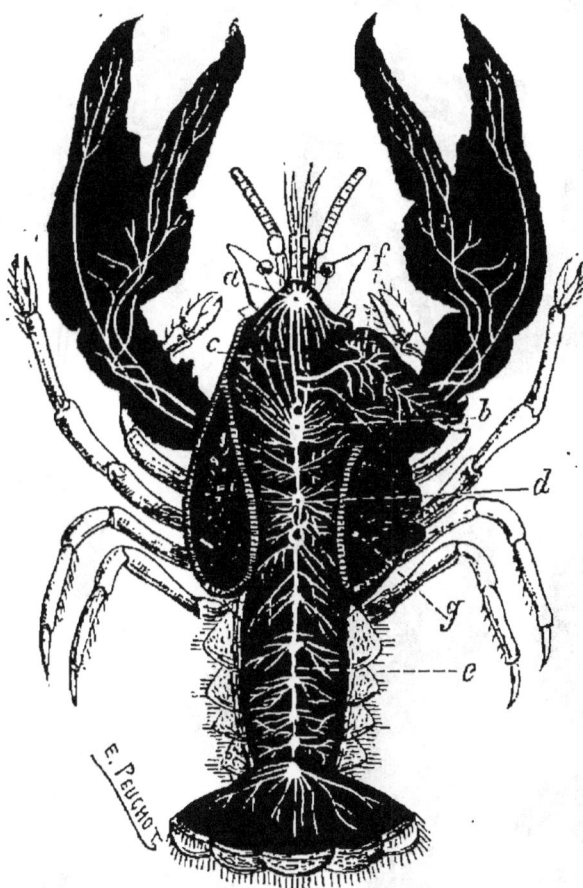

Fig. 183. — Ecrevisse des ruisseaux; système nerveux.

Quant à l'abdomen, dont la segmentation est visible sur

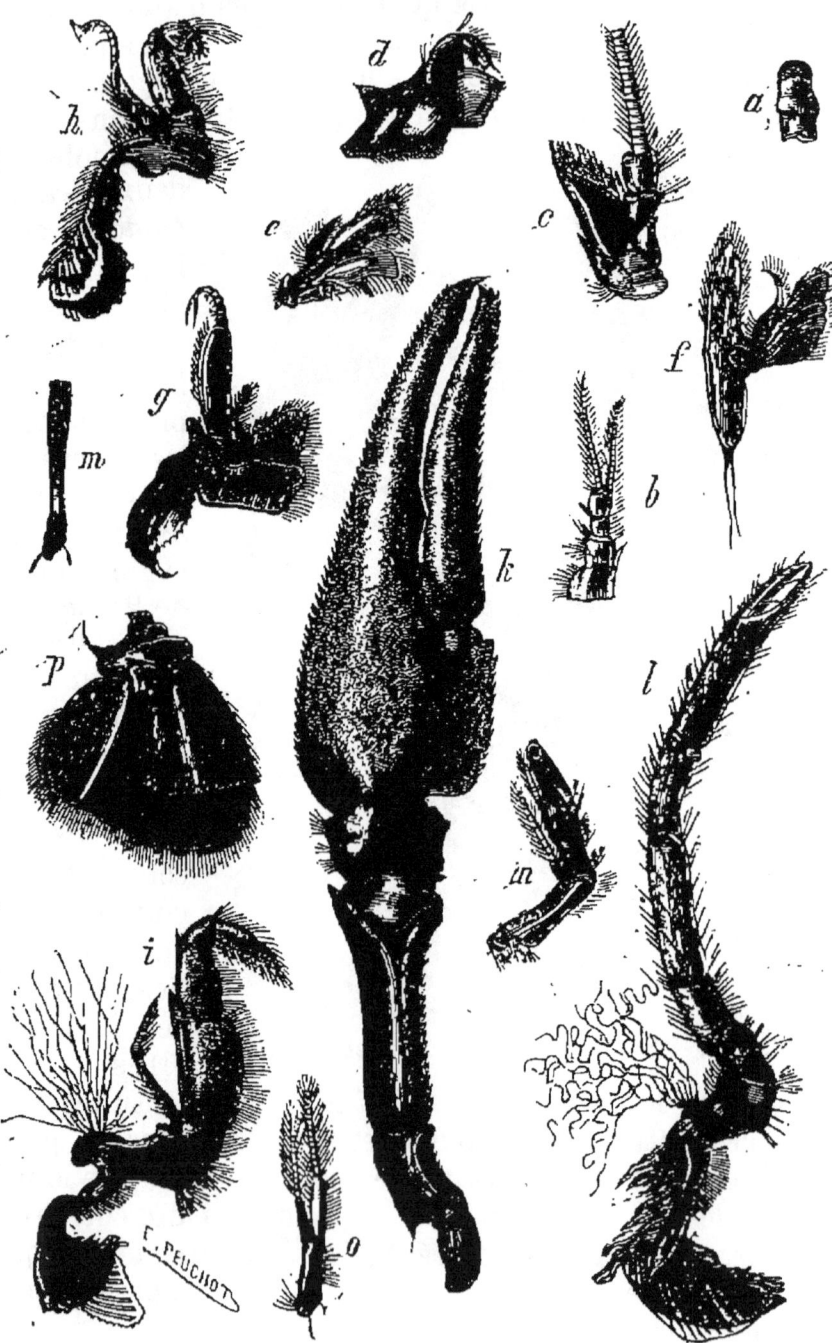

Fig. 184. — Appendices du corps de l'Écrevisse.

l'une et l'autre face, il ne porte que des appendices courts et grêles (*o*) servant à la natation ; ce sont des *pattes natatoires*, dont la dernière paire, fixée au sixième anneau abdominal, forme les lames de la nageoire caudale.

Si différents d'aspect que soient ces appendices, ils peuvent tous être rattachés à une forme fondamentale, celle des pattes abdominales, composées de pièces basilaires qui supportent deux tiges plus ou moins segmentées et pourvues de soies ; suivant le développement et la forme que prennent l'une ou l'autre de ces deux tiges, et tel ou tel des segments qui les composent, l'appendice devient une patte ambulatoire, une mâchoire, une antenne, voire même un œil. Il est facile de se convaincre, par la comparaison des figures (*l*) et (*h*), qu'il n'y a pas un abîme entre la patte véritable (*l*) et la patte-mâchoire (*h*), qui, par sa base, lui ressemble beaucoup ; dans la première, la tige interne seule est développée ; la seconde possède à la fois l'une et l'autre tige, mais courtes toutes deux. Voilà un nouvel exemple de cette adaptation des pattes aux fonctions digestives, que nous avions déjà remarquée chez les Myriapodes.

La carapace dure qui recouvre l'Ecrevisse présente un phénomène curieux ; elle tombe à intervalles réguliers, laissant à nu la peau molle de l'animal, qui se reforme ensuite une enveloppe protectrice. Cette *mue* se produit trois fois dans le cours de la première année ; elle devient ensuite annuelle.

Appareil digestif. — Il y a peu de choses à dire de l'*appareil digestif :* un œsophage court débouche presque immédiatement dans un vaste *estomac* (*fig.*183, *f*) que renferme le céphalothorax ; ses parois sont soutenues, vers leur partie postérieure, par des pièces dures qui mettent en mouvement de véritables *dents*. Il ne faut pas les confondre avec deux masses calcaires, également contenues dans les parois de l'estomac, et auxquelles on donne vulgairement le nom d'*yeux d'écrevisse :* celles-ci se développent au printemps et au début de l'été ; au moment de la mue, qui renouvelle jusqu'à la muqueuse digestive, elles tombent dans l'estomac, qui les digère ; peut-être la matière calcaire, mise alors en circulation dans l'organisme, va-t-elle contribuer à former la nouvelle carapace ; par ce mécanisme ingénieux, l'Ecrevisse se formerait, dans la période de prospérité, une réserve destinée à être mise à profit quand la perte de sa carapace la livre sans défense à ses ennemis. L'intestin, long et droit, parcourt l'abdomen dans toute sa longueur et se termine, au telson, par l'anus. Pas de glandes salivaires ; un foie, composé de deux parties symétriques, s'ouvre par deux orifices dans la région terminale de l'estomac.

Appareil circulatoire. — La *circulation* est *lacunaire*, comme celle des Insectes ; mais, au lieu d'un long vaisseau dorsal, l'Ecrevisse possède, vers le milieu du cé-

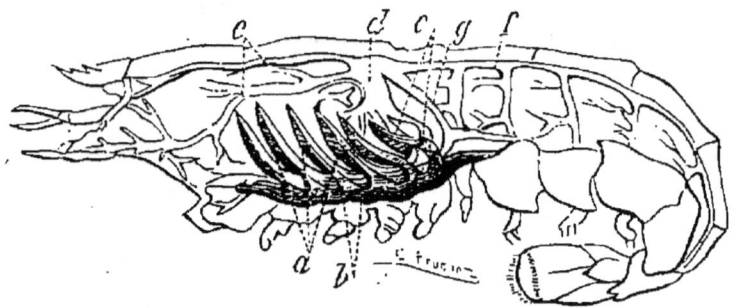

Fig. 185. — Appareils circulatoire et respiratoire de l'Ecrevisse.

phalothorax, un véritable *cœur* (*fig.* 185, *d*), qu'il est facile de voir battre après avoir détaché avec des pinces la portion de la carapace qui le recouvre. Entouré d'une poche que l'on appelle assez improprement *péricarde*, et avec laquelle il communique par six orifices, le cœur envoie des artères dans toutes les directions : en avant, vers les yeux, les antennes, les viscères du céphalothorax (*e*) ; en arrière, vers l'abdomen (*artère abdominale supérieure*, *f*), et vers la partie ventrale du céphalothorax (*artère sternale*, *g*) ; cette dernière se divise en deux branches dont l'une remonte vers la tête, tandis que l'autre descend le long de l'abdomen (*artère abdominale inférieure*). Le sang envoyé par ces artères dans les différents organes les baigne directement, puis se rassemble dans une grande poche d'où il est porté par des *artères branchiales* (*b*) aux *branchies* (*a*), organes de la respiration ; il revient oxygéné au cœur par les *veines branchiales* (*c*), qui débouchent dans le péricarde ; du péricarde, qu'il vaudrait mieux comparer à une oreillette, il pénètre dans le cœur proprement dit pour reprendre sa course.

Appareil respiratoire. — L'appareil respiratoire est constitué par des *branchies* (*fig.* 183, *g ; fig.* 184, *h, i, l*) ; elles sont situées de chaque côté du céphalothorax dans deux vastes cavités que protège la carapace, et dont les limites y sont nettement marquées par deux sillons longitudinaux (*chambres branchiales*). C'est à la base des membres céphalothoraciques et plus spécialement des pattes-mâchoires et des pattes ambulatoires que sont fixées les branchies. Les plus nombreuses s'insèrent sur les membranes articulaires qui relient au thorax les articles basilaires des membres ; chacune se compose simplement d'une tige supportant un grand nombre de filaments, qui lui donnent l'aspect d'une plume. D'autres s'attachent directement aux articles basilaires ; elles ont une structure plus compliquée. Il y a même quelques branchies, généralement rudimentaires, que supporte la face inférieure du céphalothorax ; mais aucune ne s'éloigne des membres, à l'existence desquels l'appareil respiratoire paraît intimement lié. L'eau pénètre dans la chambre branchiale par l'extrémité postérieure, et sort par le bout opposé ; il suffit, pour en acquérir la preuve, de plonger une Ecrevisse dans l'eau par l'abdomen jusqu'au tiers environ du céphalothorax ; on voit alors un jet liquide sortir, de chaque côté, au niveau des pattes-mâchoires, attestant le mouvement ascensionnel de l'eau à la surface des branchies.

Système nerveux. — Que dire du *système nerveux* (*fig.* 183), sinon qu'il est peu différent de celui des Insectes ? Un *cerveau* volumineux (*a*) est relié au gros *ganglion sous-œsophagien* (*b*) par un *collier* (*c*) dont les deux parties sont unies par une sorte de traverse nerveuse. Puis vient une *chaîne ventrale*, composée d'une partie thoracique (cinq paires de ganglions, *d*), que traverse l'artère sternale, et d'une partie abdominale (*e*) que termine un *ganglion anal* volumineux.

Organes des sens. — Les *sens* paraissent assez bien développés; c'est aux diverses parties des antennules qu'on attribue généralement l'olfaction et l'audition.

Développement. — Au sortir de l'*œuf*, la jeune Ecrevisse subit peu de transformations; on n'en saurait dire autant de la plupart des Crustacés, qui, par la multiplicité des modifications dont ils sont le siège, présentent de véritables *métamorphoses;* une des formes les plus caractéristiques de la larve est le *Nauplius*, pourvu de trois paires d'appendices et d'un œil unique.

Classification des Podophtalmes. — Pourvue de dix pattes, l'Ecrevisse est un *Décapode;* ses yeux pé-

Fig. 186. — Crabe.

donculés et mobiles la rattachent au groupe plus important des *Podophtalmes*.

Parmi les *Décapodes* viennent encore se ranger : le

Homard, la *Langouste*, les *Crevettes* (rouge et grise), le *Bernard l'Hermite*, que son abdomen mou oblige à chercher un refuge perpétuel dans les coquilles abandonnées de mollusques. Les *Crabes* (*fig.* 186) sont encore des Décapodes ; mais leur abdomen, court et faible, est naturellement replié sous leur céphalothorax ; ils marchent ordinairement de côté. Exemples : le *Crabe enragé*, très commun sur nos côtes ; l'*Etrille*, petit crabe nageur ; le *Pinnothère*, qui vit en parasite à l'intérieur de la coquille de certains mollusques, des Moules, par exemple ; le *Tourteau*, recherché pour l'alimentation ; l'*Araignée de mer*, dont la carapace triangulaire est couverte de piquants.

Parmi les Podophtalmes dont le nombre des pattes locomotrices est inférieur à dix, citons : les *Squilles* de la Méditerranée, dont les pattes antérieures sont ravisseuses, comme celles des Mantes ; et les *Mysis*.

Les Edriophtalmes. — On appelle au contraire *Edriophtalmes* les Crustacés dont les yeux, au lieu d'être mobiles aux extrémités de pédoncules, sont enfoncés dans des cavités. Ce sont, par exemple : la *Chevrette d'eau douce* dont l'appareil respiratoire, sous forme de vésicules, est porté encore par les pattes thoraciques ; et le *Cloporte*, petit Crustacé qui vit à l'air libre, mais n'en est pas moins pourvu de branchies ; celles-ci sont constituées par les pattes abdominales dont une série de prolongements externes forme de chaque côté du corps une sorte d'opercule pour l'appareil respiratoire ; c'est un curieux exemple de l'adaptation à la vie aérienne d'un animal que l'ensemble de son organisation semblait destiner à une existence aquatique.

Les Branchiopodes. — Toute trace de pattes ambulatoires disparaît chez les *Branchiopodes*, dont les membres, aplatis uniformément, servent à la fois pour la respiration et la natation. Tels sont les *Apus*, protégés par un bouclier dorsal, et les *Daphnies* ou Puces d'eau.

Ostracodes et Copépodes. — Si toutes ces simplifications nous ont singulièrement éloignés de l'Ecrevisse, que dire des Crustacés qui, à l'exemple des *Cypris* (*Ostra-*

codes) et des *Cyclopes* (*Copépodes*), ne possèdent même plus d'appareil respiratoire? Il faut admettre que, chez eux, la respiration devient purement cutanée. Pourvus d'une carapace à deux valves comme celle que nous trouverons chez beaucoup de Mollusques, les Cypris disputent aux Daphnies, qu'ils ne dépassent pas en volume, le domaine de nos eaux douces. Les Cyclopes sont pourvus d'un œil unique; leurs femelles portent leurs œufs dans deux sacs suspendus de chaque côté du corps.

Fig. 187. — Anatifes.

Les Cirripèdes. — C'est encore parmi les Crustacés qu'il faut ranger les *Anatifes* (*fig.* 187), animaux qui vivent fixés aux corps sous-marins par un long pédoncule, et dont le corps est protégé par de nombreuses pièces disposées de manière à simuler encore une carapace bivalve. Arthropodes, ils le sont à coup sûr par les pattes nombreuses et articulées que laisse passer leur carapace et qui leur ont valu le nom de *Cirripèdes*. Leur existence aquatique et la forme de nauplius qu'ils traversent dans le cours

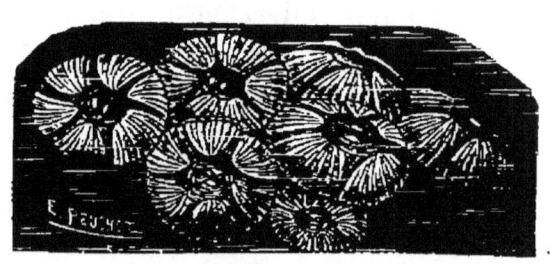

Fig. 188. — Balanes.

de leur développement, les rattachent aux Crustacés, avec les *Balanes* (*fig.* 188), si communes à la surface des rochers qu'elles tapissent littéralement, s'attaquant même aux carapaces des Crustacés et aux coquilles des Mollusques.

Pour nous résumer, *les Crustacés sont des Arthropodes menant une existence généralement aquatique, pourvus le plus souvent de branchies rattachées aux appendices loco-*

moteurs, et dont le corps est partagé en *céphalothorax* et *abdomen*.

RÉSUMÉ

Les *Crustacés* sont des Arthropodes aquatiques, dont le corps est partagé en *céphalothorax* et *abdomen*.

L'Ecrevisse porte une paire d'*yeux*, une paire d'*antennules*, une d'*antennes*; — des *mandibules* (une paire), des *mâchoires* (deux paires), des *pattes-mâchoires* (trois paires), des *pattes ambulatoires* (cinq paires, dont la première forme les *pinces*); — des *pattes natatoires*. Sa carapace dure éprouve des *mues* périodiques.

Elle possède un *cœur* simple qui chasse dans les organes le sang oxygéné; son appareil respiratoire se compose de *branchies* annexées à la base des membres céphalothoraciques.

La plupart des Crustacés subissent des métamorphoses.

Les principaux ordres que renferme cette classe sont réunis dans le tableau suivant :

CRUSTACÉS	libres	ayant des branchies	pourvus de pattes ambulatoires	yeux pédonculés	*Podophtalmes.*	Ecrevisse.
				yeux non pédonculés	*Edriophtalmes.*	Cloporte.
			dépourvus de pattes ambulatoires		*Branchiopodes.*	Daphnie.
		dépourvus d'appareil respiratoire			*Ostracodes.*	Cypris.
					Copépodes.	Cyclope.
	fixés à l'état adulte				*Cirripèdes.*	Anatife.

Classification des Arthropodes.

On peut résumer par le tableau suivant le groupement des diverses classes d'Arthropodes :

ARTHROPODES	pourvus de *trachées* ou de *poumons*	tête et thorax distincts	Beaucoup de pattes	*Myriapodes*
			Trois paires de pattes	*Insectes.*
		céphalothorax, quatre paires de pattes		*Arachnides.*
	pourvus de *branchies* et d'un *céphalothorax*			*Crustacés.*

VINGT-HUITIÈME LEÇON

Les Vers.

Les Vers. — Symétrie bilatérale et segmentation longitudinale du corps, mais absence de carapace dure et de membres articulés, tels sont les caractères de l'embranchement des *Vers*. La *Sangsue* pourra nous servir de type pour l'étude de ce groupe.

La Sangsue. — Le corps de la Sangsue (*fig.* 189) est allongé et divisé extérieurement en une série très nombreuse d'anneaux courts et serrés. A l'extrémité antérieure on remarque une

Fig. 189. — Sangsue.

ventouse, au centre de laquelle s'ouvre la bouche; une seconde ventouse, plus large, occupe l'extrémité postérieure, immédiatement au-dessous de l'anus. Aucune autre saillie, aucune aspérité à la surface du corps.

Si, après avoir tué l'animal à l'aide du chloroforme et l'avoir étalé sous l'eau sur une plaque de liège, nous fendons avec précautions sa face dorsale, nous serons arrêtés de suite par une série de cloisons transversales percées d'orifices, et divisant intérieurement la cavité générale en segments successifs. Peu nombreux, ces segments ne correspondent nullement aux anneaux qui marquent la surface du corps; un segment interne répond à trois, quatre ou cinq anneaux externes.

A la *bouche* (*fig.* 190, *a*) succède un *pharynx* (*b*) à parois musculeuses et puissantes, dont l'entrée est pourvue de trois mâchoires (*fig.* 191, *a*) disposées autour de la bouche comme les rayons d'une roue, et denticulées sur leurs bords (*fig.* 191, *b*). Lorsque la Sangsue s'est fixée par sa ventouse buccale en un point de la peau dont elle veut extraire le sang, ses mâchoires l'entament à la façon d'une scie et ne s'arrêtent qu'après l'avoir traversée ; c'est alors que la ventouse aspire le liquide : de là vient la forme triangulaire des cicatrices que les Sangsues laissent sur la peau.

De chaque côté du tube digestif, onze poches (*fig.* 190, *c*), dont les dimensions croissent jusqu'à la dernière, et qui se correspondent par paires d'un côté à l'autre, augmentent la capacité de l'*intestin* (*m*) ; après la dernière paire (*e*) vient un *rectum* court (*d*) qui aboutit à l'*anus*.

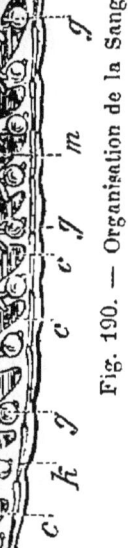

Fig. 190. — Organisation de la Sangsue.

Au-dessous du tube digestif, et dans la région moyenne, on peut voir des canaux enroulés sur eux-mêmes et terminés par des poches renflées qui communiquent avec l'extérieur du côté de la face ventrale ; ces *canaux en lacet* (*g*) ont pour fonction d'extraire de la cavité générale des substances de rebut, qu'ils rejettent au dehors : ce sont les organes de l'excrétion, quelque chose d'analogue aux reins des Vertébrés. Disposés symétriquement de chaque côté du corps, ils sont au nombre de dix-sept paires.

L'*appareil circulatoire*, plus riche en vaisseaux fermés que celui de beaucoup d'Arthropodes, se compose surtout de quatre longs vaisseaux : un dorsal, deux latéraux et un ventral ; un fin lacis de vaisseaux entoure le tube digestif. Le sang qui parcourt ces vaisseaux est rouge; mais sa coloration ne réside pas dans des globules, comme chez les Vertébrés. Aucune trace d'appareil respiratoire : les échanges gazeux se font à travers la peau.

Le *système nerveux*, très complet, est conforme au type général que nous avons trouvé chez les Arthropodes : *cerveau* (*h*), *collier œsophagien* (*i*), *masse sous-œsophagienne* volumineuse, longue *chaîne nerveuse* (*k*) appliquée contre la face ventrale, rien n'y manque. Chose curieuse, la chaîne nerveuse est contenue tout entière, avec l'anneau œsophagien, dans le vaisseau sanguin ventral; ce qui donne à penser que ce dernier au moins n'est, en somme, qu'une dépendance

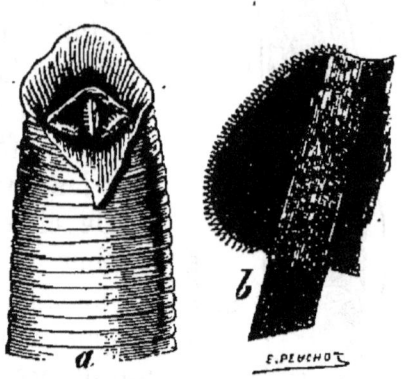

Fig. 191.
Bouche et mâchoires de la Sangsue.

de la cavité générale, une sorte de lacune canalisée.

Des *yeux* sont rangés en demi-cercle sur la face dorsale de l'anneau antérieur, et il est bien certain que le sens de la vue n'est pas le seul dont jouissent les Sangsues.

Les Hirudinées. — Nous aurons achevé cette histoire rapide de la Sangsue, dont beaucoup de traits s'appliquent aux animaux voisins, c'est-à-dire au groupe des *Hirudinées*, en disant que les *œufs*, après avoir été pondus, sont renfermés dans un *cocon*, où ils éclosent; les jeunes ne subissent pas de métamorphoses. Les Sangsues vivent libres, ou en parasites à l'extérieur du corps de certains animaux : elles pénètrent tout au plus dans leurs cavités respiratoires.

Les Chétopodes. — Les Hirudinées sont totalement dépourvues d'appendices locomoteurs; chez les *Chétopodes*, au contraire, le corps porte des soies plus ou moins nombreuses, et souvent soutenues par des tubercules que l'on compare à des membres.

Les plus simples des Chétopodes sont les *Lombrics* ou Vers de terre; dépourvus de tout appareil respiratoire, comme les Hirudinées, ils portent huit soies rigides par anneau; pour se nourrir, ils avalent la terre qu'ils habitent, en extraient les particules alimentaires qu'ils absorbent, et rejettent par l'anus tout ce qui est inutile. Le nom d'*Oligochètes*, qu'on leur donne, vient du petit nombre de leurs soies.

Par opposition, on nomme *Polychètes* (*fig.* 192) des vers marins chez qui le nombre des soies portées par chaque anneau est beaucoup plus considérable. Leur organisation est d'ailleurs supérieure, dans son ensemble, à celle des Oligochètes : ils possèdent, par exemple, un appareil respiratoire, formé de branchies; celles-ci sont parfois portées par la région moyenne du corps, comme chez l'*Arénicole des Pêcheurs* (*fig.* 193); dans d'autres cas (*Térébelles*), elles en ornent la partie antérieure qui prend les caractères d'une véritable tête. C'est surtout chez les Poly-

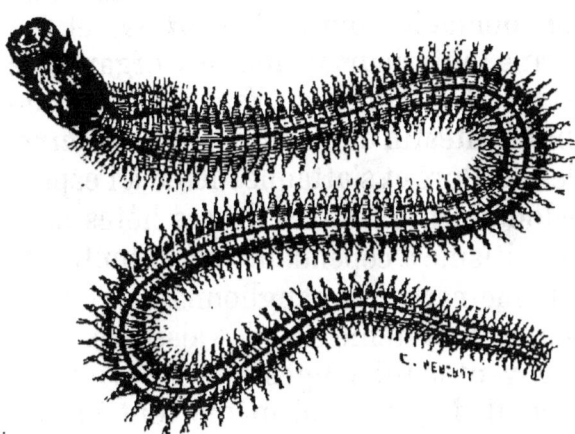

Fig. 192. — Annélide marine.

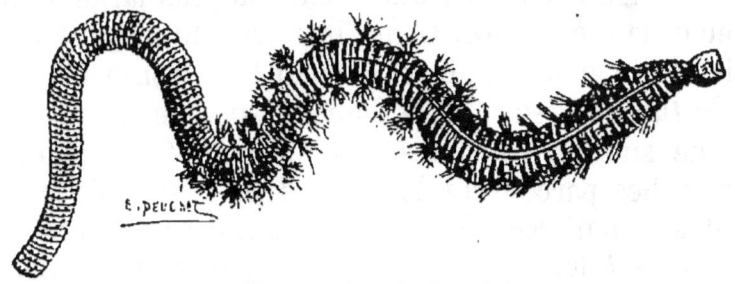

Fig. 193. — Arénicole des Pêcheurs.

chètes dont l'existence est libre au sein de la mer, ou *Polychètes errants* (les *Eunices*, les *Néréis*, les *Alciopes*, etc.) que se manifeste cette supériorité de l'organisation. Elle est beaucoup moins sensible chez les *Polychètes* qui vivent *sédentaires* à l'intérieur d'un tube fait de particules rocheuses et de débris de coquilles, ou creusé dans le sable : ce dernier est souvent recourbé en forme d'U et s'ouvre par deux orifices à la surface du sol.

Le nom d'*Annélides* réunit les Hirudinées et les Chétopodes.

Les Helminthes. — Tout autre est l'organisation des Vers auxquels on donne le nom d'*Helminthes*, et qui vivent en parasites dans l'intérieur même des organes de l'animal qu'ils infestent. La *Douve du foie*, le *Ténia* ou Ver solitaire, qui habite l'intestin de l'homme ; la *Trichine*, qui envahit les muscles du Porc et s'attaque même à l'espèce humaine, sont de redoutables exemples de ces hôtes dangereux chez qui le parasitisme a cependant réduit toutes les fonctions : plus de chaîne nerveuse ganglionnaire, plus de sang rouge enfermé dans un système clos de vaisseaux, plus d'organes des sens ; souvent le tube digestif possède un orifice unique, quelquefois il disparaît lui-même tout entier.

Trématodes. — La *Douve* (*fig.* 194, *e*), qui habite, lorsqu'elle est adulte, les conduits biliaires du foie de mouton, présente alors la forme d'une feuille ; vers la base de la face ventrale se trouve une petite *ventouse* au centre de laquelle s'ouvre la *bouche;* une ventouse plus large occupe le milieu de la même face. Dans l'intérieur du corps, aucune trace de cavité générale ; c'est dans un tissu compact qu'est creusé le *tube digestif :* à la bouche succède un pharynx épais, que suit un court œsophage, bientôt bifurqué ; les deux branches parcourent le corps dans le sens de la longueur et envoient vers les bords de nombreuses ramifications fermées à leurs extrémités. Au bout le plus aigu de la Douve, on remarque un orifice ; c'est l'ouverture d'un canal qui, au-dessus du tube digestif, suit d'avant en arrière l'axe du corps, réunissant sur son trajet des conduits

260 NOTIONS DE ZOOLOGIE.

chargés de matières de rebut, rejetées par la Douve ; voilà encore une nouvelle forme d'*appareil excréteur*. Nulle trace d'appareil de circulation ni de respiration. Cet organisme simplifié par le parasitisme est mis en jeu par un système nerveux dont un cerveau et deux longs cordons longitudinaux constituent la majeure partie.

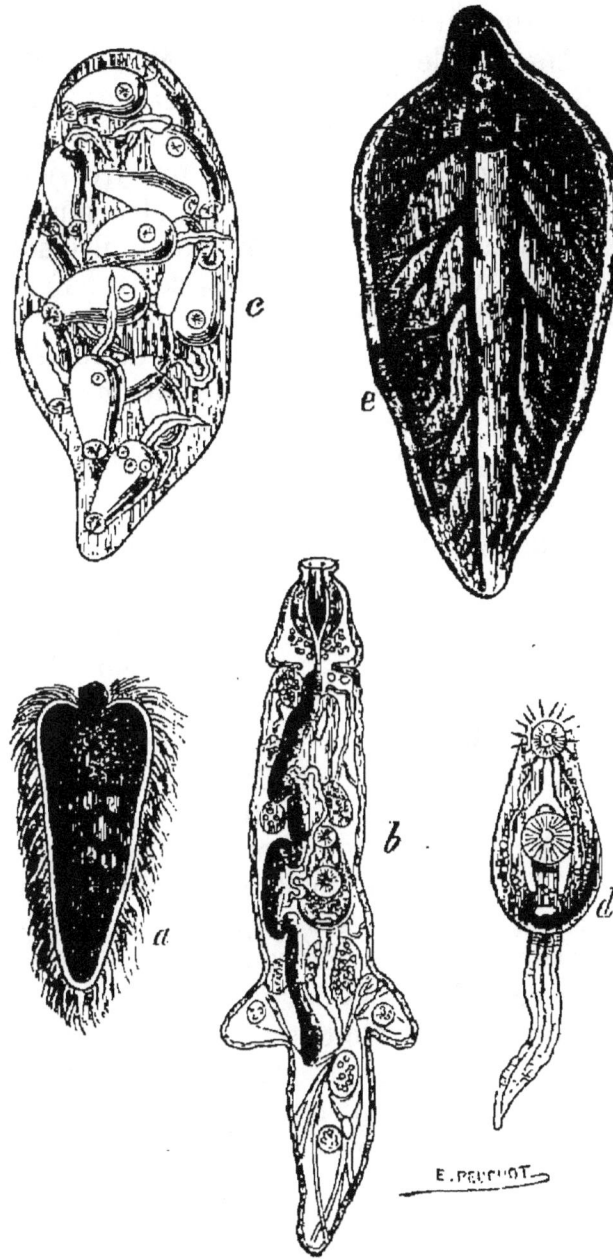

Fig. 194. — Douve du foie ; ses métamorphoses.

La Douve est un parasite, avons-nous dit ; elle l'est plus encore que la description précédente ne pourrait le faire supposer. Que devient, en effet, l'œuf produit par l'animal qui habite le foie ? Va-t-il se développer immédiatement en un être semblable au premier? D'aucune façon. Pondu dans un conduit biliaire, il est entraîné dans l'intestin par la bile, puis au dehors par les excréments du Mouton; il en sort alors un embryon (*a*) couvert de cils vibratiles, qui se déplace librement dans l'eau. Isolé, cet embryon ne tarderait pas à périr; mais vient-il à rencontrer une très jeune Lymnée, petit mollusque aquatique, il pénètre aussitôt dans sa coquille et va se fixer sur ses branchies; il y subit d'importantes modifications et, finalement, se transforme en un être allongé, terminé par trois lobes inégaux, dépourvu de cils vibratiles, muni d'une ébauche de tube digestif; à cet état, on lui donne le nom de *Rédie* (*b*). La Douve n'est pas encore au terme de ses métamorphoses; on voit en effet s'organiser tôt ou tard à l'intérieur de la Rédie un certain nombre d'êtres microscopiques, ayant à peu près la forme de têtards, pourvus d'un tube digestif bifurqué et d'un rudiment d'appareil excréteur; ce sont les *Cercaires* (*d*). Mis en liberté par la rupture des parois de la Rédie, les Cercaires se déplacent rapidement dans l'eau, jusqu'au moment où ils sont avalés par l'animal dont la Douve a fait son hôte définitif, le Mouton; les Cercaires perdent alors leur queue et revêtent la forme adulte qui nous a tout à l'heure arrêtés. Avant d'atteindre son dernier domicile, la Douve a donc deux fois repris sa liberté; deux fois le parasitisme l'a ressaisie. Encore avons-nous supposé, dans l'étude de ces curieuses *migrations*, que leur cours normal ne rencontrait pas de retards. Mais souvent la Rédie, avant de produire des Cercaires, forme des Sporocystes (*c*); et combien de fois le Cercaire, avant d'arriver au Mouton, n'est-il pas avalé par quelque autre animal, larve d'insecte, crustacé, poisson ou batracien? Il s'enfonce alors dans ses tissus, s'y entoure de membranes épaisses et protectrices, ou, comme on dit, s'y enkyste, jusqu'au moment où les hasards d'une existence aventureuse le conduisent dans le milieu nécessaire à son développement. Car ce n'est pas un des caractères les moins frappants des migrations de la Douve que la nécessité absolue qui la force à suivre un chemin parfaitement déterminé pour atteindre son but : c'est dans les jeunes Lymnées, et là seulement, que son embryon devient Rédie; c'est dans le foie du Mouton, et nulle part ailleurs, que les Cercaires issus de la Rédie se transforment en Douves.

La Douve est le type des *Trématodes*.

Cestodes. — Les migrations des *Ténias* ne sont pas

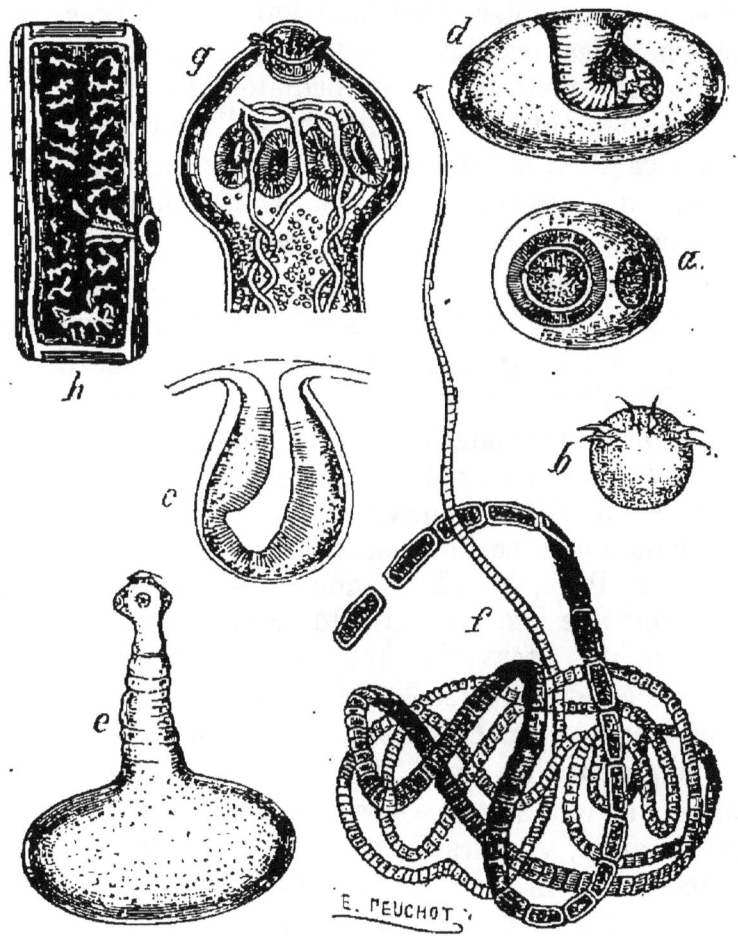

Fig. 195. — Ténia et ses métamorphoses.

moins remarquables. Sous sa forme adulte (*fig.* 195, *f*), le Ténia qui habite l'intestin de l'Homme, ou *Ver solitaire*, est un animal long et plat comme un ruban, et divisé, dans le sens de sa longueur, en une multitude de segments rectangulaires. Le premier de tous ces segments, ou *scolex* (*g*), se termine par un renflement pourvu d'une double couronne de crochets, au-dessous de laquelle on remarque quatre ventouses ; c'est un appareil de fixation par lequel l'animal s'attache aux parois du tube digestif. Les segments qui suivent, ou *proglottis* (*h*), sont d'abord plus larges que longs ; puis leur longueur augmente, ils deviennent carrés, et enfin les derniers sont plus longs que larges ; ceux-ci se détachent les uns après les autres, tandis que de nouveaux segments apparaissent immédiatement après le scolex. Aucun segment ne possède de trace d'appareil digestif ; deux longs canaux, constituant l'appareil excréteur, parcourent la série des segments ; ils sont reliés, dans chacun d'eux, par des anastomoses transversales.

Tombés dans l'intestin, les proglottis mettent en liberté, par des orifices latéraux, les *œufs* (*a*) qu'ils renferment ; ces derniers sont expulsés avec les excréments. Qu'ils soient abandonnés sur le sol et avalés par un Porc, ils se développeront immédiatement : de chacun d'eux sortira un embryon (*b*) pourvu de six crochets, qui traversera les parois du tube digestif et s'enkystera dans les tissus, où il prendra la forme d'une petite vésicule de la taille d'un noyau de cerise ; le Porc, dont la viande est bourrée de ces vésicules, est atteint de *ladrerie*. Bientôt apparaît en un point de la vésicule une excavation (*c*) qui pénètre vers l'intérieur et dessine en creux le scolex d'un Ténia (*d*) ; la vésicule est alors devenue un *Cysticerque*. La cuisson, quand elle est prolongée, tue les Cysticerques ; il suffit qu'elle soit incomplète pour que les Cysticerques, introduits dans l'estomac de l'Homme, y poursuivent leur développement : le scolex creusé vers l'intérieur du Cysticerque se retourne comme un doigt de gant (*e*) et se fixe au tube digestif ; des cloisons apparaissent derrière lui, divisant le corps du Ténia en anneaux ; le Ver solitaire est reconstitué.

Le Ténia est le type des *Cestodes*.

Les Trématodes et les Cestodes sont des Vers plats. A

264   NOTIONS DE ZOOLOGIE.

ce point de vue, il faut en rapprocher les *Turbellariés*, vers marins aplatis, mais nullement parasites, et, par suite, beaucoup mieux organisés.

Nématodes. — Les *Nématodes* sont, au contraire, des parasites au corps cylindrique, comme l'*Ascaride lombricoïde*, que rendent souvent les jeunes enfants, la *Trichine* (*fig.* 196) qui, à l'état jeune, habite les muscles de divers animaux : si un autre animal vient à manger ces muscles, la Trichine se développe dans son estomac, et les jeunes issus de ses œufs traversent l'intestin pour se rendre dans les tissus, produisant sur leur passage des désordres souvent graves. Il est des Nématodes dont toute l'existence est libre ; ce sont, par exemple, les *Anguillules du vinaigre*.

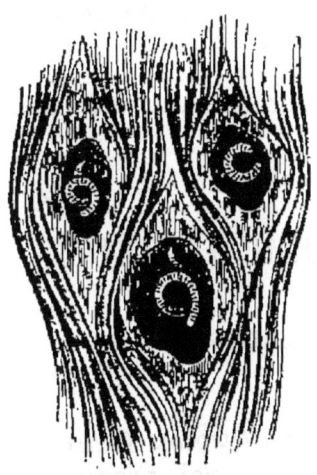 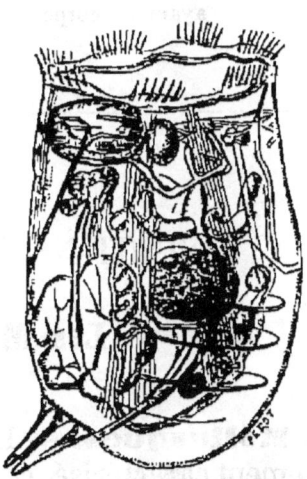

Fig. 196.
Trichine enkystée.

Fig. 197.
Rotifère (Notommate).

Les Rotifères. — Citons encore, pour terminer cette rapide énumération des principaux types de Vers, les *Rotifères* (*fig.* 197), animaux de très petite taille, que l'on trouve fréquemment dans la poussière des toits, et qui partagent avec les Tardigrades la curieuse propriété de reviviscence.

RÉSUMÉ

Les *Vers* sont des animaux doués de la symétrie bilatérale, et dont le corps, dépourvu de tout squelette, est généralement partagé en segments dans le sens de la longueur; leurs différents appareils sont en rapport avec ce mode d'organisation.

Le tableau suivant résume la classification des principaux types de Vers.

VERS
- libres (*Annélides*).
  - dépourvus de soies locomotrices.... *Hirudinées*. Sangsue.
  - pourvus de soies locomotrices (*Chétopodes*).
    - peu nombreuses. *Oligochètes*. Lombric.
    - nombreuses..... *Polychètes*. Arénicole.
- parasites (*Helminthes*).
  - ayant un corps plat.
    - non divisé......... *Trématodes*. Douve.
    - divisé en anneaux...... *Cestodes*. Ténia.
  - ayant un corps cylindrique........ *Nématodes*. Trichine.

VINGT-NEUVIÈME LEÇON

Les Mollusques.

Les Mollusques. — Les *Mollusques* forment un embranchement caractérisé, comme les trois premiers, par une symétrie bilatérale plus ou moins parfaite; mais l'absence d'un squelette interne osseux les distingue des Vertébrés, comme l'absence de toute segmentation longitudinale du corps les sépare des Arthropodes et des Vers. Le nom de Mollusques le dit assez clairement : ce sont des animaux essentiellement mous. Ajoutons toutefois que, dans bien des cas, ils sont protégés extérieurement par une enveloppe dure et calcaire, totalement indépendante des organes qu'elle recouvre, la *coquille*. Ce sont généralement des animaux aquatiques.

La plupart des Mollusques peuvent être rattachés à trois types bien connus, mais assez différents entre eux : la *Moule*, l'*Escargot*, la *Seiche*. Il nous sera facile, après avoir étudié de près le premier de ces types, d'acquérir par la comparaison une idée assez nette des deux autres ; chemin faisant, nous passerons rapidement en revue les principales espèces de chacun des trois groupes qu'ils représentent.

La Moule. — La Moule et les Mollusques du groupe de la Moule sont remarquables pour la parfaite symétrie de leur organisation ; la figure 199 représente une *Mye*, mollusque qui vit enfoncé dans la vase au voisinage des embouchures.

Coquille. — Le corps est protégé par une coquille

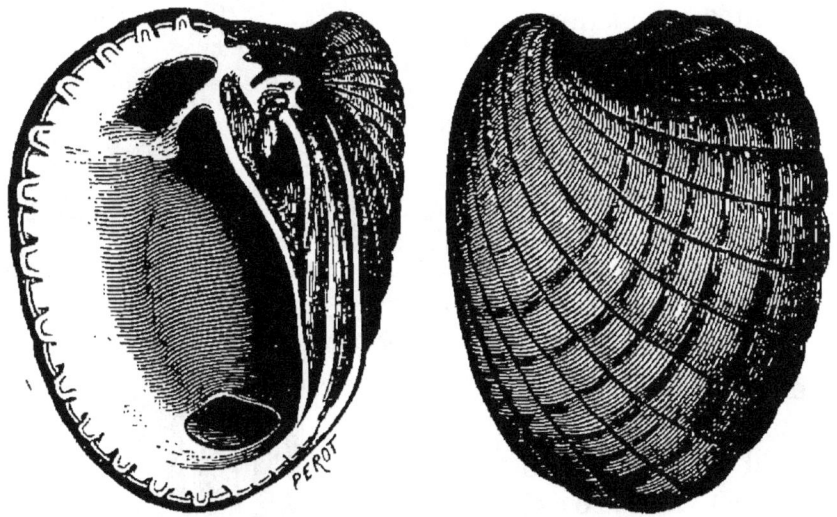

Fig. 198. — Coquille bivalve.

composée de deux parties symétriques ou *valves* (*fig.* 198). Ces deux valves s'unissent, comme les deux moitiés de la couverture d'un livre, suivant une ligne qu'on appelle la *charnière :* des aspérités ou *dents* de chacune des valves, qui correspondent à des cavités de la valve opposée, règlent et limitent les mouvements de rotation des valves autour de leur charnière. Un *ligament* élastique, passant d'une valve à l'autre sur le dos de la charnière, tend à maintenir les deux valves écartées et à ouvrir par suite la coquille ; nous verrons que le Mollusque vivant réagit contre cette tendance; mais, aussitôt que la vie l'a quitté, l'élasticité du ligament l'emporte, et chacun sait que c'est à l'ouverture des valves qu'on reconnaît la mort d'une Moule soumise à la cuisson.

Manteau. — La coquille est tapissée intérieurement par une double lame charnue qui se moule exactement sur elle, et qu'on nomme le *manteau* (*fig.* 199, *f*); chez la Moule, les deux *lobes* du manteau sont libres sur leurs bords, comme les valves de la coquille; chez la Mye, ils se soudent sur presque toute leur longueur, et ce n'est qu'après avoir fendu le manteau suivant cette ligne de suture qu'on peut observer les organes qu'il recouvre; il convient alors, comme la figure 199 suppose qu'on l'a fait, d'étendre de part et d'autre le manteau et de le fixer avec quelques épingles sur une plaque de liège au fond d'une cuvette remplie d'eau.

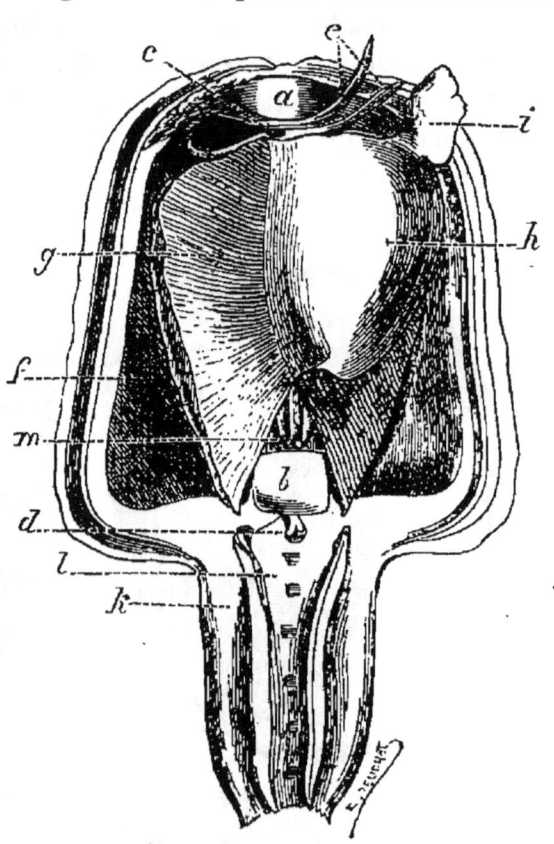

Fig. 199. — Organisation de la Mye.

Muscles adducteurs. — Mais auparavant il fallait séparer le manteau de la coquille, et d'abord ouvrir celle-ci. Or, le Mollusque oppose souvent à cette double opération une résistance énergique. C'est qu'en effet il possède deux muscles puissants, étendus d'une valve à l'autre vers les deux extrémités de la coquille, et dont la contraction, combattant l'action du ligament, rapproche les deux valves; ce sont les *muscles adducteurs* (a et b), qu'il est indispensable de détacher d'un côté si l'on veut arriver à ouvrir la coquille. Certains Mollusques, bivalves comme la Moule, ne possèdent qu'un muscle adducteur; l'*Huître* est dans ce cas.

Pied. — Entre les deux lobes du manteau s'étend une masse proéminente que sa forme a fait comparer à la *bosse* de devant *de Polichinelle* (h), et qui renferme une bonne partie des viscères. A sa partie supérieure on remarque un prolongement saillant que l'animal contracte quand il est inquiété et qu'il peut, au contraire, développer jusqu'à le faire saillir entre ses valves ; c'est le *pied* (i), qui prend chez la Moule la forme d'une languette, et qui acquiert chez le *Solen* ou Couteau un volume considérable aux dépens de la bosse de Polichinelle. Quand les deux lobes du manteau sont soudés comme chez la Mye ou le Solen, ils s'écartent au niveau du pied, pour le laisser passer.

Branchies. — De chaque côté de la masse viscérale s'étendent deux doubles lamelles superposées qui occupent presque toute la longueur du corps : ce sont, en quelque sorte, les feuillets du livre dont la couverture était représentée par la coquille. Ces organes ne sont autre chose que des *branchies* (g); de là le nom de *Lamellibranches* donné aux Mollusques du groupe de la Moule. La surface des branchies paraît finement striée ; c'est qu'en réalité elles sont formées d'une multitude de filaments juxtaposés. Quelquefois elles sont libres entre elles, comme chez la Moule ; souvent les deux branchies les plus voisines du plan de symétrie s'unissent comme chez la Mye, le Solen, etc., après la bosse de Polichinelle : il est alors nécessaire de les séparer d'un coup de ciseaux, quand on veut poursuivre la dissection ; chez l'Huître, cette soudure des deux branchies internes se prolonge sur toute leur longueur, et dissimule complètement la masse viscérale, d'ailleurs fort peu saillante.

Appareil digestif. — Le *tube digestif* est muni de deux orifices placés aux extrémités opposées de l'animal ; de l'un à l'autre, il ne conserve pas une direction absolument rectiligne. La *bouche* (c), entourée de part et d'autre par deux prolongements lamelleux (*palpes labiaux*, c), que leur aspect pourrait au premier abord faire confondre avec des branchies, est toujours située après le muscle adducteur voisin du pied, que nous appellerons muscle adducteur antérieur. L'*anus* (d) occupe toujours une situation analogue après le muscle adducteur postérieur, derrière lequel passe la dernière partie de l'intestin. A l'*œsophage*, qui fait suite à la bouche, succède un *estomac* muni d'une sorte de cœcum qui renferme une tige solide, transparente, périodiquement renouvelée et servant peut-être à la mastication ; l'*intestin* commence par décrire de nombreuses circonvolutions dans l'intérieur de la bosse, puis il passe dans le voisinage de la charnière pour former le *rectum*, que termine l'anus. Un tissu glandulaire, que l'on compare à un *foie*, entoure complètement l'estomac.

Circulation. — C'est au voisinage de la charnière, entre les deux adducteurs, qu'il faut chercher le *cœur*, organe central de la circulation. Enveloppé d'un *péricarde*, il comprend un *ventricule* flanqué de chaque côté d'une *oreillette* ; chose curieuse, le ventricule est traversé par le rectum, autour duquel il forme par suite une sorte d'anneau creux. Le sang qui sort du ventricule est envoyé aux différents organes par des vaisseaux dont les dernières ramifications s'ouvrent librement dans les interstices des tissus; de là il passe dans des canaux qui le conduisent aux branchies, où il reprend les qualités nutritives qu'il avait perdues au contact des organes ; puis il est ramené au cœur d'où il sort pour reprendre son trajet. L'appareil circulatoire des Lamellibranches est donc lacunaire, et le cœur, qui ne renferme jamais que du sang artériel, correspond au cœur gauche des Vertébrés supérieurs.

Excrétion. — En écartant avec soin les branchies, on peut apercevoir, de chaque côté du péricarde, un organe allongé (*corps de Bojanus*), coloré en brun et creusé d'une cavité ; cette dernière s'ouvre extérieurement par un orifice; mais elle communique aussi avec le péricarde, et, comme le corps de Bojanus n'est autre chose que l'organe de l'excrétion, on voit que la singulière disposition de cet organe permet le mélange de l'eau extérieure avec le sang que renferme le péricarde et avec les matières excrétées. Cette confusion entre le sang et les liquides qui entourent le corps, preuve évidente d'une organisation inférieure, apparaît ici pour la première fois ; elle se manifestera plus nettement encore chez les Echinodermes, les Célentérés et les Spongiaires.

Mouvements de l'eau dans la coquille. — Lorsque les deux lobes du manteau sur toute leur longueur, et les deux feuillets branchiaux internes, dans leur partie postérieure, se soudent bord à bord, ils déterminent dans le corps de l'animal deux cavités parallèles que séparent les branchies et dont la plus profonde est contiguë aux viscères ; à l'extrémité antérieure de la première s'ouvre la bouche, vers l'extrémité postérieure de la seconde se trouve l'anus. L'eau, entraînée par les mouvements de cils vibratiles nombreux, pénètre dans la première cavité; une partie est portée jusqu'à la bouche où les palpes labiaux réunissent les particules alimentaires, le reste traverse le fin treillis formé par les filaments branchiaux, concourt à l'acte important de la respiration, et passe dans la seconde cavité d'où elle sort en entraînant les excréments et les œufs. Ainsi s'établit, à l'intérieur de la coquille, un double courant dont l'effet est d'entretenir, entre l'animal et le monde qui l'entoure, les échanges nécessaires à la vie. Les deux cavités suivies par ce courant se continuent à la partie inférieure du corps, par deux tubes généralement accolés (*siphons*); susceptibles d'une très grande extension, mais aussi d'une contraction brusque à l'approche du danger, ils permettent au Mollusque, enfoncé profondément dans la vase, de rester en communication avec l'eau qui la recouvre ; il va sans dire que l'animal se place alors la bouche en bas : l'eau entre par le siphon inférieur (k) et sort par le siphon supérieur (l). Toutes ces dispositions se rencontrent chez la Mye : on a supposé, dans la figure 199, que les siphons avaient été fendus sur toute leur longueur.

Système nerveux. — Le *système nerveux* des Lamellibranches est à peu près conforme au type qui nous a servi à définir l'embranchement des Mollusques (*fig.* 200) : deux *ganglions cérébroïdes* (a), plus ou moins rapprochés au-dessus de la bouche, et réunis par une commissure transversale, communiquent avec une masse ganglionnaire située à la base du pied (b), par deux connectifs généralement courts dont la réunion forme un premier collier autour du tube digestif (o) ; un second collier (e), plus long que le précédent, unit les ganglions cérébroïdes à une troisième paire de ganglions (c), placés sur le muscle adducteur postérieur, au voisinage des branchies.

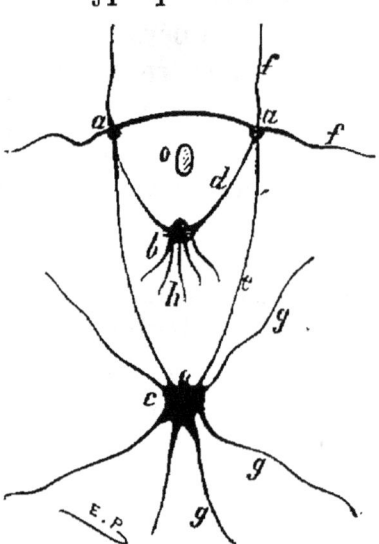

Fig. 200. — Disposition générale du système nerveux des Mollusques.

Les ganglions cérébroïdes envoient des filets nerveux (f) dans les organes des sens, quand il s'en trouve, et dans le manteau ; les *ganglions pédieux* sont exclusivement affectés au pied (h), et les *ganglions branchiaux* innervent surtout les branchies et une partie du manteau (g). La figure 201, qui représente l'organisation d'un *Solen*, montre les ganglions cérébroïdes (n), pédieux (o) et branchiaux (m).

Organes des sens. — Il est rare de trouver des yeux chez les Lamellibranches ; on en rencontre cependant de nombreux sur le bord libre des lobes du manteau de certaines espèces, comme les Peignes ou Coquilles de Saint Jacques. Les organes de l'audition sont plus répandus; mais ils se réduisent à de petites vésicules (*otocystes*) placées au voisinage des ganglions pédieux; la vésicule renferme des corpuscules calcaires tenus en suspension dans un liquide, et dont le contact avec les cils qui la tapissent intérieurement produit la sensation auditive; c'est un organe bien rudimentaire en apparence, et cependant n'y retrouvons-nous pas tout ce qu'il y avait d'essentiel dans l'oreille interne de l'Homme?

Locomotion. — L'organe de la locomotion est généralement le pied. Il y a toutefois des Lamellibranches, tels que la Moule, qui se déplacent par des procédés différents. A la base du pied, une glande sécrète une matière comparable à la soie, mais se solidifiant au contact de l'eau;

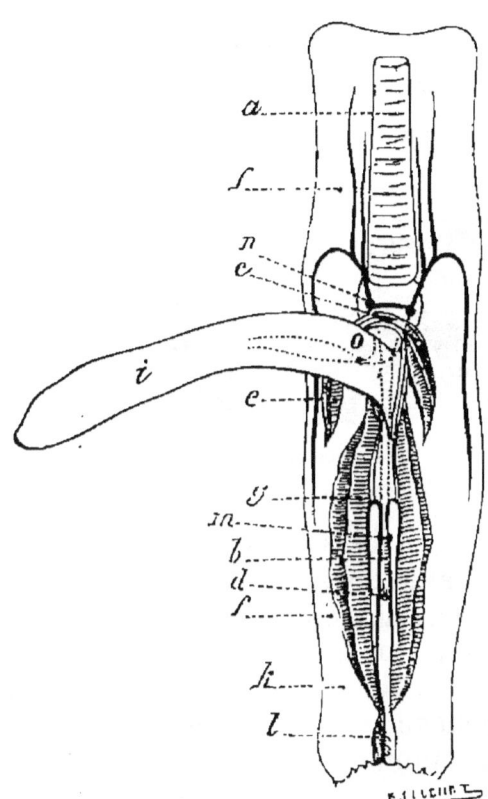

Fig. 201. — Organisation du Solen.

la Moule, allongeant le pied, fixe un peu de cette matière au support qui lui convient, et retire son pied de manière à se filer un léger suspenseur. Un faisceau de filaments ainsi formés constitue le *byssus* de la Moule et suffit à la retenir solidement à son rocher; mais il lui permet aussi de se mouvoir lentement, en remplaçant le byssus ancien par un byssus nouveau, attaché plus haut.

Classification des Lamellibranches. — Quelques

genres de Lamellibranches ne possèdent qu'un muscle adducteur ; ce sont les *Monomyaires*, exemple : l'*Huître*, le *Peigne*. Les Huîtres, qui vivent collées aux rochers par une des valves de leur coquille, sont très recherchées pour l'alimentation, et font, sur certains points de nos côtes (Marennes, Arcachon, etc.), l'objet d'une véritable culture :

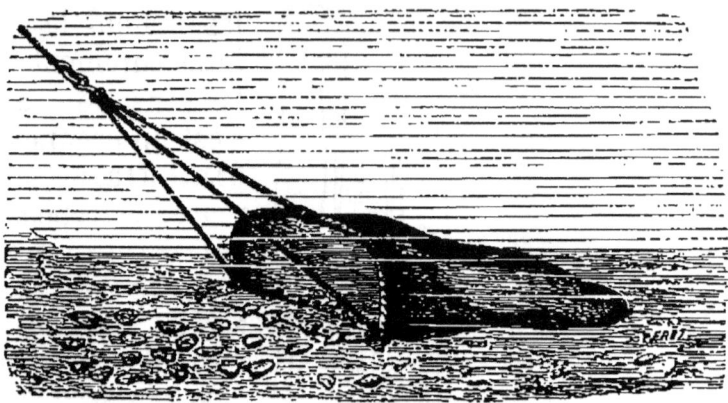

Fig. 202. — Pêche des Huîtres.

les jeunes huîtres sont recueillies d'abord sur des *fascines* où elles atteignent une taille moyenne, puis portées dans les *parcs*, où elles achèvent de s'engraisser. L'*Huître perlière* n'est pas précisément une Huître : par certains caractères, elle se rapproche de la Moule ; sa coquille est tapissée intérieurement d'une couche épaisse de nacre, formée par le manteau, et qui s'accumule autour des débris placés sous les valves ou même dans certains organes ; ces amas ne sont autre chose que les *perles*.

Parmi les *Dimyaires*, c'est-à-dire ceux qui ont deux muscles adducteurs, certains sont dépourvus de siphons, comme les *Moules*, dont la culture est très développée sur les côtes vaseuses des Charentes : les jeunes moules s'attachent aux derniers pieux d'une sorte d'allée dirigée vers la pleine mer, ou *bouchot*; quand elles ont acquis une taille suffisante, on les détache de ces pieux et on les fixe aux plus rapprochés de la côte, unis entre eux par une sorte de clayonnage ; c'est là qu'elles achèvent leur développement.

Les *Mulettes* ou Moules d'eau douce, les *Anodontes*, dont la charnière n'a pas de dents, sont encore des Dimyaires dépourvus de siphons.

Au contraire, les *Cardium*, que l'on vend dans les marchés sous le nom de Coques ; les *Solen* ou Couteaux, à la coquille très allongée ; les *Pholades*, qui de leur coquille rugueuse percent les roches pour s'y creuser des demeures ; les *Tarets*, qui traversent le bois à l'aide de longues galeries tapissées intérieurement d'un tube calcaire, etc., possèdent tous des siphons plus ou moins développés.

RÉSUMÉ

Les *Mollusques* sont des animaux mous et non segmentés, doués de la symétrie bilatérale, et possédant souvent une *coquille*.

Il y a parmi les Mollusques trois classes principales, ayant pour types : la *Moule*, l'*Escargot*, la *Seiche*.

Dans le premier type (*Lamellibranches*), la coquille est à deux *valves* et tapissée intérieurement d'un *manteau* à deux *lobes* ; la coquille est fermée par la contraction d'un ou deux *muscles adducteurs* ; entre les deux lobes du manteau est une bosse saillante, qui porte le *pied*, et de chaque côté de laquelle s'attachent deux *branchies* lamelleuses.

Le *tube digestif*, ouvert aux deux bouts, s'ouvre après le muscle adducteur antérieur, et se termine après le postérieur. La circulation, en partie lacunaire, a pour organe central un *cœur*, formé d'un ventricule et de deux oreillettes, et traversé par l'intestin. L'excrétion a pour organe le *corps de Bojanus*.

Le *système nerveux* comprend des *ganglions cérébroïdes*, rattachés à des *ganglions pédieux* et à des *ganglions branchiaux* par deux *colliers* qui entourent le tube digestif.

L'organe de la locomotion est généralement le pied.

Il y a des Lamellibranches *Monomyaires*, comme l'Huître ; d'autres sont *Dimyaires*, dépourvus de siphons, exemple : la *Moule* ; ou siphonés, exemple : le *Cardium*.

TRENTIÈME LEÇON

Les Mollusques (*suite et fin*).

L'Escargot. — Le second type de Mollusques est l'*Escargot* (*fig.* 203). Ici la symétrie bilatérale, si nette chez les Lamellibranches, est singulièrement compromise ; la coquille,

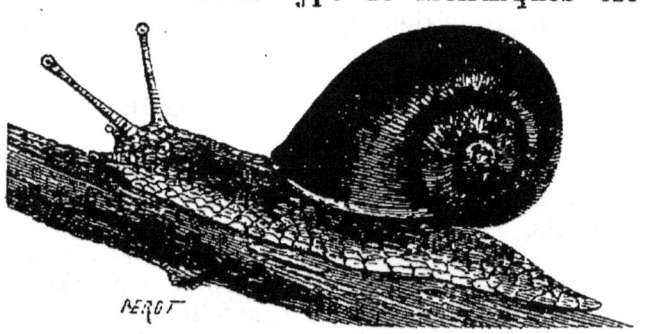

Fig. 203. — Escargot.

dont la forme se moule à peu près sur celle du corps, au lieu d'être composée de deux valves exactement semblables, se réduit à une pièce unique, sorte de cornet enroulé sur lui-même en spirale et renfermant une partie des organes (*fig.* 204). Le pied subit aussi une importante modification : ce n'est plus cette languette aplatie sur les côtés, dont les Lamellibranches se servent en général pour écarter la vase dans laquelle ils vivent enfoncés ; c'est une large sole par laquelle l'animal, sorti de sa coquille, s'applique sur son support et y rampe librement ; le pied semble s'étendre à la face ventrale tout entière, ce qui justifie le nom de

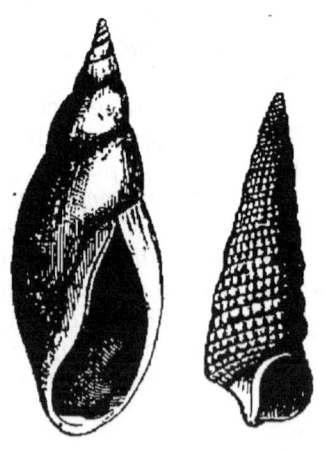

Fig. 204.
Coquilles de Gastéropodes.

Gastéropodes, appliqué généralement aux Mollusques du groupe de l'Escargot. On remarque enfin, réunies au-devant de ce pied et au-dessus de la bouche, deux paires de *tentacules*, dont la seconde, mieux développée que la première, porte des yeux : c'est dire que cette région, dans laquelle se réunissent la partie cérébroïde du système nerveux et les organes des sens, prend les caractères d'une *tête;* nous n'avons rien trouvé de semblable chez les Lamellibranches, qu'on peut appeler, pour ce motif, des Mollusques *Acéphales*.

Entre le manteau qui protège extérieurement le corps de l'Escargot et le tégument qui recouvre immédiatement les viscères, s'étend une vaste cavité; c'est une sorte de *poumon* qui s'ouvre au bord de la coquille par une fente assez large. Le poumon n'est pas cependant l'organe de respiration le plus répandu chez les Gastéropodes; la cavité respiratoire sert ordinairement à protéger des branchies : c'est, à proprement parler, une chambre branchiale.

Le tube digestif ne conserve pas la direction presque rectiligne qu'il avait chez les Lamellibranches; il se recourbe très sensiblement en forme d'U, de sorte que l'anus, rapproché de la bouche, est voisin de l'orifice de la chambre respiratoire. L'arrière-bouche renferme deux organes de mastication : à sa face supérieure, une *mâchoire;* à sa face inférieure, une sorte de râpe garnie de plusieurs rangées longitudinales de dents microscopiques, excessivement nombreuses; c'est la *radula*. Un foie volumineux est annexé au tube digestif; il occupe une bonne partie du *tortillon :* c'est la partie du corps qui s'engage dans l'extrémité enroulée de la coquille.

Le cœur, peu éloigné de la chambre respiratoire, comprend en général une oreillette unique et un ventricule.

Beaucoup de Gastéropodes possèdent un *opercule*, pièce calcaire ou cornée portée par le pied et ayant exactement la forme de l'ouverture de la coquille; quand l'animal, fuyant un danger ou cherchant le repos, se retire dans son enveloppe, l'opercule vient s'appliquer étroitement sur cette ouverture et la fermer. Il ne faut pas confondre ces opercules avec l'*épiphragme* qui ferme la coquille de l'Escargot pendant son engourdissement ; ce dernier n'est qu'une sorte de ciment dont l'animal mure temporairement l'entrée de sa demeure, et qui durcit à l'air.

Les Gastéropodes. — Parmi les Gastéropodes possesseurs de branchies, certains sont totalement dépourvus de coquille ; ce sont les *Nudibranches* ; exemple : les *Doris*, dont l'appareil respiratoire forme autour de l'anus un panache circulaire. La plupart, au contraire, ont une coquille. Elle peut être, il est vrai, très simple : celle des *Patelles*, par exemple, se réduit à une sorte de cône surbaissé en forme de chapeau chinois. Celle des *Haliotides* (que dans certains pays on appelle vulgairement *Ormeaux*), nacrée intérieurement et percée d'une série d'orifices correspondant aux branchies, est aplatie et sensiblement ovale ; on remarque cependant, au voisinage du bord, une ébauche de spirale dont la coquille presque entière ne serait que le dernier tour, très étalé. Enfin la coquille d'une foule de Gastéropodes présente un grand nombre de tours à peu près égaux entre eux ; elle prend une forme allongée et se termine en pointe ; le *Buccin*, la *Nasse*, le *Murex*, la *Pourpre*, qui fournit une très belle matière colorante, etc., appartiennent à cette catégorie.

Les mêmes variations peuvent être facilement observées dans le développement de la coquille des Gastéropodes pulmonés : l'*Escargot* a une coquille volumineuse ; dans la *Testacelle*, elle n'est plus qu'un capuchon fragile, à

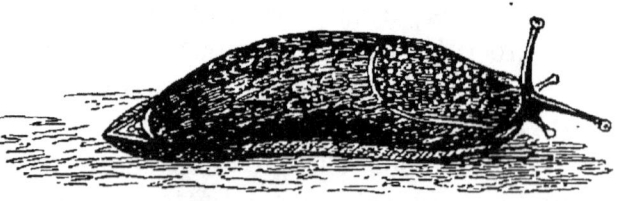

Fig. 205. — Limace rouge.

l'extrémité postérieure du corps ; chez la *Limace grise*, nous la voyons s'enfoncer sous le manteau, qui la recouvre entièrement en arrière de la tête ; enfin, la *Limace rouge*, appelée quelquefois *Loche* dans le langage commun (*fig.* 205), n'en présente plus que des traces, disséminées sous les téguments à l'état de granules calcaires.

On doit rattacher aux Gastéropodes les animaux élégants et délicats qu'on désigne des noms d'*Hétéropodes* et de *Ptéropodes :* chez les premiers le pied, au lieu d'être aplati sur sa face ventrale et propre à la reptation, est aplati latéralement et forme une véritable nageoire ; chez les Ptéropodes, il est représenté par deux palettes excessivement mobiles dont l'animal se sert, comme un Papillon de ses ailes, pour *voler* dans son élément liquide. Les Hétéropodes (*Carinaire, Atlante*, etc.) et les Ptéropodes (*Hyale, Cléodore*, etc.) habitent la haute mer où on peut les recueillir, par les temps calmes, au voisinage de la surface ; ce sont, en un mot, des animaux *pélagiques*.

La Seiche. — Le troisième type que nous avons distingué parmi les Mollusques est la *Seiche* (*fig.* 206). Chez elle, rien de semblable, en apparence, au pied des Lamellibranches ni à celui des Gastéropodes ; mais la tête, rattachée au reste du corps par une région étroite que l'on peut comparer à un cou, est pourvue d'une couronne de dix *bras* ou *tentacules* (*i*), au centre de laquelle s'ouvre la bouche ; de ces dix tentacules, huit sont courts et garnis de ventouses sur toute leur longueur (partie droite de la figure, *d*), deux sont beaucoup plus longs (*e*) et n'en portent qu'à leurs extrémités, renflées en forme de massue. Les dix bras de la Seiche, et surtout les deux plus longs, sont comme autant de harpons par lesquels elle se fixe aux objets immobiles ou attire à elle ceux qu'elle peut déplacer, comme les animaux dont elle fait sa pâture. Cette disposition du pied autour de la tête a valu le nom de *Céphalopodes* aux Mollusques du groupe de la Seiche. De chaque côté de la tête se remarque, en outre, un œil volumineux (*Id.*, *c*) et bien constitué.

La face ventrale de la Seiche porte une sorte de sac formé par le manteau (*sac palléal*), largement ouvert du côté de la tête, et qu'on ne saurait mieux comparer qu'à la vaste poche dont le devant des tabliers de travail est souvent pourvu. Ce sac protège deux choses : 1° les branchies, au nombre de deux, et disposées symétriquement de chaque côté du corps ; — 2° l'*entonnoir* (*Id.*, *b*), sorte de tube fixé au-dessus des branchies et dans le plan de symé-

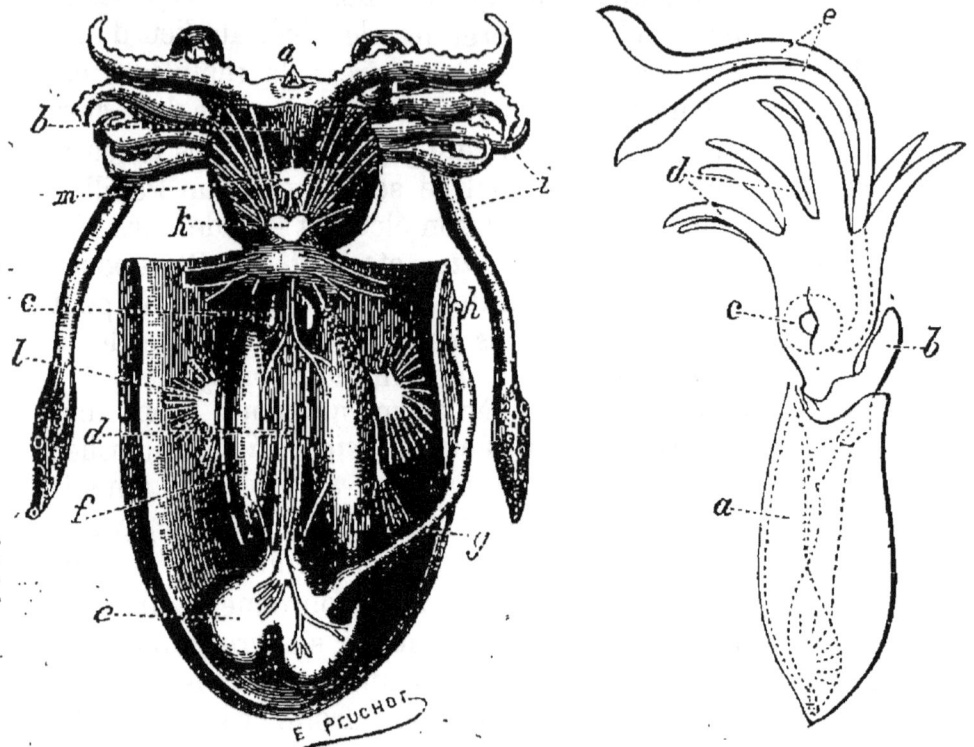

Fig. 206. — Organisation de la Seiche.

trie, largement ouvert à son extrémité postérieure, qui s'enfonce un peu dans la cavité du sac palléal, effilé au contraire à son extrémité opposée, qui fait saillie au dehors. Cet entonnoir est l'organe principal de la locomotion : lorsque la Seiche a laissé pénétrer une certaine quantité d'eau dans son sac palléal par la large fente qui lui sert d'ouverture, elle en contracte brusquement les parois et chasse cette eau, qui s'échappe violemment par l'entonnoir distendu en repoussant le corps tout entier en sens inverse ;

l'animal se déplace ainsi à reculons et par saccades. Ces mouvements de l'eau à travers le sac palléal renouvellent en même temps la provision d'air dissous nécessaire à la respiration.

Une pièce calcaire, ayant à peu près la forme générale du corps, occupe la partie dorsale, où elle est enfoncée dans l'intérieur du manteau (*Id.*, *a*); c'est l'*os de Seiche*, dont les oiseaux en cage se servent pour aiguiser leur bec.

Le tube digestif, courbé en U comme celui des Gastéropodes, comprend, après la bouche, un œsophage rectiligne et long (partie gauche de la *fig.*, *d*), un estomac rejeté à la partie postérieure du corps (*e*), et un intestin (*g*) qui revient en avant s'ouvrir dans le sac palléal (*h*). Des glandes salivaires (*c*) débouchent dans le pharynx (*b*); un foie (*f*), composé de deux lobes volumineux, déverse sa sécrétion à l'entrée de l'estomac. A la bouche est annexé un appareil de mastication important : deux pièces cornées, opposées l'une à l'autre et saillantes au dehors, forment un *bec* (*a*) assez analogue à celui d'un Perroquet, avec cette différence que chez la Seiche c'est la mandibule inférieure qui dépasse la supérieure; le pharynx renferme en outre une radula assez semblable à celles que possèdent les Gastéropodes.

L'appareil circulatoire a, dans son ensemble, la même organisation que celui des autres Mollusques; cependant le cœur, placé au voisinage des branchies, présente une complication nouvelle : des cavités à parois contractiles règlent le cours du sang à l'entrée des branchies; ce sont de vrais *cœurs branchiaux*.

Une glande spéciale, dont le canal débouche dans le sac palléal tout près de l'anus, produit l'*encre* dont la Seiche s'entoure, quand elle est poursuivie, pour échapper aux regards de ses ennemis et les troubler dans leur chasse; c'est la *poche du noir* ou poche à encre. Le liquide d'un noir intense qu'elle produit est employé dans les arts sous le nom de *sépia*.

Les œufs de la Seiche, enveloppés d'une membrane élastique et fortement colorée, sont réunis en grappes fixées aux algues : les marins les désignent communément sous le nom de *raisins de mer*.

Les Céphalopodes. — Le *Calmar* (*fig.* 207), moins répandu que la Seiche sur nos côtes, en diffère par son contour élancé et par la nature de son osselet interne : c'est une sorte de cartilage flexible affectant la forme d'une plume d'oie. Comme la Seiche, le *Calmar* est pourvu de dix tentacules ; c'est un *Décapode*.

Le *Poulpe* (*fig.* 208) qui, sur nos côtes, se dissimule dans les anfractuosités des rochers, où il livre aux Crabes et même aux Homards des combats acharnés, ne possède que huit bras, tous longs et terminés en pointe ; ils lui servent soit à ramper, soit à saisir sa proie : c'est un *Octopode*. Au même groupe appartient l'*Argonaute*, dont la femelle se fabrique, pour protéger ses œufs, une coquille délicate, à peine enroulée, et qu'elle maintient en place à l'aide de deux de ses bras, terminés par de larges palettes.

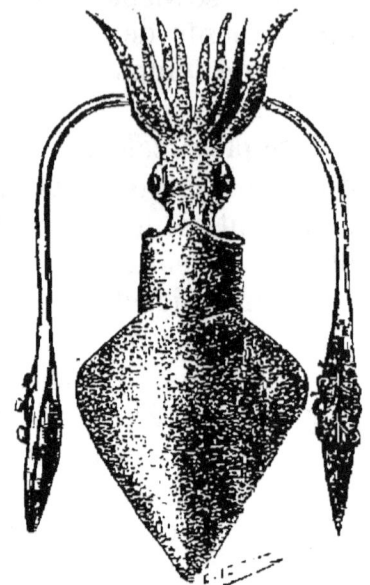

Fig. 207. — Calmar.

Fig. 208. — Poulpe.

Tous ces Mollusques sont, comme la Seiche, porteurs de deux branchies ou *Dibranchiaux*. Le *Nautile* (*fig.* 209) possède, au contraire, quatre branchies ; il est le type du groupe peu nombreux des *Tétrabranchiaux*. Pourvu de bras beaucoup plus nombreux que ceux des Dibranchiaux, il est enfermé dans une vaste coquille enroulée en spirale et divisée intérieurement par des cloisons en une série de *loges* dont les dimensions augmentent depuis la première, située au sommet de

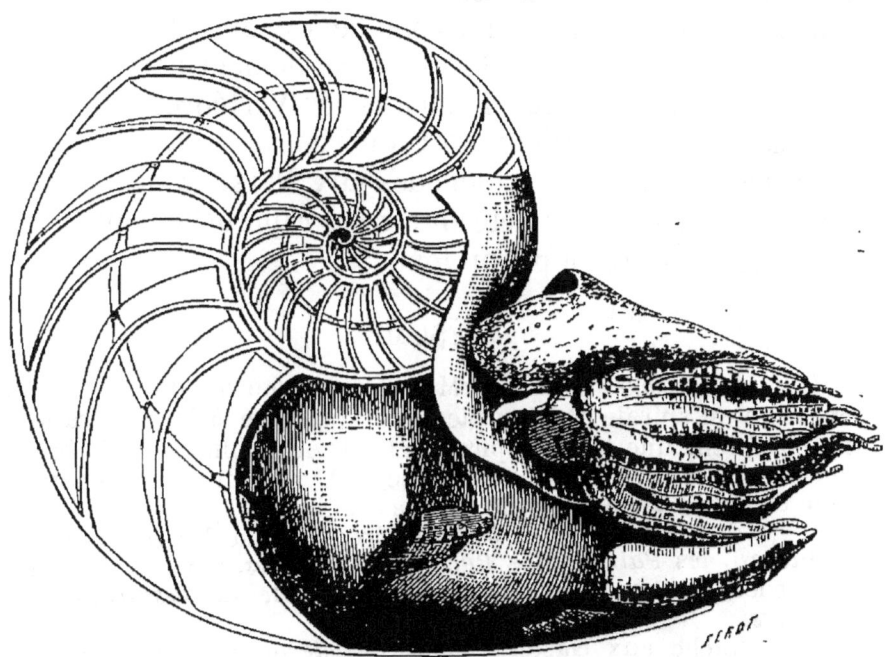

Fig. 209. — Coquille de Nautile.

la spire, jusqu'à la dernière qui seule sert d'habitation à l'animal ; un long tube, qui perce successivement toutes les cloisons, établit une communication entre la première loge et la dernière, à travers toutes les autres.

Les Molluscoïdes. — On réunissait autrefois aux Mollusques, sous le nom de *Molluscoïdes*, c'est-à-dire d'animaux ayant l'aspect de Mollusques, des êtres que certaines ressemblances de la forme extérieure ou de l'organisation interne paraissaient en rapprocher, et sur lesquels les savants sont encore loin de s'entendre. Ce sont : les *Tuniciers*, animaux mous qui, sur nos rivages, vivent enfouis dans le sable ou fixés aux rochers, soit isolément, soit en groupes ou colonies ; — les *Bryozoaires*, qui forment à la surface des rochers que la mer recouvre une sorte de mousse animale, et que les premiers observateurs avaient confondus avec des Polypiers ; — enfin les *Brachiopodes* qui, au premier abord, offrent une grande ressemblance avec les Lamellibranches : ils sont en effet pourvus, comme eux, d'une coquille à deux valves, articulées par une charnière. On est généralement porté à rapprocher maintenant les Tuniciers des Vertébrés, auxquels toutefois ils resteraient fort inférieurs, et à réunir les Bryozoaires et les Brachiopodes aux Vers. Mais l'exposé des raisons qui ont pu déterminer ces rapprochements nous entraînerait beaucoup trop loin.

RÉSUMÉ

Les *Gastéropodes* sont des Mollusques pourvus d'une coquille enroulée en spirale et d'un pied aplati, propre à la respiration ; ils possèdent une tête, respirent à l'aide de poumons et de branchies, ont un tube digestif recourbé en U et muni d'une *radula* ; leur cœur n'a généralement qu'une oreillette.

Il y a des Gastéropodes *branchifères*, comme les *Doris* (*Nudibranches*), les *Patelles*, les *Buccins*, les *Nasses*, etc. ; et des Gastéropodes *pulmonés* ; exemples : l'*Escargot*, la *Testacelle*, les *Limaces*.

On rattache aux Gastéropodes les *Hétéropodes* (*Carinaire*) et les *Ptéropodes* (*Hyale*).

Les *Céphalopodes* sont des Mollusques généralement dépourvus de coquille externe, dont le pied est remplacé par une couronne de *tentacules* munis de ventouses, disposée autour de la bouche ; le manteau forme sur la face ventrale un *sac palléal* renfermant les branchies et l'*entonnoir*, organe de locomotion.

On distingue, parmi les Céphalopodes, des *Dibranchiaux*, dont les uns sont *Décapodes* (*Seiche*, *Calmar*), les autres *Octopodes* (*Poulpe*, *Argonaute*) ; — et des *Tétrabranchiaux* (*Nautile*), pourvus d'une coquille externe.

TRENTE ET UNIÈME LEÇON

Les Echinodermes.

Les Echinodermes. — L'embranchement des *Echinodermes* nous met pour la première fois en présence d'une symétrie bien différente de celle que nous avons rencontrée avec toute évidence chez les Vertébrés, les Arthropodes, les Vers, et, avec quelques modifications, chez les Mollusques : la symétrie chez ceux-là était bilatérale, elle devient ici rayonnée ou *radiaire;* il suffit de considérer une *Etoile de mer* (*fig.* 72) pour s'assurer que tout plan perpendiculaire à la surface du corps et passant par l'un des cinq bras de l'animal le partage en deux parties offrant entre elles autant de ressemblance qu'un objet et son image dans un miroir plan.

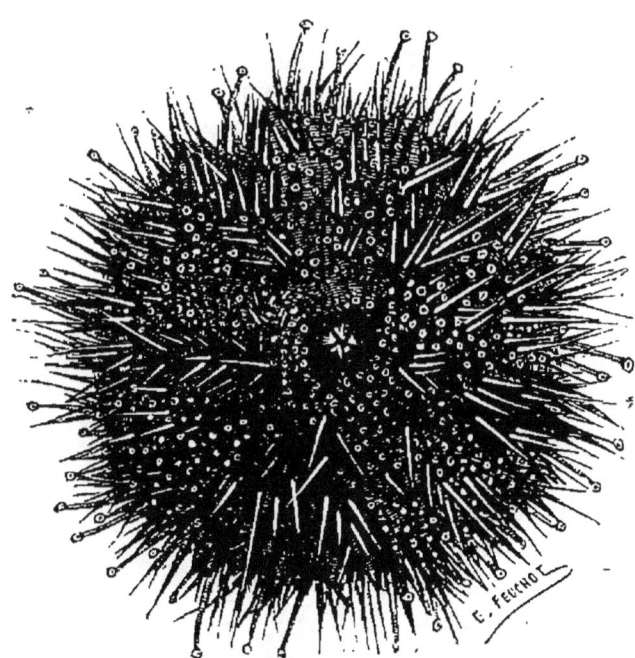

Fig. 210. — Oursin.

L'Oursin. — Une étude sommaire de l'*Oursin* (*fig.* 210) ou Châtaigne de mer, abondant sur bien des points de nos côtes, nous donnera une idée suffisante de l'organisation des *Echinodermes*.

La forme générale du corps d'un Oursin est à peu près celle d'une sphère, couverte dans presque toute son étendue d'une épaisse forêt de *piquants;* on peut cependant remarquer qu'au voisinage de ses pôles cette sphère est légèrement aplatie. L'un des pôles, par lequel l'animal repose toujours sur son support, est percé d'une ouverture qui laisse passer cinq prolongements durs et blancs ; cette ouverture est la *bouche;* ces pièces consistantes sont les *dents*. L'autre pôle, toujours opposé au support, est occupé par un orifice plus étroit, l'*anus*. La droite qui joint la bouche à l'anus est l'axe de symétrie de l'animal.

Le test. — Dépouillée de ses piquants (*fig.* 211), l'enveloppe dure et résistante, ou *test*, de l'Oursin se montre partagée en dix fuseaux à peu près égaux, dont les extrémités correspondent aux pôles, et dont les parties les plus larges se trouvent par suite au niveau de l'équateur. Il est facile de constater que tous ces fuseaux n'ont pas le même aspect, qu'il en existe de deux catégories différentes, alternant régulièrement. Tous sont couverts de boutons renflés ou *tubercules*, qui servent de supports aux piquants ; mais cinq seulement sont percés en outre de fines ouvertures : on leur donne le nom de *zones ambulacraires* (*fig.* 211, *a*), réservant celui de *zones interambulacraires* (*b*) aux cinq fuseaux imperforés qui leur sont régulièrement intercalés.

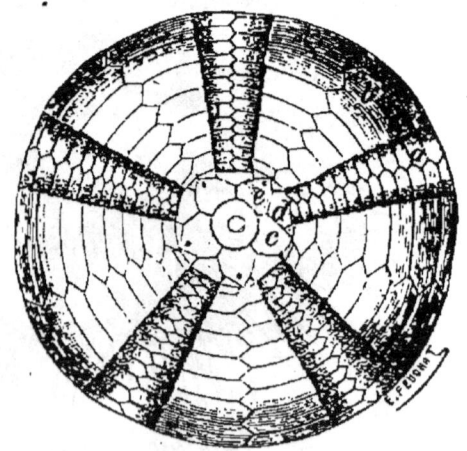

Fig. 211. — Pôle anal d'un test d'Oursin.

Chaque zone est formée d'une double rangée de plaques, enchâssées entre elles comme les pièces d'un parquet, de telle sorte que les deux rangées sont séparées par une ligne régulièrement brisée.

Autour du pôle anal sont disposées dix plaques, dont chacune correspond à une zone, et qui, comme les zones, se rapportent à deux types différents : les unes (ce sont les plus volumineuses), de forme sensiblement pentagonale, et tournant un de leurs sommets vers l'extérieur, occupent les extrémités des zones interambulacraires et présentent un orifice au voisinage de leur sommet externe (*plaques interambulacraires, c*); les autres, plus petites, mais de forme pentagonale comme les premières, s'intercalent entre elles comme des coins et correspondent aux zones ambulacraires (*plaques ambulacraires, d*). Il suffit d'examiner avec un peu d'attention les plaques de la première catégorie pour remarquer que l'une d'elles, légèrement saillante, présente une surface rugueuse : c'est la *plaque madréporique* (*e*). L'ensemble de ces pièces, entourant l'anus, est le *périprocte*.

La lanterne d'Aristote. — Par leurs extrémités opposées à l'anus, les dix zones en lesquelles se décompose le test de l'Oursin aboutissent au pôle buccal. C'est là qu'au centre d'une membrane molle, occupé par la bouche, apparaissent les cinq dents; chacune d'elles est formée par l'extrémité d'une sorte de tige cartilagineuse placée dans une pyramide triangulaire à base supérieure; la réunion de ces cinq pyramides, dures et blanches, et de quelques autres pièces moins importantes, constitue l'appareil dit *lanterne d'Aristote* (*fig.* 212, 1 et 2, *b*) : c'est l'appareil de la mastication. Sur les bords de l'orifice assez large que ferme la membrane péribuccale, et à l'intérieur du test, s'élève une ceinture de pièces dures, en forme d'arceaux, disposées au nombre de cinq en face des zones ambulacraires (*auricules, c*).

Les ambulacres. — Mais revenons à l'étude de la surface du test, et prenons un Oursin encore pourvu de ses piquants (*l*); nous trouverons, en outre, deux sortes de parties saillantes. Le long de chaque zone ambulacraire, une double rangée de petits organes transparents, tubuleux, terminés par des ventouses (*i*) ; chacun d'eux correspond à deux de ces fines ouvertures que nous avions déjà remarquées sur ces régions du test ; mous et flasques quand ils sont vides, ces *ambulacres* peuvent être gonflés d'eau qui les distend et les allonge : l'Oursin les applique alors par leurs extrémités sur le support qu'il occupe, et s'en sert pour se déplacer lentement ; ce sont, à proprement parler, comme leur nom l'indique, des organes de locomotion. Sur toutes les zones, et principalement au voisinage

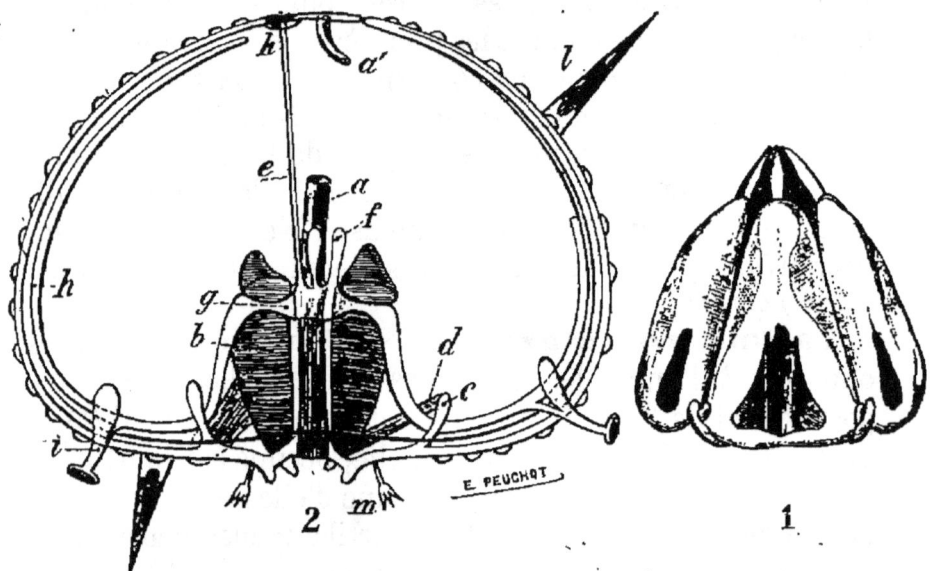

Fig. 212. — Organisation interne de l'Oursin (figure théorique).

de la bouche, se remarquent les *pédicellaires* (*m*), très petites tiges, dures à leur base, molles à leur extrémité qui porte une sorte de pince à deux, trois ou quatre mors ; organes de préhension qui amènent jusqu'à la bouche les particules alimentaires, les pédicellaires ont aussi pour fonction d'éloigner de la surface du corps les matières étrangères qui viennent l'encombrer.

Le tube digestif. — A la bouche succède un *tube digestif* dont la première partie traverse la lanterne d'Aristote, et qui décrit ensuite, dans la cavité générale, une double série de sinuosités; il reprend enfin sa direction primitive et aboutit à l'anus. Dans la figure 212 (2), on a supprimé, pour plus de clarté, toute la partie moyenne du tube digestif (*a*, *a'*).

L'appareil aquifère. — *L'appareil circulatoire* est assez compliqué, et formé d'un système clos de canaux. Outre des vaisseaux peu nombreux que l'on compare plus spécialement aux vaisseaux sanguins des animaux supérieurs, on y remarque tout un groupe de canaux qui, par un point au moins, communiquent avec l'extérieur, et dont le contenu est, par conséquent, plus ou moins mélangé d'eau de mer; c'est le *système* dit *aquifère :* de la plaque madréporique (*k*), poreuse et perméable, un vaisseau (*canal du sable*) descend vers la lanterne d'Aristote, dans laquelle il pénètre avec le tube digestif; il se réunit, autour de celui-ci, à un canal annulaire (*g*); dans ce dernier s'ouvrent aussi cinq poches (*vésicules de Poli*, *f*), et, alternant avec elles, cinq canaux (*c. ambulacraires*, *h*), qui remontent à l'intérieur du test, le long des zones ambulacraires dont ils atteignent l'extrémité; sur leur trajet, ils portent de chaque côté une série de canaux qui, renflés à leur base en forme de vésicule, se rendent dans les ambulacres. L'eau qui, en traversant la plaque madréporique, a pénétré dans le canal du sable, peut ainsi être amenée jusque dans ces organes locomoteurs.

Le système nerveux. — Les cinq canaux ambulacraires, en quittant la lanterne d'Aristote, passent entre les pyramides, puis sous les auricules; c'est le même trajet que suivent cinq filets nerveux situés immédiatement au-dessous d'eux, sur la surface interne du test, et remontant comme eux jusqu'aux extrémités des zones ambulacraires voisines du périprocte. Ces cinq filets, qui paraissent envoyer des ramifications aux ambulacres, aux pédicellaires, aux piquants, en un mot à tous les organes dont les mouvements manifestent la vitalité de l'animal, sont unis entre eux, autour de l'œsophage et à l'intérieur de la lanterne d'Aristote, par un anneau nerveux continu.

La reproduction. — Ajoutons, pour compléter la description des organes internes, que vers la partie supérieure de la cavité générale, au-dessous des zones interambulacraires, se trouvent, chez la femelle, cinq masses rougeâtres produisant les œufs : ceux-ci s'échappent par les cinq orifices percés dans les plaques interambulacraires. Après des métamorphoses importantes, mais dont l'étude serait trop longue, l'œuf reproduit un Oursin semblable à celui duquel il est sorti.

Les Echinides. — L'Oursin qui nous a servi d'exemple, et dont l'anus est directement opposé à la bouche, est un *Oursin régulier*. Supposons que son corps, au lieu de demeurer sensiblement sphérique, subisse de haut en bas un notable aplatissement, que de plus l'anus, quittant le pôle dorsal du test, vienne se placer plus bas et atteigne même la face ventrale de l'animal ; enfin, que le corps s'allonge suivant la nouvelle direction déterminée par la bouche et l'anus ; l'Oursin sera devenu *irrégulier* : c'est ce que réalisent les *Clypéastres*, par exemple. Il peut se faire que la bouche elle-même se porte à l'extrémité antérieure de la face ventrale, contribuant ainsi à accuser l'irrégularité de l'animal : telle est la disposition que l'on rencontre chez les *Spatangues*.

Les Holothurides. — Les Oursins irréguliers nous conduisent à un second groupe d'Echinodermes, les *Holothuries*. On peut concevoir l'organisation d'une Holothurie en supposant que l'allongement, déjà si manifeste chez les Spatangues, soit poussé encore plus loin : le corps prend alors l'aspect de celui d'un ver ou d'une limace, dont la bouche et l'anus occupent les deux extrémités. En même temps, l'enveloppe dure qui recouvrait les organes de l'Oursin semble s'être disloquée : elle n'a pas absolument disparu ; elle est remplacée par une infinité de corpuscules calcaires (*spicules*), de dimensions microscopiques, de formes souvent élégantes, qui bourrent les téguments. A la classe des Holothurides appartiennent les *Synaptes*, au corps cylindrique et vermiforme, et les *Holothuries*

17.

(*fig.* 213), chez qui on peut distinguer deux faces opposées, l'une dorsale et l'autre ventrale.

Les Stellérides. — Tout autre est la modification qui, des Oursins, nous conduit aux Etoiles de mer ou *Stellérides*. Ici le corps, au lieu de demeurer sphérique, est plat et divisé par des échancrures profondes en *bras*, dont le nombre est généralement de cinq et que supporte une partie centrale commune ou *disque*. Sous chacun des bras se trouvent des ambulacres disposés en rangées régulières comme ceux des Oursins; c'est donc aux zones ambulacraires de ces derniers que correspondent les bras des Stellérides; le tube digestif, quelquefois pourvu d'une seule ouverture, pousse dans leur intérieur des prolongements tubuleux : pour ces différentes causes, les bras font partie intégrante du corps.

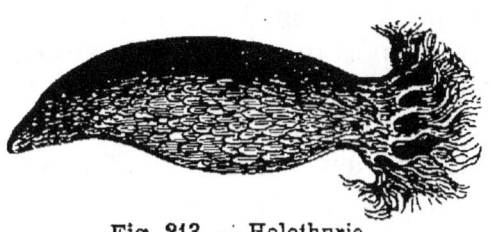

Fig. 213. — Holothurie.

Les Ophiurides. — Chez les *Ophiures* (*fig.* 214), au contraire, dont la forme générale est la même que celle des Etoiles de mer, le disque seul renferme des organes essentiels; les bras en sont totalement dépourvus; souvent très abondamment ramifiés (c'est, par exemple, ce qui se présente chez les *Euryales*), ils n'ont qu'une

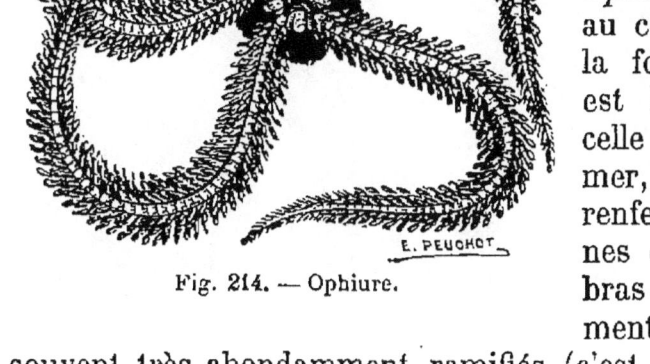

Fig. 214. — Ophiure.

importance secondaire dans la constitution générale du corps.

Les Crinoïdes. — C'est encore au type des Echinodermes qu'il faut rattacher les *Crinoïdes*, animaux peu nombreux dans la nature actuelle, et dont les espèces connues étaient fort rares, il y a encore peu d'années. C'est principalement dans la Méditerranée que l'on rencontrait alors un singulier animal, assez semblable à certaines Ophiures par la longueur et la mobilité de ses bras, mais chez lequel ceux-ci, comme les bras des Etoiles de mer, renferment des organes importants, tels que l'appareil producteur des œufs ; on lui avait donné le nom d'*Antédon*. On faisait une espèce différente, rattachée au genre *Pentacrine*, d'un animal plus curieux encore, dont la partie principale, tout à fait analogue à l'Antédon, était fixée au rocher par un pédoncule grêle et articulé. On ne tarda pas à reconnaître, dans ces deux espèces, deux formes successives d'un seul et même être qui, fixé dans son jeune âge (c'est alors le Pentacrine), devient libre à l'âge adulte et se métamorphose en Antédon. Il était dès lors nécessaire de leur donner un nom commun : on choisit celui de *Comatule* (*fig.* 215). Les recherches sous-marines, qui ont depuis quelques années enrichi le domaine de la Zoologie, ont amené la découverte de nombreux Crinoïdes, habitants des grandes profondeurs, et fixés pendant toute la durée de leur vie.

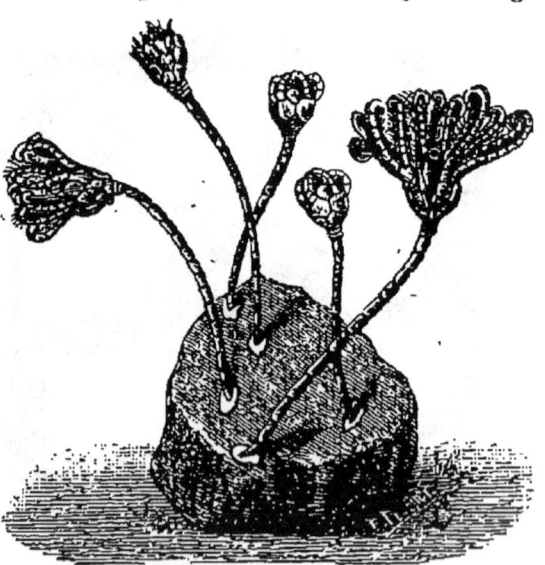

Fig. 215. — Comatule.

RÉSUMÉ

Les *Echinodermes* sont des animaux à *symétrie radiaire*, pourvus d'une *cavité générale* et d'un tube digestif distinct de l'appareil circulatoire. Leur corps est généralement protégé à l'extérieur par des parties dures réunies en une enveloppe continue ou disséminées dans les téguments; il est souvent couvert de *piquants*. Leur appareil locomoteur est formé d'*ambulacres*, communiquant avec le système circulatoire.

On distingue parmi les Echinodermes cinq classes, indiquées dans le tableau suivant :

ÉCHINODERMES				
toujours libres; corps	sphérique		*Echinides.*	Oursin.
	cylindrique		*Holothurides.*	Holothurie.
	en forme d'étoile		*Stellérides.*	Astérie.
			Ophiurides.	Ophiure.
fixés au moins dans le jeune âge			*Crinoïdes.*	Comatule.

TRENTE-DEUXIÈME LEÇON

Les Cœlentérés.

Les Cœlentérés. — Les *Cœlentérés*, unis autrefois aux Echinodermes dans un embranchement commun (*Rayonnés*), sont comme eux des animaux à symétrie radiaire; ils en diffèrent essentiellement par l'absence de cavité générale : chez l'Oursin, que nous avons pris pour type des Echinodermes, le tube digestif était suspendu librement à l'intérieur du test, séparé de lui par un espace que remplissaient divers organes de l'animal; au contraire, dans l'*Actinie*, le *Corail*, la *Méduse*, l'*Hydre d'eau douce*, etc., représentants du type Cœlentéré, les parois du tube digestif se confondent avec celles de la cavité générale; pour mieux dire, l'animal tout entier n'est qu'une sorte de sac dont l'enveloppe sert par sa face extérieure de tégument protecteur, par sa face intérieure de muqueuse digestive.

L'Actinie. — Pour mieux apprécier cette organisation rudimentaire, étudions une de ces *Actinies* ou Anémones de mer (*fig.* 216), qui tapissent si élégamment les rochers sur certains points de nos côtes, et dont la ressemblance avec des fleurs a longtemps dissimulé leur véritable nature à des observateurs superficiels. Le terme de *Zoophytes*, par lequel les naturalistes ont souvent désigné la plupart des animaux inférieurs, ne rappelle-t-il pas la confusion qui, sur ces frontières du monde animal, semble exister entre les deux règnes?

Fig. 216. — Actinie.

Le corps d'une Actinie est formé d'une sorte de cylindre dont une base est fixée au rocher, tandis que l'autre, parfaitement libre de toute adhérence, porte sur ses bords une série, souvent très riche, de *tentacules* mobiles. Chacun sait que le moindre contact exercé sur l'Actinie provoque la contraction de l'animal : il se ramasse en une boule à l'intérieur de laquelle les tentacules disparaissent plus ou moins complètement. Le nombre de ces derniers est toujours de six, de douze, ou, plus généralement, d'un multiple de six. Au centre de l'étoile qu'ils forment s'ouvre un orifice légèrement allongé, la *bouche*.

Si nous pouvions paralyser pendant quelques instants les mouvements de l'animal, et en faire, d'un rapide coup de ciseaux, une section transversale, il nous serait facile de voir que la *cavité générale* (*fig.* 217, *a*), dans laquelle s'ouvre la bouche, et qui se continue sur toute la longueur de l'animal, est divisée en *loges* par des *lames* (*d*) de même consistance que les parois du corps; le nombre de ces lames et, par suite, celui des loges qu'elles déterminent, est le même que le nombre des tentacules (*b*), à l'intérieur desquels se prolongent les loges. Dans la partie inférieure du corps, ces lames ont chacune un bord libre qui vient aboutir au centre de la base où toutes les lames se réunissent. Dans la partie supérieure, au contraire, plus de bord vraiment libre : un manchon (*c*), de même nature que les lames, suspendu au-dessous de la bouche, qu'il continue, et ouvert par son extrémité opposée au milieu de la cavité générale, réunit toutes les lames. Dans sa partie libre, le bord de chaque lame est, pour ainsi dire, renforcé

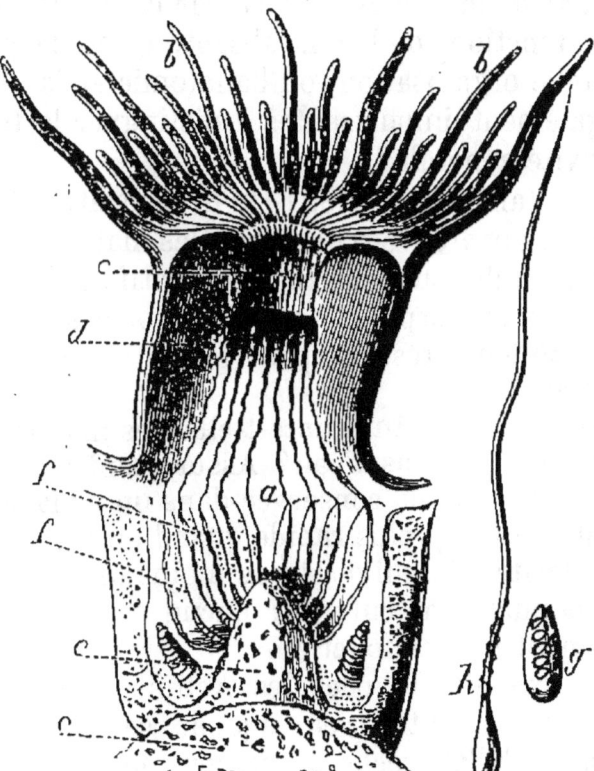

Fig. 217. — Organisation interne d'un Polype actiniaire (Astroïde).

par un filament contourné sur lui-même, sorte d'ourlet qui, dans les contractions de l'animal, se détache fréquemment pour être expulsé au dehors. Enfin, il n'est pas rare de voir, au voisinage de ce filament, une région boursouflée dans laquelle se produisent des œufs.

Voilà tout ce que nous montre un examen attentif du corps de l'Actinie. Les particules alimentaires introduites par la bouche tombent immédiatement, en suivant le tube intérieur que certains naturalistes comparent à un œsophage, dans la cavité générale ; elles y sont rapidement digérées : la partie utile est absorbée à travers les parois mêmes de cette cavité qui, par là, est un véritable tube digestif, et la partie inutile est rejetée par la bouche, qui prend alors les fonctions de l'anus absent. Quoi de plus simple qu'une telle organisation, où l'anatomie et la physiologie sont également impuissantes à distinguer le tube digestif de la cavité générale?

Y a-t-il une véritable circulation? On ne saurait, en tout cas, décrire aucun appareil circulatoire : les matières absorbées se mélangent directement au suc nutritif qui baigne les tissus des parois du corps, et sont ainsi portées sur les différents points où leur présence peut être utile au développement des organes.

L'Actinie respire-t-elle? Emprunte-t-elle des matériaux nutritifs à l'air dissous dans l'eau? Assurément : car le développement d'une Actinie conservée dans un aquarium d'eau de mer est beaucoup plus rapide quand on a soin de l'aérer avec régularité. Mais il n'est pas moins certain que la respiration est purement cutanée; aucun organe n'est attaché spécialement à cette fonction.

La sensibilité existe-t-elle chez les Actinies? On n'en saurait douter : la rapidité avec laquelle ces animaux savent se contracter à l'approche du danger montre même qu'elle y est fort développée. Mais il n'existe aucun organe nerveux visible à l'œil nu ou à la loupe.

La motilité des diverses parties du corps n'est pas plus contestable; il est même facile de se convaincre que l'animal tout entier peut de lui-même se déplacer, si on observe avec patience une Actinie attachée par son pied à la paroi transparente d'un aquarium : on voit la base de ce pied, accolée comme une ventouse à la surface plane, glisser sur elle avec lenteur. Le pied est donc un organe de locomotion ; mais il est surtout un organe puissant de fixation : on sait quelle difficulté il y a à détacher une Actinie du rocher qu'elle habite, et que le seul moyen d'y parvenir est d'introduire sous le pied de l'animal un objet plat, comme une lame de couteau, qui puisse le soulever à la manière d'un coin : l'introduction de l'air sous la ventouse naturelle que possède l'Actinie en détruit aussitôt les effets.

Nous avons vu que des œufs peuvent se former dans l'épaisseur des lames qui séparent les loges ; ces œufs tombent dans la cavité générale, où ils se transforment en larves à peine visibles à l'œil nu ; ces dernières, expulsées par la bouche, vivent d'abord librement dans l'eau, où elles s'accroissent et acquièrent peu à peu la forme et l'organisation de l'animal adulte ; puis leur existence vagabonde prend fin : elles se fixent sur un rocher où s'achève la vie de l'Actinie.

Un dernier caractère, important à signaler, parce qu'il se rencontre chez tous les Cœlentérés, est la présence, dans l'épaisseur des tissus, de petits corps microscopiques appelés *nématocystes* (*fig.* 217, *g*). Un nématocyste est une vésicule à l'intérieur de laquelle est contenu un long filament replié en spirale et souvent muni à son extrémité d'une ou plusieurs rangées de crochets ; sous l'influence d'une excitation extérieure, le filament peut se dérouler (*h*), sortir brusquement de la vésicule qui le renferme, et produire une piqûre sur un objet voisin ; de sorte que les nématocystes, placés vers la surface du corps, forment pour l'animal qui en est pourvu autant d'armes de défense ou d'attaque. L'effet produit par la piqûre d'un nématocyste est assez analogue à celui qui suit le contact d'une feuille d'ortie ; la présence de ces organes, dits pour cette raison *urticants*, explique la sensation désagréable dont notre peau est le siège, quand nous avons touché une Actinie ou une Méduse.

Les polypiers Actiniaires. — Les Actinies sont des animaux complètement mous. Il existe des Cœlentérés pourvus, comme elles, de lames internes et de tentacules en nombre égal à six ou à un multiple de six, des *Actiniaires*, en un mot, mais dont les parties molles sont soutenues par une sorte de squelette interne, de nature calcaire (*e*); la partie essentielle de ce squelette est un cylindre ayant la même forme que le corps et portant vers l'intérieur une série de cloisons dures (*f*) en nombre égal à celui des lames; mais il est important de remarquer que ces cloisons, au lieu d'être situées dans l'épaisseur même des lames, occupent, au contraire, les intervalles qui les séparent, c'est-à-dire les milieux des loges.

Un second caractère vient, le plus souvent, s'ajouter à la présence du squelette calcaire; il est rare, en effet, que l'animal ainsi constitué reste simple : après s'être fixé au sol, il produit en un de ses points une sorte de bourgeon, dont le développement finit par former un animal semblable au premier; de nouveaux animaux apparaissent sur ce dernier aussi bien que sur celui qui l'a produit, et le même phénomène se répétant un grand nombre de fois, l'animal simple, issu d'un œuf, est remplacé par une agglomération d'êtres étroitement unis entre eux, une *colonie*. Chacun des animaux qui composent la colonie est un *polype;* leur réunion porte le nom de *polypier*. Dans le polypier comme dans chacun des êtres élémentaires qui le constituent, il faut distinguer deux choses : des parties

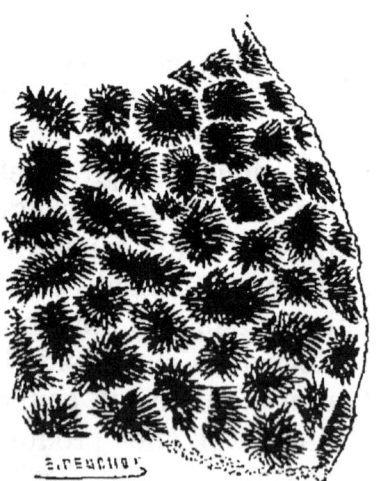

Fig. 218. — Polypier (*Astræa*).

molles, réellement vivantes, qui se détruisent après la mort

298 NOTIONS DE ZOOLOGIE.

de l'animal, et des parties dures, qui résistent à la corruption ; le squelette commun du Polypier tout entier présente alors à sa surface une multitude de cavités étoilées ou *calices*, dont chacune correspond à un polype (*fig.* 218).

Les Actiniaires pourvus de squelettes, ou *Madréporaires*, sont si abondants au sein des mers chaudes, et surtout dans l'océan Pacifique, qu'ils y forment, en avant des côtes, des récifs dangereux, et, en pleine mer, des îles annulaires dont le centre est occupé par un lac d'eau salée, ou *atolls*.

Les Alcyonaires. — Un second type de Cœlentérés pourvus de cloisons internes est le *Corail*. Deux caractères principaux distinguent ce type du précédent : le nombre

Fig. 219. — Pêche du Corail.

des tentacules, qui d'ailleurs sont dentelés sur leurs bords, n'est plus six ou un multiple de six, mais huit ou un multiple de huit ; — le squelette calcaire n'est pas creusé de calices à sa surface, par la raison qu'il ne forme pas de cloisons à l'intérieur des polypes. Ajoutons que tous les

Cœlentérés de ce groupe, ou *Alcyonaires*, vivent en colonies.

Le *Corail*, dont la nature animale a longtemps été contestée, forme des colonies arborescentes, soutenues par des axes calcaires d'une belle couleur rouge et ramifiés comme elles. Lorsque la colonie est vivante, le squelette est recouvert d'un tissu mou, bourré de spicules rouges et calcaires ; à la surface se voient, de distance en distance, de petits polypes blancs : lorsqu'ils sont bien épanouis, ils offrent tout à fait l'aspect élégant de fleurs à huit pétales. La pêche du Corail, dont le squelette est fort recherché en bijouterie, est très active sur les côtes de l'Algérie et de la Tunisie, où il vit fixé à la surface inférieure des rochers ; cette pêche se fait au moyen d'un *engin*, formé de deux pièces de bois réunies en croix, auquel sont suspendus des *fauberts*, filets qu'on traîne sur le fond jusqu'à ce qu'ils soient chargés de *Corail* (*fig.* 219).

Fig. 220.
Vérétille.

Au groupe des Alcyonaires appartiennent encore : les *Alcyons*, colonies fixées ; les *Pennatules*, les *Vérétilles* (*fig.* 220), colonies libres, mais qui vivent généralement enfoncées dans la vase.

RÉSUMÉ

Les *Cœlentérés* sont des animaux à symétrie radiaire, dont la cavité générale se confond avec le sac digestif, et dont les tissus renferment des *nématocystes*.

Un type de Cœlentéré est l'*Actinie*; son corps cylindrique se termine par une couronne de *tentacules* qui entourent la bouche en nombre égal à un multiple de six ; il est creusé d'une cavité que des *lames* internes divisent en *loges*.

Il n'y a d'appareil distinct ni pour la circulation ni pour la respiration ; la sensibilité est très vive, mais la locomotion très limitée.

Les *Actiniaires* peuvent être mous, comme l'Actinie, ou renfermer un squelette calcaire, comme les *Madrépores*.

Les *Alcyonaires* (Corail, Alcyon, etc.) ont des tentacules en nombre égal à un multiple de huit.

TRENTE-TROISIÈME LEÇON

Les Cœlentérés (*fin*).

L'Hydre d'eau douce. — Un second type de Cœlentérés, dont l'organisation est encore beaucoup plus simple que celle de l'Actinie, est l'*Hydre d'eau douce* (*fig.* 221).

Ce petit Polype, dont le corps, en forme de cornet, ne dépasse pas une longueur d'un centimètre, vit dans les eaux douces, fixé par son sommet à la face-inférieure des feuilles flottantes, comme celles de la Lentille d'eau. Au bord libre de l'ouverture sont fixés des bras en nombre variable et qui peuvent s'étirer de manière à atteindre une longueur de plusieurs décimètres; armés de nématocystes nombreux, les bras de l'Hydre d'eau douce sont autant de filaments qu'elle lance à la poursuite des êtres microscopiques dont elle fait sa nourriture.

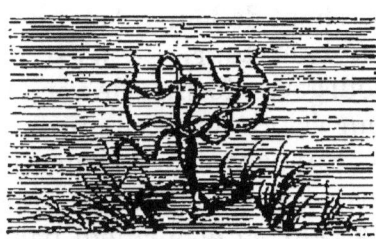

Fig. 221. — Hydre d'eau douce.

Aucun des animaux que nous avons étudiés jusqu'ici ne pourrait nous donner une idée de la simplicité qui préside aux actes vitaux de l'Hydre. Vient-on à la couper par le milieu en deux tronçons séparés? Chacun d'eux se complète au bout de peu de temps, de manière à reconstituer une Hydre semblable à la première, attestant, en même temps que l'organisation rudimentaire de celle-ci, la singulière vitalité de ses tissus. — Retournons le sac qui forme le corps de l'Hydre, comme nous pourrions retourner un doigt de gant, rejetant à l'extérieur la face qui, tout à l'heure interne, servait à la digestion des matières alimentaires, et transformant au contraire en surface d'absorption celle qui était alors en contact avec l'eau environnante. Un pareil supplice semble devoir entraîner pour l'animal qui en est victime une mort très rapide; l'Hydre, au contraire, après avoir cherché vainement à rendre aux parois de son corps leur situation naturelle, renonce à se retourner de nouveau, s'accommode au fait accompli et continue à vivre comme elle vivait dans les conditions primitives.

Les procédés que l'Hydre emploie pour se reproduire ne sont pas moins simples que sa manière de vivre. A toute époque de l'année, on voit se former à la surface de son corps des bourgeons, qui se développent peu à peu et finissent par s'épanouir, donnant naissance à autant d'Hydres nouvelles, fixées sur la première et communiquant avec elle par leurs cavités générales; au bout d'un certain temps, ces Hydres filles se détachent de leur mère, voguent librement et vont se fixer à leur tour. Ce n'est qu'en automne qu'on voit certains bourgeons former de véritables œufs qui traversent l'hiver pour éclore au printemps.

Les Hydroméduses. — Supposons simplement que les polypes hydraires, nés par bourgeonnement sur un premier Polype, restent fixés à celui-ci et forment par leur réunion une sorte d'arbre les portant comme autant de fleurs : nous aurons alors ce qu'on appelle une *colonie* de polypes hydraires; c'est ce que présentent les *Cordylophores* de nos eaux douces, et surtout une multitude d'animaux marins qui tapissent les coquilles de Mollusques, les algues, les roches, à la manière des Bryozoaires avec lesquels il ne faut pas les confondre. Mais, si nous suivons de près le développement d'une de ces colonies, nous y assis-

302 NOTIONS DE ZOOLOGIE.

terons souvent à de curieux phénomènes, que rien ne pouvait nous faire prévoir. L'Hydre d'eau douce, le Cordylophore lui-même forment de temps en temps des œufs qui reproduisent directement de jeunes Hydres, souches de nouvelles colonies. Dans beaucoup de colonies d'Hydraires, dans les *Obélies* par exemple (*fig.* 222), il nous sera, au contraire, impossible de rien distinguer qui ressemble à un œuf; mais les bourgeons développés au moment de la re-

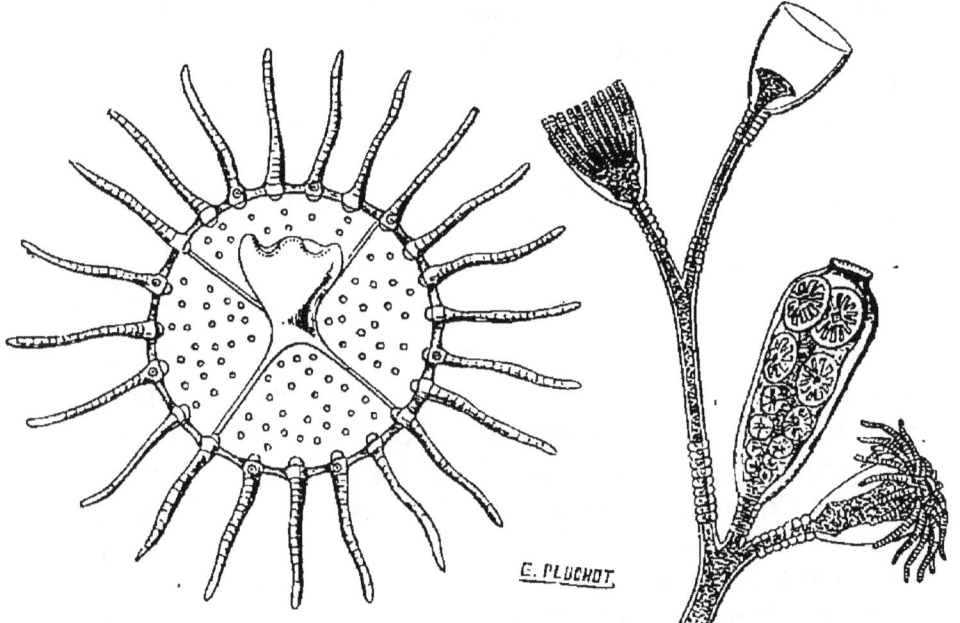

Fig. 222. — Obélie (colonie de Polypes hydraires) et sa Méduse.

production mettront en liberté de petits êtres en forme de cloches, nageant librement au sein de l'eau, et qu'on appelle *Méduses*. Du sommet de la cloche ou *ombrelle* que forme le corps de la Méduse pend, à l'intérieur de sa cavité générale, une sorte de sac percé à son extrémité inférieure et qu'on pourrait comparer au battant de la cloche; c'est le *sac stomacal*. De sa partie supérieure se détachent quatre canaux qui descendent dans l'épaisseur de l'ombrelle, la séparant en quartiers égaux, et que réunit au bord libre de celle-ci un canal annulaire. Les substances alimentaires pénètrent d'abord dans le sac stomacal par son extrémité inférieure, puis elles passent dans les canaux qui les transmettent aux différentes parties du corps, comme l'appareil circulatoire des animaux supérieurs transmet le sang à tous les tissus. Ainsi les organes de la digestion et ceux de la circulation se trouvent confondus, chez la Méduse, en un appareil commun, appelé pour cette raison *gastrovasculaire*. Au bord de l'ombrelle, dont l'ouverture est masquée par une sorte de *voile* percé à son centre d'un étroit orifice, s'attachent de longs tentacules, les *bras* de la Méduse, à la base desquels se trouvent les organes des sens. La Méduse se déplace dans l'eau par des contractions brusques de son ombrelle, qui chasse l'eau qu'elle renferme; mais, ce qui est plus important, elle produit des œufs, et c'est de ces œufs que vont sortir de nouveaux polypes hydraires semblables à ceux qui composaient la colonie arborescente de laquelle est issue la Méduse. Ainsi, la colonie d'Hydraires n'a pas formé directement des colonies semblables à elle, mais des Méduses; celles-ci n'ont pas davantage des descendants de même forme qu'elles, elles ont donné naissance à de véritables Hydraires. Ce n'est donc pas dans leurs enfants, mais dans leurs petits-enfants que la colonie d'Hydraires ou la Méduse pourraient retrouver leurs traits. Voilà ce que les premiers observateurs, à qui ce phénomène s'est révélé dans toute son étrangeté, exprimaient en disant que les Polypes hydraires ont des *générations alternantes*. De là aussi, le nom d'*Hydroméduses* qu'on applique aujourd'hui à ces êtres bizarres qui, suivant leur état de développement, sont Hydres ou Méduses.

Les Siphonophores. — Comme nous avons vu les Polypes hydraires s'unir par voie de bourgeonnement pour produire des colonies arborescentes, ainsi les Méduses peuvent s'associer entre elles et former des colonies flottantes, auxquelles se mêlent des Polypes hydraires; on leur a donné le nom de *Siphonophores* (*fig.* 223). Dans ces petits peuples errants, qui possèdent la transparence du cristal et viennent, par les temps calmes, naviguer au voisinage de la surface de la mer, chaque individu a ses mouvements propres, mais qu'il coordonne merveilleusement avec ceux de tous les autres, pour imprimer à la colonie tout entière une direction déterminée. A chacun revient aussi un rôle spécial : les uns ont pour unique fonction d'absorber les matières nutritives qu'ils élaborent et transmettent aux autres par un système de canaux qui établit une communication entre toutes les cavités générales ; certains sont chargés de chercher au loin, à l'aide de longs filaments pêcheurs, les aliments qu'ils apportent aux premiers ; à d'autres revient le soin de reproduire l'espèce; enfin la partie supérieure de la colonie est souvent chargée de vésicules gonflées d'air, véritables flotteurs qui lui assurent une position sensiblement verticale.

Fig. 223. — Physophore hydrostatique (Siphonophore).

Les Acalèphes. — On appelle *Acalèphes* des Méduses dont les œufs ne forment pas de colonies d'Hydraires, mais reproduisent, par une série plus ou moins longue de transformations, des Méduses semblables à elles ; c'est dans ce groupe qu'il faut ranger toutes ces Méduses de grande taille, comme le *Rhizostome de Cuvier*, au corps gélatineux, transparent et ordinairement verdâtre, dont la forme générale rappelle un peu celle d'un champignon à chapeau ; la mer les rejette souvent par bandes innombrables sur les plages sablonneuses, à la suite des tempêtes.

L'œuf produit par une de ces Méduses donne naissance à un être dont l'aspect général est celui d'une Hydre, et qui ne tarde pas à se fixer par son sommet opposé au bord libre ; on lui donne alors le nom de *Scyphistome*. Celui-ci, après s'être fixé, s'allonge et, par une série de sillons

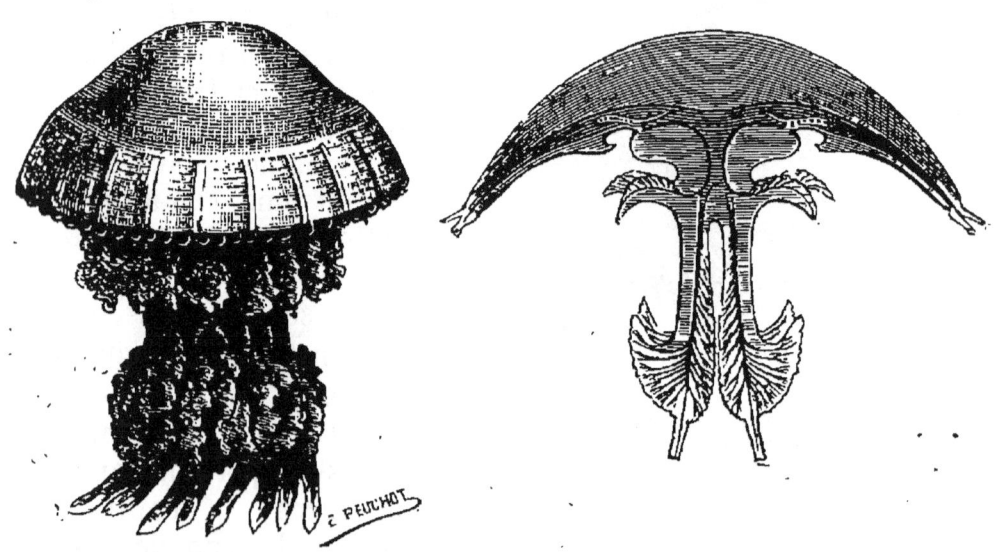

Fig. 224. — Rhizostome de Cuvier, entier et en coupe longitudinale.

transversaux, se partage en un certain nombre d'anneaux superposés ; c'est alors un *Strobile*. Puis les sillons s'approfondissent et transforment les anneaux en une file de disques bombés, emboîtés les uns dans les autres à la manière d'une pile d'assiettes. Sur les bords de chacun de ces disques apparaissent alors des bras séparés par des échancrures ; en un mot, chaque disque prend l'aspect d'une *Méduse*, et le Strobile est maintenant remplacé par une chaîne de

18

Méduses. La première, celle qui occupe l'extrémité libre de la chaîne, ne tarde pas à s'en détacher, vogue librement, s'accroît et prend peu à peu les caractères de la grande Méduse qui avait donné naissance au Scyphistome ; c'est, par exemple, un Rhizostome (*fig.* 224), avec son ombrelle énorme, dépourvue de voile, son appareil gastro-vasculaire, son sac stomacal fermé, mais pendant et terminé par huit bras qui forment autant de suçoirs pour les matières nutritives.

Ainsi, les Acalèphes présentent encore une alternance régulière dans leur génération ; mais rien, dans les différentes phases de leur existence, ne rappelle ces colonies d'Hydraires, desquelles sortaient les petites Méduses de l'Obélie.

Les Cténophores. — Il faut enfin citer, parmi les Cœlentérés, le groupe des *Cténophores;* ex. : les *Béroës.* Ce sont des êtres dont l'organisation rappelle à beaucoup d'égards celle des Méduses, et dont le corps généralement ovoïde et gélatineux porte à sa surface huit rangées de palettes ciliées, étendues d'un pôle à l'autre comme autant de méridiens ; ces *côtes*, par leur agitation continuelle, permettent les déplacements de l'animal au sein de l'eau. Souvent le corps se prolonge par deux filaments tactiles qui peuvent se retirer et se pelotonner dans des poches spéciales.

RÉSUMÉ

L'*Hydre d'eau douce* est un type de Cœlentérés plus simple que l'Actinie ; sa cavité générale est dépourvue de lames qui la partagent en loges.

Les *Hydroméduses* sont des colonies arborescentes et fixées de Polypes hydraires, qui possèdent le plus souvent des *générations alternantes :* sur la colonie se forment par bourgeonnement des *Méduses* qui s'en détachent et voguent librement, produisant elles-mêmes des œufs, desquels sortiront de nouvelles colonies d'Hydraires.

Les *Siphonophores* sont des colonies flottantes de Méduses et de Polypes hydraires.

Les *Acalèphes* sont de grandes Méduses qui se reproduisent par générations alternantes, mais sans former de colonies d'Hydraires. On peut en rapprocher les *Cténophores*, pourvus de huit rangées de palettes ciliées.

Le tableau suivant résume la classification des principaux groupes de Cœlentérés :

COELENTÉRÉS
- dont la cavité générale porte des cloisons internes.
  - En nombre égal à un multiple de six.................... *Actiniaires*.... Actinie.
  - En nombre égal à un multiple de huit.................. *Alcyonaires*... Corail.
- dont la cavité générale ne porte pas de cloisons internes.
  - Colonies d'Hydres produisant des Méduses flottantes..... *Hydroméduses*. Obélie.
  - Colonies flottantes d'Hydres et de Méduses............... *Siphonophores*. Physophore.
  - Grandes Méduses ne produisant pas de Polypes hydraires... *Acalèphes*..... Rhizostome.

TRENTE-QUATRIÈME LEÇON

Les Spongiaires et les Protozoaires.

Les Spongiaires. — Avec les Eponges (*fig.* 74), nous descendons encore un degré de l'échelle animale : ici plus de symétrie bilatérale ni radiaire ; les seuls points de repère que nous trouvons à la surface irrégulière du corps sont des orifices, de nombre et de situation variables. Un examen un peu attentif nous permettra de distinguer parmi ces orifices deux catégories. Dans la première se rangent des ouvertures très nombreuses et de très petites dimensions, par lesquelles on voit pénétrer dans l'intérieur de l'animal l'eau chargée de particules alimentaires : ce sont les *pores inhalants* (*fig.* 225, *a*). Les ouvertures de la seconde catégorie, moins nombreuses, mais plus larges, et disséminées parmi les premières, servent de passage à l'eau qui sort du corps après l'avoir nourri : ce sont les *oscules* (*b*). Les oscules sont unis aux pores inhalants par tout un système de fins canaux, enchevêtrés les uns dans les autres ; sur leur trajet sont disséminées, de distance en distance, des cavités plus vastes, tapissées de cellules vibratiles : ce sont les *corbeilles vibratiles* (*c*), dont la fonction est d'imprimer aux courants liquides qui parcourent le corps de l'éponge une direction déterminée.

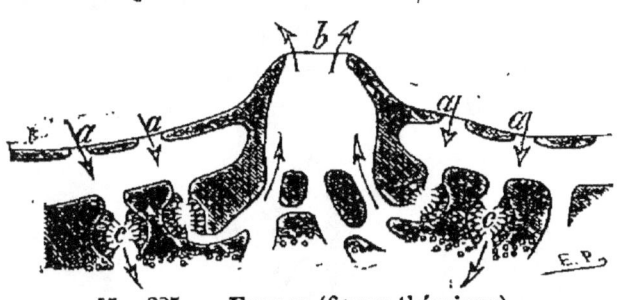

Fig. 225. — Eponge (figure théorique).

Toute éponge possède au moins des pores inhalants et un oscule ; la plus simple que l'on puisse concevoir (et il en existe effectivement de semblables) est donc uniquement constituée par une sorte d'urne fixée au rocher à l'une de ses extrémités et pourvue d'un oscule à l'extrémité opposée, tandis que toute sa surface est percée de pores inhalants. D'ailleurs, quand on suit le développement de l'œuf par lequel se reproduit une éponge, on en voit d'abord sortir, quelle que doive être la complication de l'animal adulte, une larve pourvue d'un oscule unique, comme l'éponge simple que nous venons d'imaginer. Sous cette forme primitive on retrouve chez l'Eponge la symétrie que nous avions vainement cherchée chez l'adulte. Ce n'est que plus tard que des bourgeonnements répétés viennent donner à l'animal sa complication et l'irrégularité qui le caractérise.

Nous saurons à peu près ce qu'est une Éponge en ajoutant que la substance molle qui la constitue est généralement incrustée de particules dures et microscopiques (*spicules*, *fig.* 226), de forme généralement très élégante et dont la nature chimique permet de distinguer plusieurs groupes parmi les Spongiaires. Chez les *Eponges calcaires*, les spicules sont formés de carbonate de chaux, dont la présence peut être manifestée par l'effervescence que produit l'action d'un acide. Les *Eponges siliceuses* ont des spicules de silice; c'est à ce groupe qu'appartient la *Spongille*, une éponge d'eau douce qui vit ordinairement fixée à la surface du bois flotté, sur le bord des ruisseaux et des mares. C'est au groupe des *Eponges cornées* qu'appartient l'Eponge usuelle, objet de toilette dont la pêche constitue, sur les côtes de l'Adriatique et de l'Archipel, une industrie fort importante : elle est recueillie directement par des plongeurs sur des rochers peu profonds, à l'aide de dragues quand la profondeur devient considérable. Enfin, certaines Eponges, dites *muqueuses*, sont totalement dépourvues de spicules.

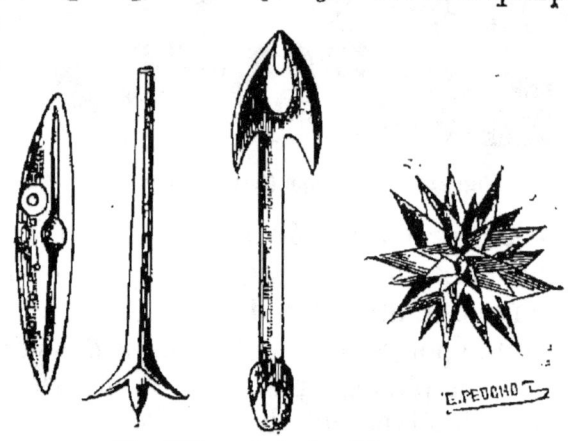
Fig. 226. — Spicules d'Eponges.

Les Protozoaires. — Le dernier embranchement du règne animal est celui des *Protozoaires*, êtres d'une organisation excessivement simple, puisque chacun d'eux paraît être formé d'une cellule unique. Le nombre et la variété de ces animaux, dont la plupart habitent l'élément liquide, sont infinis; nous ne pouvons que signaler en passant quelques-uns des types les plus remarquables auxquels ils se rattachent.

Les Infusoires. — Que l'on abandonne pendant quelque temps dans l'eau un bouquet fané ou une petite quantité de foin; le microscope révélera bientôt dans une seule goutte de ce liquide la présence d'une foule d'organismes de la dimension d'une cellule, se déplaçant rapidement dans le milieu qui les nourrit : habitant les infusions

18.

végétales, où ils semblent se développer spontanément, ces animalcules ont reçu le nom d'*Infusoires*. Inutile de dire que, pas plus qu'aucun des animaux de grande taille qui nous ont occupés jusqu'ici, les Infusoires ne naissent librement : tout être vivant, quelque simple qu'il soit, est le produit d'un être vivant plus ancien que lui.

Beaucoup d'Infusoires, comme les *Stylonychies* (*fig.* 227) sont recouverts, dans toute leur étendue, ou sur certains points seulement, de cils vibratiles, dont les mouvements rapides permettent la progression de l'animal; ils sont dits, pour cette raison, *Infusoires ciliés.* Une bouche, se continuant par un tube digestif incomplet qui se termine dans le protoplasma de la cellule, comme les branches d'un fleuve se perdent quelquefois dans les alluvions de son embouchure; — un anus; — souvent une sorte de vacuole à parois contractiles, et gorgée de liquide (*vésicule pulsatile*); tels sont, avec le noyau, les seuls accidents importants, on pourrait dire les organes, que révèle l'étude du corps d'un tel animal. Les *Paramécies*, qui, par leur agglomération, forment souvent une sorte de voile à la surface des infusions végétales, — les *Vorticelles*, dont le corps en forme de cloche est fixé à son support par un pédoncule contractile, — sont encore des Infusoires ciliés.

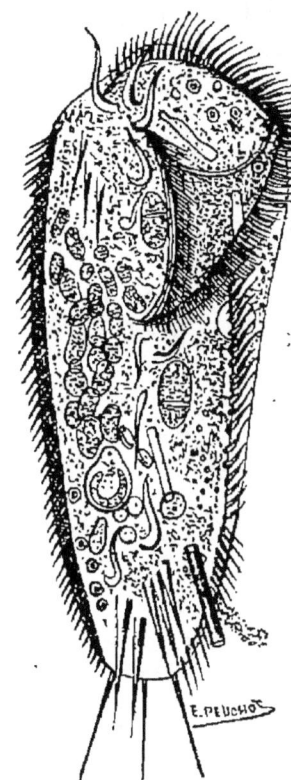

Fig. 227. — Stylonychie (Infusoire).

D'autres Infusoires, les *Acinétiens* par exemple, possèdent, au lieu de cils vibratiles, de longs prolongements, moins nombreux, mais plus épais, dont les extrémités se terminent par des ventouses renflées : ce sont de véritables suçoirs, à l'aide desquels l'animal peut aspirer les substances nutritives qu'il extrait du corps de ses victimes.

Enfin, il existe aussi des *Infusoires flagellés :* chez eux, les cils sont remplacés par un petit nombre de filaments ou *fouets* qui peuvent former des organes de locomotion ou de préhension. Les *Monades*, pourvues d'un seul fouet, les *Euglènes*, etc., appartiennent à ce groupe, auquel on peut rattacher les *Noctiluques*, protozoaires marins, dont l'accumulation dans l'eau de la mer lui donne parfois une consistance presque gélatineuse, et qui contribuent, pour une grande part, aux curieux phénomènes de la phosphorescence : l'agitation de la main, la chute d'une pierre, en un mot tout mouvement dans une eau chargée de Noctiluques, y soulève une gerbe d'étincelles dues à l'excitation de ces animalcules quand ils viennent à s'entrechoquer.

Les Rhizopodes. — Les *Rhizopodes* représentent

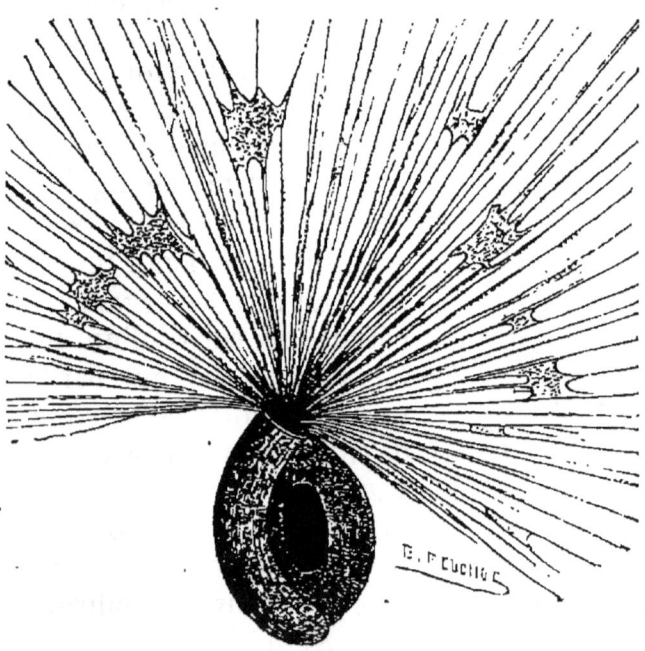

Fig. 228. — Foraminifère.

un second type, sensiblement inférieur, de l'embranchement des Protozoaires. Totalement dépourvus de tube digestif, de cils vibratiles et de fouets, les Rhizopodes possèdent, en échange, un grand nombre de prolongements protoplasmiques, fins et déliés, qui, de la surface généralement sphérique du corps, s'étendent au loin à la recherche des particules alimentaires. Certains d'entre eux ont le corps absolument nu, caractère qui les rapproche des Infusoires ; la plupart, au contraire, sont pourvus d'une carapace protectrice : cornée chez les *Gromia*, elle est siliceuse chez les *Radiolaires* (*fig.* 229), où elle est en quelque sorte complétée par une capsule interne, consistante, généralement concentrique à l'enveloppe externe du corps ; calcaire enfin chez les *Foraminifères* (*fig.* 228).

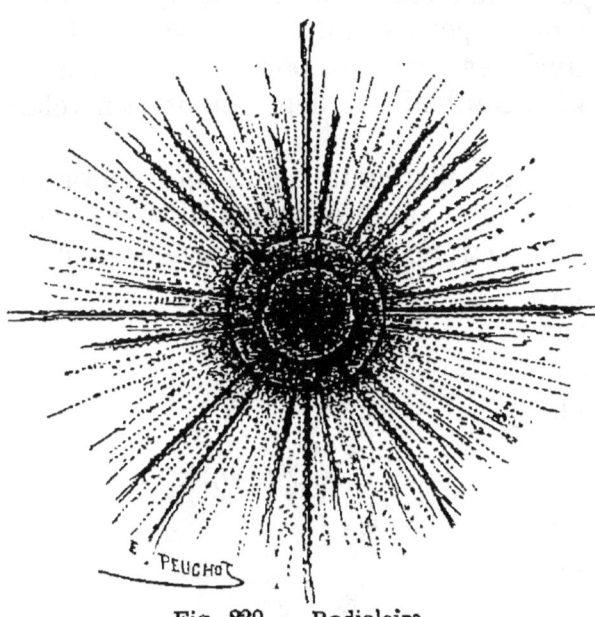

Fig. 229. — Radiolaire.

Il est peu de groupes du règne animal qui aient, dans l'histoire de la formation de la terre, autant d'importance que celui des Rhizopodes. Lorsqu'un Rhizopode vient à mourir, toute la partie molle de son corps se détruit rapidement ; mais la carapace, siliceuse ou calcaire, résiste à la destruction, et tombe au fond de la mer où l'accumulation de tous les squelettes mis ainsi en liberté forme bientôt une couche de boue dont l'épaisseur croît lentement, mais continuellement ; ce sont des sédiments de cette nature qui recouvrent le sol des grandes profondeurs dans certaines parties de l'Océan, et qui, peu à peu agglomérés et durcis, arrivent à l'exhausser. Ce qui se passe actuellement a dû se passer de tout temps, et lorsqu'en effet on trouve dans certaines roches qui constituent l'écorce terrestre, comme le calcaire grossier des carrières de Gentilly, près Paris, jusqu'à trois milliards de carapaces de Foraminifères par mètre cube, au témoignage de d'Orbigny, on est amené à penser que ces roches ont été formées par des myriades de Rhizopodes, dont le travail inconscient, mais sûr, comblait les dépressions et nivelait la surface du sol.

Les Amibes. — Les filaments déliés qui servaient aux Rhizopodes d'organes de préhension disparaissent eux-mêmes chez les *Amibes* (*fig.* 230). Pourvus encore d'un noyau, ces animaux, qui vivent sur le fond des mares d'eau douce, ont une forme essentiellement variable : abandonné dans une goutte d'eau sous l'objectif du microscope, on voit bientôt le corps de l'Amibe pousser, en un ou plusieurs de ses points, des prolongements qui peu à peu s'étendent dans

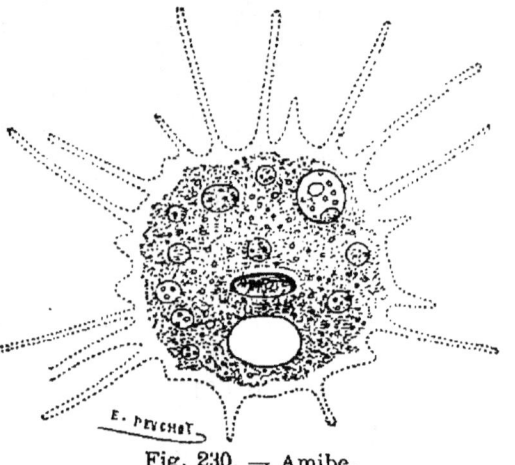
Fig. 230. — Amibe.

une direction déterminée, tandis que, par le côté opposé, le contour de l'animal recule, le corps se rétracte. Par ces prolongements sans cesse renouvelés, l'Amibe s'avance sur son support ; mais ils lui servent en même temps d'organes de préhension : qu'une particule alimentaire se trouve à proximité de l'animal, et l'on voit aussitôt deux *pseudopodes* l'entourer, se rapprochant jusqu'à se confondre par leurs extrémités, et la particule incorporée au protoplasma ne tarde pas à disparaître, dissoute et digérée par ce dernier.

Les Monères. — Il semble que l'Amibe réalise le type le plus simple que nous puissions concevoir pour un animal unicellulaire ; cette simplicité est cependant dépassée par celle de la *Monère*, grumeau de protoplasma où il est impossible de distinguer, au milieu des granulations nombreuses qu'il renferme, un véritable noyau. C'est à peine si, dans un être organisé aussi rudimentaire, on peut reconnaître avec certitude un animal ; fermant cette longue série que nous avons rapidement parcourue, les Monères diffèrent peu des végétaux très simples que nous trouverons au dernier degré de l'échelle des plantes, et, sans essayer ici une comparaison dont un terme nous manque, nous pouvons cependant nous rendre compte du chemin parcouru : qu'il nous serait malaisé d'appliquer rigoureusement aux derniers des Protozoaires la définition que nous avons donnée des animaux au début de ces études!

RÉSUMÉ

Les *Spongiaires* sont des animaux pluricellulaires, totalement dépourvus de symétrie, et dont le corps mou, parcouru par un système compliqué de canaux, est généralement soutenu par des *spicules* cornés, siliceux ou calcaires; ex. : l'Eponge usuelle, la Spongille, etc...

Les *Protozoaires* sont des animaux unicellulaires, d'organisation très simple, parmi lesquels on distingue quatre groupes principaux :

PROTOZOAIRES
- pourvus d'un noyau
  - Ayant des cils vibratiles, des suçoirs ou des fouets; souvent un tube digestif............ *Infusoires*.
  - Des filaments nombreux et grêles, non vibratiles............... *Rhizopodes*.
  - Des pseudopodes.............. *Amibes*.
- dépourvus de noyau.................... *Monères*.

TRENTE-CINQUIÈME LEÇON

Faunes des grandes régions du globe.

Les Faunes. — L'étude des principaux groupes du règne animal nous a montré combien le mode de vie aérien ou aquatique, le régime herbivore ou carnassier, et tant d'autres conditions auxquelles est soumis un être vivant, peuvent modifier la forme et l'agencement de ses organes. Comme toutes ces conditions, aussi diverses qu'elles puissent être, se trouvent en général réalisées dans n'importe quelle région du globe, il semblerait au premier abord que les animaux dussent être partout les mêmes, et qu'une parfaite uniformité dût être la loi de distribution des espèces à la surface de la terre. Il n'en est rien cependant. Pourquoi ?

A mesure que l'on se déplace d'une région à une autre, en se dirigeant par exemple de l'équateur vers les pôles, on voit, en même temps que la latitude, changer sans cesse la température, l'humidité de l'atmosphère, la longueur des jours et des nuits, en un mot une foule de conditions que nous avions jusqu'ici négligées et qui contribuent à donner à un pays son *climat* caractéristique. On peut ainsi, comme on le sait déjà, partager la surface entière de la terre en cinq zones d'étendues inégales : la *zone torride*, qui entoure la sphère terrestre d'une sorte de ceinture débordant l'équateur de 2500 kilomètres environ, vers le nord et vers le midi ; les deux *zones tempérées*, ayant chacune une largeur d'environ 4900 kilomètres ; les deux *zones polaires*, formant autour de chaque pôle une sorte de calotte d'une largeur de 2500 kilomètres à peu près. Il s'en faut de beaucoup que les mêmes animaux s'accommodent à des climats aussi différents que ceux qui correspondent à ces diverses zones ; comme d'ailleurs, dans chacune d'elles, l'altitude, le voisinage des montagnes, la proximité de la mer exercent aussi leur influence sur la distribution des animaux, on se trouve amené à diviser la surface de la terre en un certain nombre de districts que caractérisent autant de *faunes* particulières : on appelle faune d'une localité l'ensemble des espèces animales qui s'y trouvent rassemblées.

Faunes équatoriales. — Dans les régions équatoriales, où le sol est couvert d'une riche végétation, où les jours, toujours égaux aux nuits, répandent à profusion sur la terre les rayons éclatants du soleil, la faune est surtout caractérisée par son extrême abondance et son infinie variété, par les vives couleurs et souvent par la taille colossale des animaux.

En Afrique, où cette zone s'étend sur le Sahara, le Soudan, la haute Egypte, l'Abyssinie, le Sénégal, le Congo, la Cafrerie, etc., les Singes sont très nombreux et se font souvent remarquer par leur grande vigueur (Gorilles du Gabon, Cynocéphales de la haute Egypte). A ce point de vue ils ne sont pas indignes de figurer auprès des grands carnassiers africains, le Lion, la Panthère, le Léopard. Il semble aussi que la nature ait voulu ménager à ces terribles fauves des proies adaptées à leur taille, en peuplant ces régions de grands herbivores, vivant en troupes nombreuses, comme les Antilopes et les Girafes. C'est encore à l'Afrique équatoriale qu'appartiennent les Eléphants, les Rhinocéros à deux cornes, les Chameaux, parmi les Mammifères ; les Autruches, parmi les Oiseaux ; les Pythons, les Crocodiles, parmi les Reptiles.

Dans l'Asie équatoriale (Archipel Indien, Indo-Chine, Hindoustan et une partie de l'Arabie), vivent aussi de grands fauves : au Lion et à la Panthère, que nous y retrouvons, se joint un hôte nouveau, inconnu à l'Afrique, le Tigre, plus féroce encore que le Lion. Des herbivores de grande taille, des Antilopes, des Cerfs, le Bœuf des Jungles, etc., sont les proies que la nature a désignées à leurs coups. Les Eléphants d'Asie, les Rhinocéros de Java et de Sumatra, l'Orang-Outang et le Gibbon, parmi les Mammifères ; — le Casoar à casque, les nombreuses espèces de Perroquets et de Perruches, les Paons, parmi les Oiseaux ; — enfin, parmi les Reptiles, les Pythons, les Couleuvres et beaucoup de Serpents venimeux, viennent compléter cette faune extrêmement riche.

Dans le Nouveau Monde, la zone torride comprend : l'Amérique centrale, les Antilles, les Guyanes, le Venezuela, la Nouvelle-Grenade, l'Equateur, le Pérou, la Bolivie, le Brésil. Dans plusieurs parties de cette zone, le climat et, par suite, la faune subissent d'importantes modifications que produit le voisinage de la mer, comme dans l'Amérique centrale, ou celui des montagnes fort élevées de la chaîne des Andes. Les fauves, d'espèces peu nombreuses, sont surtout des Jaguars et des Couguars. Parmi les Herbivores se placent des Antilopes, des Lamas qui représentent sur le Nouveau Continent les Chameaux de l'Ancien, des Tapirs, etc. Les Edentés, très nombreux, appartiennent aux groupes des Tatous, des Fourmiliers, etc. Les Singes, d'espèces très variées, comme les Sapajous, les Atèles, etc., ont généralement des queues prenantes. Des Oiseaux de très petite taille et de couleurs vives, les Oiseaux-Mouches ; de nombreux Grimpeurs (Aras, Perruches, Perroquets proprement dits) ; de grands Rapaces (Condor des Andes, Grand Aigle de la Guyane) ; un genre particulier d'Autruches, le Nandou ; des Caïmans, des Boas, des Crotales ; tels sont les hôtes principaux qui composent la faune, tour à tour charmante et terrible, des forêts vierges du Nouveau Monde.

Faunes des régions tempérées. — Si de la zone torride on passe à la zone tempérée, on voit diminuer à la fois la richesse de la faune et la taille des animaux qui la composent.

Dans l'Ancien Monde, la zone tempérée boréale comprend l'Europe presque entière, le nord de l'Afrique et la plus grande partie de l'Asie ; la zone tempérée australe comprend la pointe méridionale de l'Afrique. Dans le Nouveau Monde, une partie du Mexique, les Etats-Unis, le Canada, la Nouvelle-Bretagne sont du domaine de la zone tempérée boréale ; l'Uruguay, la Plata, la Patagonie, la Terre de Feu appartiennent à la zone tempérée australe, comme la plus grande partie de l'Australie.

L'Europe et la partie de l'Asie qu'il faut ranger dans la zone tempérée sont parcourues du sud-ouest au nord-est par une sorte de bourrelet montagneux qui, sur certains points, s'étend de manière à former de vastes plateaux ; les deux versants sont occupés par des plaines ouvertes au nord-ouest et au sud-est ; enfin, vers la partie occidentale de ce massif de continents, une mer intérieure, la Méditerranée, occupe le centre d'une dépression vers laquelle convergent les pentes de l'Europe, de l'Asie et de l'Afrique ; cette dépression est le Bassin méditerranéen. On conçoit sans peine que les faunes des diverses parties d'un tel ensemble soient en rapport avec l'altitude du sol, le voisinage ou l'éloignement de la mer, etc., en un mot avec une foule de conditions qui impriment à chacune d'elles une physionomie propre.

On peut dire cependant, d'une façon générale, que les grands Herbivores sont, dans la zone tempérée boréale de l'Ancien Continent, beaucoup moins nombreux que dans la zone torride : les Gazelles de l'Afrique septentrionale, les Bubales du Maroc ; les Zèbres, les Yacks, les Chevrotains de l'Asie, les Chèvres et les Bouquetins, les Moutons et les Mouflons de l'Europe méditerranéenne, les Chamois, les Daims, les Cerfs, les Chevreuils d'Europe, sont les représentants de ce groupe. Comme les grands Herbivores, ainsi les grands fauves diminuent de nombre dans la zone tempérée : l'Ours brun, cantonné dans les régions montagneuses, le Loup, le Renard, le Chat sauvage, le Lynx, le Blaireau, le Putois, la Fouine, etc., sont les Carnivores caractéristiques de ce climat ; quelques points à peine de l'Afrique septentrionale et de l'Asie occidentale abritent encore des Lions. Les Jumentés (Cheval, Hémione, Ane), sont au contraire bien développés ; à côté d'eux les Insectivores (Hérisson), et les Rongeurs (Porc-épic, Gerboise, Campagnols, Souris, Rat, Lérot, Marmotte, etc.) fournissent aux petits Carnivores la proie qui leur est nécessaire. Parmi les Oiseaux, des Rapaces nombreux, diurnes et nocturnes (Aigles, Vautours, Chouettes, etc.), d'innombrables Passereaux, beaucoup de Gallinacés (Perdrix, Caille, etc.), d'Échassiers (Bécasse, Poule d'eau, Vanneau, etc.), de Palmipèdes (Canard, Oie, Mouette, etc.), complètent cette faune.

L'Afrique méridionale, qui appartient à la zone tempérée australe, présente plus d'un rapport avec les régions tempérées de l'Europe et de l'Asie, quand on étudie sa population animale. On peut ajouter cependant que les grands Herbivores y sont plus nombreux : l'Eléphant, l'Hippopotame, le Rhinocéros, la Girafe étendent leur domaine jusqu'à cette région, où ils se rencontrent avec l'Algazelle, le Gnou, l'Elan du Cap, le Zèbre, le Couagga, etc. Mais avec eux paraît aussi le Lion : les grands Herbivores attirent les grands fauves.

La zone tempérée boréale traverse l'Amérique du Nord ; la zone tempérée australe, l'Amérique du Sud ; ainsi se trouve limitée, dans chacune de ces parties du Nouveau Monde, une région dont la faune rappelle, dans son ensemble, celle de nos pays. Le Bison, l'Elan, parmi les grands Herbivores sauvages dont le nombre diminue chaque jour devant les progrès de la colonisation, — le Loup, le Jaguar, le Cougouar, parmi les fauves, — le Castor, parmi les Rongeurs, — des Aigles, des Vautours, des Oiseaux-Mouches, des Colibris, etc., voilà quelques-uns des types qui peuvent servir à la caractériser.

L'Australie renferme, elle aussi, ses régions tempérées ; mais nous avons déjà vu que la faune de ces régions possède une physionomie toute spéciale : les Mammifères y sont presque tous marsupiaux ; parmi eux on trouve des types carnivores, insectivores, rongeurs, etc., formant comme une seconde série dans la classe à laquelle ils se rattachent ; l'Ornithorhynque, l'Echidné, les poissons dipneustes, complètent cette étrange collection d'animaux inconnus à tout autre continent. — La grande île de Madagascar, dont la majeure partie est comprise dans la zone tempérée, n'est pas moins remarquable par sa faune de Mammifères, parmi lesquels se trouve le groupe des Lémuriens ; ces derniers se rencontrent aussi dans les îles de la Sonde : leur présence au voisinage de l'Australie est un des faits qui ont conduit à penser qu'à une époque antérieure à la nôtre un vaste continent réunissait peut-être des territoires que sépare aujourd'hui toute l'étendue de l'océan Indien.

Faunes polaires. — La faune des régions polaires a des caractères absolument opposés à ceux de la faune équatoriale. Elle se fait surtout remarquer par son extrême pauvreté : le Renne, le Bœuf musqué, quelques variétés de Chiens, la Zibeline, l'Hermine, l'Ours blanc, sont parmi les rares Mammifères terrestres qui résistent à des climats aussi rigoureux. Les Mammifères marins sont plus abondants : les Phoques, les Morses, les Baleines, les Cachalots, quelques Dauphins, habitent en troupes souvent nombreuses les rivages glacés des continents polaires ou les mers qui les baignent. Mais c'est surtout parmi les Oiseaux de mer que se recrute la population de ces régions désolées : au voisinage du pôle nord s'aventurent des bandes de Puffins, de Stercoraires, de Mouettes, de Frégates, d'Eiders, etc.; vers le pôle sud, les Pétrels, les Albatros, les Oiseaux des tempêtes, etc.; vers les deux pôles pullulent les Grèbes, les Plongeons, les Macareux, les Pingouins.

Les animaux des régions polaires, par une sorte d'accommodation à la couleur générale des objets qui les entourent, ont presque tous un pelage ou un plumage d'un blanc éclatant : l'Ours blanc, l'Hermine, le Renard blanc, l'Eider, etc., peuvent nous servir d'exemples. Cette disposition a le double avantage de les mieux dissimuler au milieu des glaces et de conserver leur chaleur interne que le blanc laisse perdre moins facilement que toute autre couleur. Ajoutons que le pelage et le plumage prennent chez eux une épaisseur exceptionnelle, et on comprendra une fois de plus cette loi de la nature vivante, que tout être organisé est adapté aux conditions de son existence.

RÉSUMÉ

On peut diviser la surface du globe en cinq zones : la *zone torride*, les deux *zones tempérées*, les deux *zones polaires*. Chacune possède une *faune* d'une physionomie particulière.

La faune de la zone torride est caractérisée par sa grande richesse, par les couleurs vives et la taille souvent colossale des animaux qui la composent (grands fauves et grands herbivores).

La faune des zones tempérées est moins riche et renferme peu d'animaux de grande taille. L'Australie et Madagascar ont des *faunes spéciales* (Marsupiaux, Lémuriens, etc.).

La faune des zones polaires est très pauvre et formée principalement d'animaux à pelages épais (fourrures), souvent colorés en blanc.

TABLE DES MATIÈRES

                                                        Pages

PREMIÈRE LEÇON. — **Les animaux et les plantes.** — **Les organes et les fonctions**............................ 1
Les trois règnes de la nature, 1. — Les animaux, 1. — Les plantes, 2. — Les minéraux, 3. — Liens entre les deux groupes d'êtres vivants, 4. — Organes, fonctions, appareils, 7. — Anatomie et physiologie, 7. — Division du travail physiologique, 8. — Fonctions de nutrition, 8. — Fonctions de relation, 9.

DEUXIÈME LEÇON. — **Etude de l'Homme.** — **Le squelette.** — **Disposition générale des viscères**............... 10
Le squelette, 10. — La tête, 10. — Le tronc, 13. — Les membres, 14. — Membre supérieur, 14. — Membre inférieur, 16. — Symétrie bilatérale du corps, 17. — Cavité générale, 18. — Disposition des principaux viscères, 19.

TROISIÈME LEÇON. — **L'appareil digestif et la digestion**.... 20
La digestion, 20. — L'appareil digestif, 20. — La bouche, 20. — Les dents, 22. — Les différentes sortes de dents, 24. — Les deux dentitions de l'homme, 27. — Glandes salivaires, 28. — L'arrière-bouche, 29.

QUATRIÈME LEÇON. — **L'appareil digestif et la digestion** (*suite et fin*).. 31
L'œsophage, 31. — L'estomac, 31. — L'intestin, 33. — Le foie, 34. — Le pancréas, 35. — Transformation des aliments pendant la digestion, 36. — Absorption, 37.

CINQUIÈME LEÇON. — **L'appareil respiratoire et la respiration**.. 38
La respiration, 38. — L'appareil respiratoire, 38. — Fosses nasales, 39. — Arrière-bouche, 39. — Larynx, 39. — Trachée-artère, 40. — Bronches primaires, 40. — Poumons, 40. — Inspiration et expiration, 41. — Expulsion de l'acide carbonique, 43. — Absorption d'oxygène, 44.

SIXIÈME LEÇON. — **L'appareil circulatoire et la circulation.** 46
La circulation, 46. — Le sang, 46. — L'appareil circulatoire, 48. — Le cœur, 48. — Les gros vaisseaux, 50. — Les artères, les veines et les capillaires, 50. — Le trajet suivi par le sang, 52.

— Les mouvements du cœur, 54. — Le pouls, 54. — La circulation veineuse, 55.

SEPTIÈME LEÇON. — **L'absorption. — La sécrétion. — La chaleur animale**.. 56

L'absorption, 56. — La sécrétion et les glandes, 58. — L'appareil urinaire, 58. — L'urine, 60. — L'assimilation, 60. — Les vaisseaux lymphatiques, 60. — Les réserves nutritives, 61. — Idée de la chaleur animale, 62.

HUITIÈME LEÇON. — **La sensibilité. — Les organes des sens. — L'œil et la vue**.. 63

La sensibilité, 63. — Les cinq sens, 64. — L'appareil de la vision, 64. — L'œil, 64. — Ses annexes, 66. — Formation des images au fond de l'œil, 68. — Sensibilité de la rétine, 69. — Illusions d'optique, 70. — Rôle de l'éducation dans la vision, 72.

NEUVIÈME LEÇON. — **L'ouïe, l'odorat, le goût et le toucher.** 74

L'oreille, 74. — L'oreille externe, 74. — L'oreille moyenne, 75. — L'oreille interne, 76. — Le son, 77. — L'audition, 78. - L'odorat, 79. — Le goût, 80. — Le toucher, 80.

DIXIÈME LEÇON. — **Le système nerveux et la locomotion.** 82

Le système nerveux, 82. — La moelle épinière, 83. — Le cerveau, 84. — Les nerfs, 85. — Les actes réflexes, 86. — Les muscles, 88.

ONZIÈME LEÇON. — **Les cellules et les tissus**............... 89

Le microscope, 89. — Cellules et tissus. — Premier exemple : muqueuses, 90. — Deuxième exemple : tissu conjonctif, 92. — Troisième exemple : tissu cartilagineux, 92. — Quatrième exemple : tissu osseux, 93. — Cinquième exemple : tissu musculaire, 94. — Sixième exemple : globules du sang, 95. — Septième exemple : tissu nerveux, 95. — Théorie cellulaire, 96.

DOUZIÈME LEÇON. — **Les races humaines. — L'histoire de l'Homme**... 97

L'espèce humaine, 97. — Les races humaines, 98. — La race blanche, 99. — La race jaune, 100. — La race noire, 100. — La race rouge, 100. — Types intermédiaires, 101. — L'histoire de l'homme, 101. — La période paléolithique, 101. — La période néolithique, 103. — Unité de l'espèce humaine, 104.

TREIZIÈME LEÇON. — **Les grandes divisions du règne animal**.. 105

Les classifications, 105. — L'espèce, 106. — Le genre, 106. — Famille, ordre, classe, type, 107. — Les huit types animaux, 107. — Les Vertébrés, 107. — Les Vers, 108. — Les Arthropodes, 109. — Les Mollusques, 109. — Les Echinodermes, 109. — Les Cœlentérés, 110. — Les Eponges, 111. — Les Protozoaires, 111.

QUATORZIÈME LEÇON. — **Les Mammifères**................. 112

Les Mammifères, 112. — Les Primates, 112. — Les Lémuriens, 114.

TABLE DES MATIÈRES.

— Les Carnivores, 115. — Les Insectivores, 118. — Les Cheiroptères, 119. — Les Amphibies, 120. — Les Rongeurs, 121. — Les Onguiculés, 123.

QUINZIÈME LEÇON. — **Les Mammifères** (*suite*).............. 124
Les Ongulés, 124. — Les Proboscidiens, 126. — Les Porcins, 127. — Les Ruminants, 129. — Les Jumentés, 135.

SEIZIÈME LEÇON. — **Les Mammifères** (*fin*)................ 137
Les Edentés, 137. — Les Cétacés, 139. — Les Marsupiaux, 141. — Les Monotrèmes, 143.

DIX-SEPTIÈME LEÇON. — **Les Oiseaux. — Leur organisation.** 146
Les Oiseaux, 146. — Squelette, 146. — Tête, 147. — Tronc, 148. — Membres, 148. — Ailes, 148. — Pattes, 149. — Plumes, 151.

DIX-HUITIÈME LEÇON. — **Les Oiseaux. — Leur organisation** (*suite et fin*). — **Leur division en ordres**............ 153
Bec, 153. — Tube digestif, 154. — Appareil respiratoire, 155. — Appareil circulatoire, 157. — Organes des sens, 157. — Œufs, 158. — Division des oiseaux en ordres, 159.

DIX-NEUVIÈME LEÇON. — **Les Oiseaux. — Principaux types.** 161
Coureurs, 161. — Palmipèdes, 163. — Echassiers, 165. — Gallinacés, 166. — Colombins, 167. — Passereaux, 168. — Rapaces, 170. — Grimpeurs, 171.

VINGTIÈME LEÇON. — **Les Reptiles**......................... 173
Les Reptiles, 173. — Caractères généraux des Reptiles, 173. — Classification des Reptiles, 175. — Les Chéloniens, 176. — Les Crocodiliens, 178. — Les Sauriens, 178. — Les Ophidiens, 180.

VINGT ET UNIÈME LEÇON. — **Les Batraciens**................ 183
Les Batraciens, 183. — Peau nue, respiration cutanée, 184. — Développement, 184. — Le Têtard, 184. — Ses transformations, 186. — Caractère général des métamorphoses, 187. — Classification, 188. — Les Anoures, 188. — Les Urodèles, 189. — Les Apodes, 191.

VINGT-DEUXIÈME LEÇON. — **Les Poissons**................... 191
Les Poissons, 191. — Ecailles, 192. — Nageoires, 192. — Appareil digestif, 194. — Branchies, 194. — Vessie natatoire, 195. — Appareil circulatoire, 196. — Classification, 197. — Téléostéens, 197. — Dipneustes, 199. — Ganoïdes, 200. — Sélaciens, 201. Cyclostomes, 202. — Amphioxus, 202. — Classification des Vertébrés, 203.

VINGT-TROISIÈME LEÇON. — **Organisation des Insectes**..... 204
Les Arthropodes, 204. — Les Insectes, 204. — Organes extérieurs, 204. — Appareil digestif, 207. — Appareil respiratoire, 209. — Appareil circulatoire, 210. — Système nerveux, 211. — Organes des sens, 212. — Métamorphoses, 212.

VINGT-QUATRIÈME LEÇON. — **Classification des Insectes**... 214
Division des Insectes en ordres, 214. — Coléoptères, 216. —

TABLE DES MATIÈRES.

Pages

Orthoptères, 218. — Névroptères, 220. — Hémiptères, 222.
VINGT-CINQUIÈME LEÇON. — **Classification des Insectes** (*suite et fin*).. 226
Diptères, 226. — Lépidoptères, 228. — Hyménoptères, 233.
VINGT-SIXIÈME LEÇON. — **Les Arachnides et les Myriapodes**... 237
Les Arachnides, 237. — Organes extérieurs, 238. — Appareil digestif, 238. — Appareil respiratoire, 238. — Appareil circulatoire, 239. — Production de la soie, 239. — Système nerveux, 239. — Organes des sens, 239. — Développement, 239. — Classification. — Les Aranéides, 240. — Les Phalangides, 240. — Les Scorpionides, 240. — Les Pédipalpes, 242. — Les Galéodes, 242. — Les Acariens, 242. — Les Tardigrades, 243. — Les Myriapodes, 243.
VINGT-SEPTIÈME LEÇON. — **Les Crustacés**.................... 245
Les Crustacés, 245. — Organes extérieurs, 245. — Appareil digestif, 248. — Appareil circulatoire, 249. — Appareil respiratoire, 250. — Système nerveux, 250. — Organes des sens, 251. — Développement, 251. — Classification des Podophtalmes, 251. — Les Édriophtalmes, 252. — Les Branchiopodes, 252. — Les Cirrhipèdes, 253. — Classification des Arthropodes, 254.
VINGT-HUITIÈME LEÇON. — **Les Vers**........................ 255
Les Vers, 255. — La Sangsue, 255. — Les Hirudinées, 257. — Les Chétopodes, 257. — Les Helminthes, 259. — Trématodes, 259. — Cestodes, 262. — Nématodes, 264. — Les Rotifères, 264.
VINGT-NEUVIÈME LEÇON. — **Les Mollusques**................. 265
Les Mollusques, 265. — La Moule, 266. — Coquille, 266. — Manteau, 267. — Muscles adducteurs, 267. — Pied, 268. — Branchies, 268. — Appareil digestif, 269. — Circulation, 269. — Excrétion, 270. — Mouvements de l'eau dans la coquille, 270. — Système nerveux, 271. — Organes des sens, 271. — Locomotion, 272. — Classification des Lamellibranches, 272.
TRENTIÈME LEÇON. — **Les Mollusques** (*suite et fin*)........... 275
L'Escargot, 275. — Les Gastéropodes, 277. — La Seiche, 278. — Les Céphalopodes, 281. — Les Molluscoïdes, 282.
TRENTE ET UNIÈME LEÇON. — **Les Echinodermes**............ 284
L'Oursin, 284. — Le test, 285. — La lanterne d'Aristote, 286. — Les ambulacres, 286. — Le tube digestif, 287. — L'appareil aquifère, 288. — Le système nerveux, 288. — La reproduction, 289. — Les Echinides, 289. — Les Holothurides, 289. — Les Stellérides, 290. — Les Ophiurides, 290. — Les Crinoïdes, 291.
TRENTE-DEUXIÈME LEÇON. — **Les Cœlentérés**................ 292
Les Cœlentérés, 292. — L'Actinie, 293. — Les Polypiers actiniaires, 297. — Les Alcyonaires, 298.
TRENTE-TROISIÈME LEÇON. — **Les Cœlentérés** (*suite et fin*).... 300

L'Hydre d'eau douce, 300. — Les Hydroméduses, 301. — Les Siphonophores, 303. — Les Acalèphes, 304. — Les Cténophores, 306.

TRENTE-QUATRIÈME LEÇON. — **Les Spongiaires et les Protozoaires** 307

Les Spongiaires, 307. — Les Protozoaires, 309. — Les Infusoires, 309. — Les Rhizopodes, 311. — Les Amibes, 313. — Les Monères. 314.

TRENTE-CINQUIÈME LEÇON. — **Faunes des grandes régions du globe** 315

Les Faunes, 315. — Faunes équatoriales, 316. — Faunes des régions tempérées, 317. — Faunes polaires, 320.

SAINT-CLOUD. — IMPRIMERIE V° EUGÈNE BELIN ET FILS.

www.ingramcontent.com/pod-product-compliance
Lightning Source LLC
Chambersburg PA
CBHW070615160426
43194CB00009B/1280